樊崇义教授八十华诞著作系列 15

刑事诉讼法学方法论

樊崇义 著

中国人民公安大学出版社
·北 京·

图书在版编目（CIP）数据

刑事诉讼法学方法论／樊崇义著. —北京：中国人民公安大学出版社，2020. 1
（樊崇义教授八十华诞著作系列；15）
ISBN 978－7－5653－3638－6

Ⅰ. ①刑… Ⅱ. ①樊… Ⅲ. ①刑事诉讼法－法学－方法论－中国 Ⅳ. ①D925. 201

中国版本图书馆 CIP 数据核字（2019）第 119714 号

刑事诉讼法学方法论

樊崇义 著

出版发行：中国人民公安大学出版社
地　　址：北京市西城区木樨地南里
邮政编码：100038
经　　销：新华书店
印　　刷：天津盛辉印刷有限公司

版　　次：2020 年 1 月第 1 版
印　　次：2020 年 1 月第 1 次
印　　张：15. 5
开　　本：787 毫米×1092 毫米　1/16
字　　数：260 千字

书　　号：ISBN 978－7－5653－3638－6
定　　价：71. 00 元

网　　址：www. cppsup. com. cn　www. porclub. com. cn
电子邮箱：zbs@ cppsup. com　zbs@ cppsu. edu. cn

营销中心电话：010－83903254
读者服务部电话（门市）：010－83903257
警官读者俱乐部电话（网购、邮购）：010－83903253
公安图书分社电话：010－83905672

总 序

樊崇义教授是我国著名法学家，是刑事诉讼法学、证据法学的领军者，在国际上享有崇高声誉和威望。在长期的法学教育和科研工作中，樊崇义教授笔耕不辍，著述鸿博，成果丰硕，他出版著作、教材近四十部，发表论文三百五十余篇，主持国家级、省部级以上科研课题十余项，有多部著作获司法部、教育部等省部级以上科研奖。他主编的《迈向理性刑事诉讼法学》一书获得第一届中国出版政府奖提名奖；主编的《刑事诉讼法学》和《证据法学》多次再版，被司法部、教育部列为法学高等教育国家级规划教材。

追求真理是樊崇义教授的学术使命。樊崇义教授拥有认知事物、辨别真理的大智慧，在长期的法学理论和实务研究中，积极主张我国刑事诉讼程序的科学化与民主化，证据法学的哲理化与现代化，开创性地提出了许多奠定我国刑事诉讼法学和证据法学学科及其理论基础的重要学术理论和研究方法，在法学界和实务界得到了广泛的认同。早在 1996 年，他在证明标准上提出了“法律真实观”；2000 年年初，提出了“诉讼认识论”和“刑事诉讼法律观的转型”；2002 年，提倡“刑事诉讼人本主义”，倡导实证研究方法；近年来，又率先提出部门法学哲理化，首倡刑事诉讼法哲理思维。这些都对我国刑事诉讼和证据理论及其应用产生了深远影响。

学以致用体现了樊崇义教授的使命担当。樊崇义教授长期投身于我国法治现代化建设，积极参与刑事诉讼法修改和司法体制改革，为国家立法建言献策，将自己的学术主张变为立法现实，为我国法治建设作出了杰出贡献。例如，樊崇义教授主持了侦查讯问中的录音、录像和律师在场等三项制度项目研究，其成果——全程录音、录像制度在 2012 年刑事诉讼法修改时被正式确立为一项诉讼制度；2018 年刑事诉讼法修正案确立的值班律师制度也是该项目研究成果——律师在场的重要体现。2012 年刑事诉讼法修改时将“证据确实、充分”的证明标准解释为“排除合理怀疑”，这是对樊崇义教授提出的“法律真实观”的接受和肯认。此外，樊崇义教授还经常走出校门，到实务部门讲学，播撒最前沿的法学知识，提升司法人员业务素质，直接推动我国法治文明的进步。

适逢樊崇义教授八十华诞之际，应学界同仁及同门弟子盛情相邀，获中国人民公安大学出版社鼎力支持，我们编辑出版了“樊崇义教授八十华诞著作系列”，该著作系列共二十部，包括四部分：

一是樊崇义教授近年来独著、合著或主编的理论价值较高、在法学界和实务界影响较大的学术著作的重新编辑出版，共十四部，包括《刑事诉讼法实施问题与对策研究》《刑事诉讼法再修改理性思考》《正当法律程序研究——以刑事诉讼程序为视角》《刑事审前程序改革实证研究——侦查讯问程序中律师在场（试验）》《迈向理性刑事诉讼法学》《侦查讯问程序改革实证研究——侦查讯问中律师在场、录音、录像制度试验》《部门法学哲理化研究》《检察制度原理》《诉讼原理》《刑事诉讼法哲理思维》《刑事证据制度发展与适用》《论检察》《刑事证据规则研究》《底线——刑事错案防范标准》。这些著作的重新出版基本上保持了书稿原貌，只是校正原书中的错字、漏字、衍字及明显有误的标点符号，订正错误的引注。这些著作出版时间跨度较大，其间刑事诉讼法经过两次大修，《宪法》《律师法》和其他法律法规、司法解释也有修改，为避免不必要的混乱，原书中涉及或者援引的法律条文序号及内容保持不变。一方面，书中有很多内容是针对原法条的不足和缺陷提出的分析和修改完善意见，保持原样可以更好地体现当时的学术讨论与争鸣的原貌；另一方面，读者可以从法条内容的前后变化和书中修改完善意见的比较中发现樊崇义教授对于我国刑事诉讼和证据立法的贡献。

二是樊崇义教授近十年来发表的主要学术论文，按照研究的内容及其内在的逻辑关系，整理编辑形成四部新的学术专著，包括《刑事诉讼法学方法论》《刑事诉讼程序的改革与发展》《证据法治与证据理论的新发展》《司法制度与司法改革》。所选论文均是樊崇义教授七十华诞后至今公开发表的论文，具有很强的思想性、时代性和创新性，反映了樊崇义教授的理论思想、创新思维和研究范式，同时也展现了樊崇义教授最近十年的学术历程。所选论文原则上保持了发表时的原貌，对于有些论题相同或者相近的论文，为避免内容重复，在充分考虑原文整体性和逻辑性的前提下，对部分论文进行了内容整合、适当删节和编辑加工；有些论文发表时有中英文“摘要”“提要”“关键词”等，收录本书时全部予以删除；部分论文是樊崇义教授与学生合作发表的成果，收录本书时均标有题注，标明了合著作者的姓名、论文发表的报刊或其他出版物的名称、时间等。

三是樊崇义教授主编的一部新作《法律援助制度研究》。该书围绕我国法律援助制度及其实施过程中的历史发展、基本理论、性质定位、功能设置、制度建设、立法建言等若干重大问题展开研究，旨在进一步推动我国当前正在进行的法律援助立法工作、法律援助制度的现代化发展及其优化实施。

四是樊崇义教授指导的学生为其八十华诞撰写的庆贺文集《刑事诉讼法哲理思考》。该文集收录七十一篇文章，内容涉及樊崇义教授学术思想、理论贡献、为人师表以及长期关注或者当前司法改革的重要理论和实践问题等方面，同门弟子以各自不同的方式表达了对樊崇义教授杰出的学术成就、高尚的品格和他对高级法学人才培养等方面所作贡献的崇高敬意！

樊崇义教授是始终走在时代前列的法学家，在学术上所取得的成就是巨大的，对于我国刑事诉讼法学和证据法学的理论贡献是有目共睹的，而谦虚谨慎的人格和锐意进取的精神更能展示出他作为一个真正学者的伟大品质。老骥伏枥，志在千里。八十高龄的樊崇义教授依然身先士卒地活跃在刑事诉讼法学研究的前沿，躬行求索在推进中国刑事诉讼法治化进程的道路上，以不倦的学术追寻引领中国法学前行！

衷心祝愿樊崇义教授学术人生不老，思想之树常青！

樊崇义教授八十华诞著作系列编辑小组
2019 年 8 月

编写说明

《刑事诉讼法学方法论》一书是樊崇义教授2008—2017年有关刑事诉讼法学基础理论的思想汇总，包含了樊崇义教授的诉讼认识论、诉讼价值论、程序正义观、证据思维、诉讼人本主义以及关于司法改革的哲理思辨，具有丰富的哲理内涵。该书分专题收纳总结了樊崇义教授十年来对刑事诉讼理论问题的经典阐释，以及对我国刑事诉讼发展的哲理思维，这些思想推动了我国刑事诉讼法学理论及实践的发展，并将继续对刑事诉讼法学哲理体系的构建、刑事诉讼法学科的发展，以及刑事诉讼司法实践的完善发挥推动作用。《刑事诉讼法》经历1996年、2012年、2018年三次修正，为保持文章思想的协调性，文中所用术语均为观点发表时的原用术语，未因之后法律修改而改动，仅在脚注予以说明。另外，为了保持本书内容的连贯性，对部分重复观点进行了删减，并且为了更好地突出每一章的主题，对部分文章的题目进行了略微改动，在最大限度地保留文章结构框架的同时突出文章的创新性。以下就每章的编辑情况作简要说明：

第一章刑事诉讼哲理思维，本章中“刑事诉讼哲理思维研究概况”“为什么要走向哲理研究”“刑事诉讼哲理化研究的基本问题”三部分内容均节选自《我的刑事诉讼哲理思维》（《东方法学》2010年第6期）；“刑事诉讼哲理化研究与方法论”节选自“刑事诉讼法学哲理化笔谈”（《国家检察官学院学报》2010年第5期），有删改；“守住底线，防止错案”原文发表于《检察日报》2015年6月4日。

第二章刑事诉讼认识论，本章中“《刑事诉讼法》再修改的理性思考”部分内容由两篇文章整合而成，分别是“《刑事诉讼法》再修改的理性思考（上）”（《法学杂志》2008年第1期）和“《刑事诉讼法》再修改的理性思考（下）”（《法学杂志》2008年第2期），对标题序号有所调整；“《刑事诉讼法》再修改的几个认识问题”部分内容来源于文章“关于刑事诉讼法再修改的几个认识问题”（《中国刑事法杂志》2011年第7期），系与吴光升合作撰写；“《刑事诉讼法修正案（草案）》的哲理之思”原文发表于《人民检察》2012年第5期；“落实修改后刑诉法　观念为先解释先行”原文发表于《人民检察》2012年第7期；“刑事诉讼中如何实现‘群、专’相结合”原文发表于《检察日报》2013年8月25日；“客观与理性：刑事错案责任追究制度的理念建构”原文发表于《安徽大学学报（哲学社会科学版）》2015年第4期，系与刘文化合作撰写；“社区矫正哲理之思”原文发表于《中国检察官》2012年第9期。

第三章刑事诉讼与社会主义核心价值观，本章中“让刑事诉讼法融入社会主义核心价值观”原文发表于《人民法治》2017年第2期；“刑事诉讼的目的与社会主义核心价值观”由两篇文章整合而成，分别是“刑事诉讼的目的与社会主义核心价值观”（《人民法治》2017年第3期）和“社会主义核心价值观与刑事诉讼”（《检察日报》2017年8月8日），有删减。

第四章刑事诉讼与人权司法保障制度，本章中“‘尊重和保障人权’写入刑诉法意义重大”原文发表于《法制日报》2012年11月20日，有删改；“人权保障原则得到充分具体体现”原文发表于《检察日报》2012年5月9日；“尊重和保障人权与诉讼法律监督”原文发表于《国家检察官学院学报》2013年第1期；“实体真实与人权保障”原文发表于《检察日报》2013年7月9日，系与夏红合作撰写；“人权司法保障春天的来临”原文发表于《人民法治》2016年第3期；“从‘人权保障’到‘人权司法保障制度’”原文发表于《中国党政干部论坛》2014年第8期；“从遏制刑讯逼供看我国人权保障事业的新发展”原文发表于《人民法治》2017年第4期；“非法证据排除规则与人本主义”原文发表于《人民法院报》2017年8月16日。

第五章检察职能哲理之思，本章中“法律监督职能哲理论纲”原文发表于《人民检察》2010年第1期；“一元分立权力结构模式下的中国检察权”原文发表于《人民检察》2009年第3期；“关于当前检察改革的五个基本理论问题”原文发表于《人民检察》2016年第11期；“论刑事检控思维”原文发表于《中国刑事法杂志》2015年第4期；“刑事诉讼目的转型与诉讼法律监督”原文发表于《检察日报》2013年9月3日；“提高理论认识　把握监督重点”原文发表于《人民检察》2010年第3期；“监督意识：司法民主的要求　程序法治的保障”

原文发表于《检察日报》2012 年 6 月 21 日，系与张中合作撰写；“正视矛盾、抓住特征才能化解矛盾”原文发表于《检察日报》2010 年 2 月 1 日；“检察公信力建设”由两篇文章整合而成，分别是“把公信力建设作为检察改革的一个重点”（《人民检察》2009 年第 20 期）和“公信力理论研究的六个前提性问题”（《人民检察》2009 年第 23 期），有删改。

第六章司法改革哲理之思，本章中“‘把握司法规律推进司法改革’系列之辨析‘司法’”原文发表于《人民法治》2016 年第 5 期；“‘把握司法规律推进司法改革’系列之何为司法规律”原文发表于《人民法治》2016 年第 6 期；“‘把握司法规律推进司法改革’系列之司法规律与有关概念之辨析”原文发表于《人民法治》2016 年第 7 期；“‘把握司法规律推进司法改革’系列之司法规律的发展进路”由两篇文章整合而成，分别是“‘把握司法规律推进司法改革’系列之司法规律的发展进路：从压制走向回应，从对抗走向合意”（《人民法治》2016 年第 8 期）和“‘把握司法规律推进司法改革’系列之司法规律的发展进路：从野蛮走向文明，从行政性走向诉讼性”（《人民法治》2016 年第 9 期）；“‘把握司法规律推进司法改革’系列之司法要追求司法公正与司法效率的统一”原文发表于《人民法治》2016 年第 10 期；“‘把握司法规律推进司法改革’系列之实现司法规律的普适性与独特性”原文发表于《人民法治》2016 年第 12 期。

第七章《刑事诉讼法学》教材哲理之思，本章主要参考樊崇义教授编著的《刑事诉讼法哲理思维》（中国人民公安大学出版社 2010 年版）第一章和《刑事诉讼法学》（法律出版社 2016 年第 4 版）第三章、第六章内容，对《刑事诉讼法学》教材的哲理化构建进行了理论与实践相结合的阐释，展现了樊崇义教授对《刑事诉讼法学》教材建设的创造性思考，以及对刑事诉讼基本理论范畴和刑事诉讼行为等诉讼哲学思想进教材的生动实践。

樊崇义教授八十华诞著作系列编辑小组

2019 年 8 月

目 录
CONTENTS

第一章 刑事诉讼哲理思维

一、刑事诉讼哲理思维研究概况[①]

（一）哲理思维与刑事诉讼法的发展和完善

虽然现代西方大儒雅斯贝斯曾言："完成，从而认识理性是什么，从来是并且永远是真正的哲学任务。"[②] 但是，对于何谓理性，从古到今，却是众说纷纭。连哲学大师黑格尔也不得不发出这样的感慨："我们一般时常和多次听人说起理性，并诉诸理性，却少有人说明理性是什么，理性的规定性是什么。"[③] 现在一般认为，理性常在三种意义上使用：本体论、认知论、实践论。其中，用得较多的是后两者。

本体论意义的理性指的是，作为人区别于动物的、用以调节自己的欲望、控制自己的行为，以协调自己与他人、社会的关系的精神活动与能力。这种具有浓厚伦理色彩的理性早在古希腊时期就已产生。认知论意义的理性，也称为理论理性，作为一种观念、知识形成的方式及结果，它是指以概念、判断、推理等思维活动获取高于感性与知性的知识的能力。大多数情况下的理性概念指的是认知论意义的理性。实践论意义的理性，是一种行动的理性，也就是黑格尔所说的行动的推理，它实际指的是人进行正当行为的能力。由于人的行为往往出于一定的目的，这种目的的达到需要借助相应的方法、手段，实践论的理性实际包括价值理性（或目的理性）与工具理性两方面。

---

① 节选自《我的刑事诉讼哲理思维》，原文发表于《东方法学》2010年第6期。

② ［德］卡尔·雅斯贝斯：《生存哲学》，王玖兴译，上海译文出版社2005年版，第51～52页。

③ ［德］黑格尔：《小逻辑》，贺麟译，商务印书馆1980年版，第355～356页。

人类对理性的认识和发展促进了科学思维的发展、科学技术的发展和工业的发展。正是理性带来了现代工业文明。理性虽然催生了现代工业文明，但由于对其的不合理使用，也给现代社会带来了诸多问题，如两次世界大战大规模的破坏性后果、全球环境恶化、贫富两极分化、有关克隆技术的使用问题，等等。为了坚守理性的阵地，维护理性的地位，不少学者对传统理性进行了反思与重建，提出不少新的理性模式，如哈贝马斯的交往行动理论、伽达默尔的新释义学理论、波普尔的批判理性主义等。但这种重建，由于其理论支点的局限性，并没有形成对非理性主义和反理性主义的有力抗击，理性并没有得到有效维护。

面对现代社会存在的诸多问题，面对非理性主义和反理性主义者的责难，面对理性坚持者无力的辩护，我们是否就应当放弃理性原则，尤其在刑事诉讼立法方面放弃理性的要求呢？我们认为，答案是否定的。现代社会中出现的问题并不是人类理性过度造成的，相反是理性不足或理性发展不平衡造成的。在刑事诉讼的立法中，我们不应当放弃理性原则，而是要更加完善与坚持理性原则。首先，传统理性理论本身不足，给非理性主义与反理性主义者借以非难的突破口。追求一种绝对的知识，颠倒一般与个体之间的关系，忽视个体的正当需求，注定其走向的依然是经验论理性与唯理论理性的相同命运。在人类行为中，并不是所有行为都是为了对必然真理进行识别，更多的行为在于使自己更好地生存，及时解决所遇到的各种问题，它们可能既不是演绎的，也不是归纳的，更不是需要在数理逻辑的帮助下才能解决。因此，如何解决理性本身存在的问题，关键在于对理性作广义的理解，使其不致限制于归纳与演绎等逻辑方法，同时解决好归纳与演绎、一般与个别、非理性与理性之间的关系，为感性与直觉等非理性因素留下适度的生存空间。其次，不是理性本身而是价值理性与工具理性发展不平衡，给现代社会造成了严重的问题。理性应当是价值理性与工具理性的统一体，价值理性是理性的理想目标，没有价值理性，理性就会像一只在大海中失去方向的船，只能无助地随波漂荡；工具理性是理性得以实现的有效途径，没有工具理性，理性这只船也不能驶向理想的彼岸。最后，刑事诉讼的立法要求理性。这表现在以下几个方面：一是刑事诉讼各种规则、程序的形成需要理性的指导；二是刑事诉讼价值的选择与平衡需要理性的指引；三是在具体制度的设置上离不开理性的指导。

随着我国民主法制建设进程的加快和社会各方面的发展，现行《刑事诉讼法》出现了一些亟待修改完善的问题。新机遇、新挑战、新问题都接踵而至，在刑事诉讼法的发展和完善中应当坚持理性，体现理性。

（二）部门法学哲理化走向

部门法学不仅仅是法条的注释科学。虽然在法学的发展历史中，注释法学无疑发挥了巨大的作用，并且时至今日依然有其独特的功用，但是一门关于法律的科学仅仅停留在诠释纸面上的法律文本的层次上，显然过于肤浅，没有长久的生命力。同时，作为一个学科体系，不仅需要研究具体的规则和制度，更要研究蕴含这些显规则背后的理论，正是这些构成了学科体系的灵魂。一个没有理论的部门法学就是没有灵魂的学科，一个不懂得理论的法律人只能是机械适用法律的工匠。

20 世纪 90 年代，根据我国诉讼法学的情况和发展趋势，笔者认为，只有深入研究诉讼原理，才能推进诉讼法学的发展，才能使本学科适应社会主义市场经济发展的需要，才能在依法治国的方略中充分发挥本学科的作用和功能。于是，笔者较早提出了必须走出注释法学藩篱的主张，提倡注意诉讼法学理论研究与诉讼法典的区别与联系，把握诉讼法学理论研究的规律和方法，并在新的形势下有所突破和创新。在此思想的引导下，笔者完成了“诉讼原理研究”课题，在国内首次对三大诉讼的共同原理进行研究，提出了诉讼文化、诉讼人权、诉讼认识论、诉讼价值、法律移植、诉讼透明等新的概念和理论。该项目的结题以及系列著作的出版标志着三大诉讼法学从注释法学走向理论法学。2004 年 12 月，中国政法大学诉讼法学研究中心主办的教育部人文社会科学重点研究基地（法学）主任联席会议暨部门法学哲理化研讨会召开。与会专家一致认为部门法学哲理化是我国法学走向理性的标志，是我国法学研究和法学教育发展的必然走向。①

在这之后的研究和实践中，笔者一直奉行哲理化研究的基本思路，并且影响了一批诉讼法学的研究者。笔者担任总主编的“诉讼法学文库”近几年出版的专著中有相当一部分都是从哲理化的角度来研究和完善刑事诉讼基本理论的。

虽然到目前为止，学界并没有对部门法学哲理化的内涵达成一致看法，但是能够肯定的是：部门法学哲理化的命题是我国法学研究范式从反思式的革命性法学走向构建式的建设性法学的标志，是对我国理论法学和应用法学之间的整合提

---

① 樊崇义：《部门法学哲理化研究》，中国人民公安大学出版社 2007 年版，第 1 页。

出的战略挑战。[①]

二、为什么要走向哲理研究[②]

（一）从注释法学走向规范法学

中共十一届三中全会以后，诉讼法学的发展经历了一个“立法——释法”的发展过程，个别的教科书和学术论文开始涉及一些诉讼法学范畴研究。例如，诉讼价值的研究、诉讼人权保障的研究、诉讼法律关系的研究、诉讼认识的研究、诉讼法律观的研究，等等。但是，这些研究不仅是刚刚开始，而且是刚刚涉及名词、概念的阐释，其丰富内涵的揭示还处于起步阶段。

我们必须走出注释法学，走向规范法学。回溯到20世纪八九十年代，随着我国三大诉讼法典的面世与实施，应当说注释法学对法律的注释和阐解发挥了极大的作用，经过二十多年的普法教育和法律的实施，三大诉讼法规定的条文和内容已深入人心，特别是公、检、法、律师各界对于三大诉讼法的适用。凡遇到诉讼程序问题，人人学会对照法典找依据，抠法条找理由。但是，三大诉讼法的贯彻实施不甚理想，司法实务也暴露出各项诉讼制度还不被人们理解，“重实体、轻程序”的观念还有深厚的土壤，特别是刑事诉讼的辩护制度、证据制度、庭审制度等往往很难落到实处，超期羁押、诉讼权利得不到保障，违反诉讼程序的情况和问题还大量存在。三大诉讼法执行中存在的问题，使我们看到，注释法学还不能真正把法律变成人们手中的武器，人们还不能自觉地用法律来维护国家、社会和个人的合法权益。作为法学工作者，必须要把诉讼法学的深刻哲理基础、哲学内涵以及根据教给执法者、教给人民群众，把诉讼法律观变成人们学法、用法、执法的指导思想，把握诉讼法的立法实质，只有从法哲学原理的高度解决人们的价值观和世界观问题，法律武器才能发挥作用。

（二）认识思维从自在思维到自觉思维

刑事司法活动是受规范指引的认识活动。研究者和执法者在具有日常性特征的重复思考和行动中往往由于司空见惯而逐步形成习惯性的思维，从而对于需要检视和分析或者批判的事物往往也难以提出“为什么”和“应如何”等具有反

① 樊崇义：《部门法学哲理化研究》，中国人民公安大学出版社2007年版，第1页。

② 节选自《我的刑事诉讼哲理思维》，原文发表于《东方法学》2010年第6期。

思性和精神自觉性的问题，只是凭借着积习以及工作经验等自发地传承下来的自在思维处理和解决问题。此时的自在思维是具有自然主义和经验主义色彩的生活规范自发活动。处于这种生存样态中的人所从事的是自在自发的活动，它是一种自然而然地、不假思索地进行的重复性实践活动。此时经验消解了理性、重复消解了反思、固有模式消解了法律规范应有的作用和立场，从而导致行动中的法和纸面上的法的疏离。而哲理化研究本身就是强化理性，有意识、有目的地跟随正当性的规范和规则来实践。

理性思维的锻造，主动探求，积极反思，会推动研究者和执法人员的责任感和理论思维能力，并且有助于理解规则。在反思中收获理性，在实践中获得知识，以自觉思维代替自在思维，不仅有助于克服研究和执法中的惰性、克服积习流弊，同时更有助于实现认识的规范化、正当化。

（三）从根本上提高执法者的理念和素质，提升执法效率

虽然哲理化思维这样的提法会让很多人联想到形而上的抽象逻辑和论证，但是现实中刑事诉讼的哲理化教育和推广都在我们的身边。从 2006 年春天开始在全国进行的社会主义法治理念教育，其本质上就是关于法的哲理性教育。其中，所包含的社会主义法治理念核心价值体系以及“执法为公、执法为民”的基本宗旨都紧紧围绕着哲理的层面切入主题，并在学习和讨论中加深理解和认识，在实践中奉行和贯彻。加强刑事诉讼哲理化研究，提高研究者和执法者的理念和素质，不仅能够从根本上解决执法思想意识问题，更能够最大限度地减少因为意识偏差等问题导致执法不公和权力滥用情况的发生，极大地提高执法效率。

（四）解决认识论和价值论问题，促进司法公平正义的实现

认识论和价值论是指导人们处理事物和关系的基本方法。在自在思维中，认识论和价值论通常是在日常生活中经由经验逐步积累而形成的。这样的认识论和价值论往往更多地基于现实性的考虑从而忽略事物背后的机理，并且由于经验主义是以直观主义作为一定的特征，在经验主义形成的过程中，往往由于个体差异而导致个性化，并难以形成一般性的共识，而在间接经验主义当中，传承中的再加工往往导致初始信息和有益价值的丧失。这一系列的问题都告诉我们自在思维中自发形成的认识论和价值论往往是片面的、肤浅的，因此有必要从哲理角度深刻思辨，从而提供更科学和具有普遍指导意义的认识论和价值论。同时，通识性的认识论和价值论的深入人心，有助于在全社会，特别是执法者当中形成一致处

理问题和分析问题的方法论，从而促进全社会实现公平和正义。

三、刑事诉讼哲理化研究的基本问题[①]

（一）诉讼中的人权与人学研究

人文精神具有很强的时代性、历史性、大众性和民族性的特征。人文精神在西方和中国都经历了曲折的发展过程。但两者仍有共通之处，主要在于：西方社会人文精神更多地强调了个人的发展和自由，而中国社会的人文精神则更多的是在社会大环境许可下，允许人的发展和受尊重。但有一点是共同的，那就是：人文精神的精髓在于“以人为本”。

在我国经济发展和历史进程的过程中，改革司法制度，加强诉讼中的人文关怀具有必要性。刑事司法中的人本精神，包含这样的一种基本理念：在刑事司法中尊重个人的自由、权利和人格尊严，将人（特别是那些权利最易被抹杀的犯罪嫌疑人、被告人）以“人”相待，承认并尊重其主体地位和诉讼权利，给予其作为人应有的礼遇，反对将其物化、客体化、工具化。然而，刑事诉讼中的做法与人文精神的落实有一定的差距。从刑事案件的立案、侦查、起诉、审判甚至执行，都存在着这样那样的不尊重有关人员人权的问题。而之所以出现这些问题，归根结底在于刑事诉讼中的司法者存在错误的认识，未能真正以人文精神为指导开展司法工作。具体而言，刑事诉讼中的思想误区主要存在着权力本位和义务本位的思想。因此，从根本上说，刑事诉讼法的“惩罚犯罪”与“保障人权”作为刑事诉讼的两个目的，应当在人文精神的贯彻中得到平衡和实现。现代司法不能仅仅只讲惩罚犯罪，还应当关注惩罚犯罪过程中遇到的人权保障问题，毕竟惩罚犯罪的最终目的是为了保护大多数人的利益和权利，是为了更好地实现中国文化中的“人文精神”，实现人类全面和谐的发展。在此意义上，我们必须纠正错误观念，树立刑事诉讼中“以人为本”的人文精神。

笔者提倡把“以人为本”“人文关怀”引入刑事诉讼领域，并形成相关的学术成果。在笔者的具体指导下，这些成果已经在珠海市人民检察院、周口市人民检察院、焦作市人民检察院等单位运用，并取得了很好的执法效果，社会反响也

① 节选自《我的刑事诉讼哲理思维》，原文发表于《东方法学》2010 年第 6 期。

十分强烈。在转型时期，笔者率先提出把“伦理学”“人学”同“刑事诉讼法学”的研究结合在一起，用“人文精神”的理念来构筑刑事诉讼程序，把“以人为本”作为一项重要的诉讼原理指导刑事司法的实践。数年来，笔者多次指导学生研究刑事诉讼与人文精神的关系，把“人学”著作列为攻读博士研究生的参考书目，并以“刑事诉讼中的人性基础”和“刑事诉讼与人文关怀”为题，完成了两篇博士论文，其中一篇已出版。这些研究成果为刑事诉讼中的人权保障奠定了坚实的理论基础，把2004年宪法修正案中关于“尊重和保障人权”的规定落到了实处。

（二）诉讼认识论研究

从哲学角度看，诉讼活动也是一种认识活动，是诉讼主体对诉讼客体（已经发生的案件事实）的一种追溯性的特殊认识活动。但是，诉讼中的认识活动并不完全等同于哲学上的认识活动，而有着诸多的独特属性。这一点在传统的证据法学理论中并没有引起足够的注意，许多教科书和专著都简单地将辩证唯物主义哲学中的认识论套用到诉讼认识活动中，忽视了人的主观能动作用的发挥，导致了一些理论误区。笔者认为，不能僵化地理解诉讼认识，应当以马克思主义认识论的一般原理为指导，认真研究诉讼认识与辩证唯物主义认识的联系和区别，挖掘诉讼认识的特殊规律和特殊要求，以此为基础获得对证明标准、证明对象乃至证明责任等一系列问题的正确认识。2003年，笔者主持的教育部重点研究基地重大项目《诉讼原理》的研究，把诉讼认识论作为诉讼原理之一，由法律出版社出版发行。笔者还指导博士研究生以“诉讼认识论”为题，进行了专题研究，现已形成专著，由北京大学出版社出版发行。上述研究成果，对诉讼认识的特点和规律，诉讼认识的主体、客体、结果、标准，进行了全面论述和论证，既坚持了马克思主义认识论的一般原理，又结合诉讼实务的特点和要求，尤其是对刑事诉讼的证明标准如何从客观真实走向法律真实，提出了具有创新性的见解。总之，诉讼认识论的提出对推动证据法学研究从哲学范畴向法律范畴的转变具有理论奠基作用。

（三）诉讼法律观转型研究

刑事诉讼法律观在法律文化结构的体系中居于深层次或隐蔽的地位，但它却控制和影响着执法的效果和功能；不同的人、不同的刑事诉讼法律观，要受时代的制约并随时代的变化而变化。刑事诉讼法律观按照主体的不同可以分为立法者、执法者和社会公众（包括诉讼法学理论工作者）的刑事诉讼法律观。其中，执法者的刑事诉讼法律观直接关系到刑事诉讼法的贯彻执行，而法学家作为国家法治建设的大脑和灵魂，对于刑事诉讼法律观这样一种观念形态的理论研究意义重大而深远。2001 年，笔者在《政法论坛》第 2 期发表了“论刑事诉讼法律观的转变”一文，首次提出了刑事诉讼法律观的转变问题，提出了在刑事诉讼法的本质上，要从国家本位一元化的法律观转变为国家本位、社会本位和个人本位并重的多元化的法律观；在国际法和国内法的关系上，要逐步从国内优位的法律观转变为国际优位的法律观；在刑事诉讼法的价值和功能上，要从单一的和从属的工具主义的法律观转变为多种价值和功能的法律观；在运用证据的价值选择上，要从客观真实、实质合理的法律观转变为法律真实、形式合理的法律观，去除立法和执法中存在的“重实体法、轻程序法”的倾向。

迈入 21 世纪后，笔者从立法到执法面临的问题和困境，特别是从刑事诉讼法的贯彻落实的现实出发，深入实际调查研究、座谈访问，从许多执法人员和干警的认识中发现“执法难”就难在观念的转型上，提出了“制度改革，观念先行”的主张。因此，笔者又根据刑事诉讼发展的新情况和新问题，提出了在社会转型时期刑事诉讼领域中的“十大转变”：以斗争哲学为指导转向以和谐哲学为指导；由国家本位转向国家、社会与个人本位并重；由一元化价值观转向多元化价值观；由权力治人转向权利保障；由有罪推定转向无罪推定；由口供本位转向物证本位；由客观真实转向法律真实；从重实体轻程序转向两者并重，最终转向程序本位；由高压从重转向宽严相济；由国内优位转向国际优位。中央政法委领导高度重视上述“十大转变”的观点，并作出批示：“作为当前司法改革的参考。”在笔者主持的国家社会科学项目《修改刑事诉讼法的理性思考》中，进行了充分的论述和反映，该项目成果出版发行后，得到国家社会科学办公室的高度重视，并以“成果要报”形式报中央政法委，并列出九个方面，以指导司法改革的进行。

（四）刑事诉讼证明标准研究

证明标准问题在刑事程序和证据制度的构建中具有举足轻重的地位。刑事诉讼是对过去已经发生的案件事实做回溯性证明的艰苦过程，此种证明要求达到客观真实的程度，这是难以实现的。按照马列主义关于真理的绝对性和相对性辩证关系的原理，对一个刑事案件的证明要求，只能达到近似于真实的程度。以客观真实作为证明标准，不仅使证明标准缺乏可操作性，而且会带来不择手段地发现“客观真实”、损害被追诉人合法权益的后果；相反，如果以法律真实作为构建证明标准的基础，则可以很好地解决上述问题，有助于确立程序正义在诉讼法中的主导地位。据此，笔者在1996年的刑事诉讼法学国际研讨会上首次提出“法律真实”的观点，与会专家反响强烈，并进行了热烈的研讨和争论。而后，笔者又以马克思主义哲学观为指导，不仅进行了学术方面的潜心研究，而且进行了大量的调查，分析了上千个案例，以“客观真实管见——兼论刑事诉讼证明标准”为题比较系统地阐述了自己的见解，该文发表在《中国法学》2000年第1期上。文章中系统地阐述了“法律真实”这一证明标准的科学依据和科学内涵，着重从刑事证据的本质特征、辩证唯物主义认识论、绝对真理与相对真理的关系以及司法实践应用中的问题等方面，论证了“法律真实”作为刑事诉讼的证明任务和要求，把排他性作为刑事诉讼的证明标准。这一理论的提出引起了学界的广泛关注和讨论，所引发的“客观真实”和“法律真实”的争论，深化了学界对证明标准问题的认识，有力地推动了证据法学基础理论研究的深入开展，其观点如今已经深入人心，成为指导刑事诉讼法学和证据法学研究和应用的基本理论。

（五）刑事诉讼哲学体系研究

从20世纪末起，诉讼法学界开始对诉讼的基本范畴、基本理论、基本理念、基本原理进行探讨，法学教材和论著开始走出注释法学的藩篱，这些探讨和概括虽然名称各异，但内容均涉及刑事诉讼哲学体系的构建问题。笔者认为，刑事诉讼哲学体系应注意处理好以下方面的问题：

第一，正确厘定刑事诉讼中的概念与范畴。概念与范畴作为人类认识成果的结晶，作为人类思维的形式，它们之间没有实质区别，它们的区别仅仅在于范畴是人类在认识客体的过程中形成的基本概念。在哲学史上，古希腊哲学家亚里士多德把范畴看作对客观事物的不同方面进行分析归类而得出的基本概念。我国哲学家高清海先生指出“范畴是内容更为抽象、概括性也更大的概念”。[①] 正因如此，很多学者对范畴和概念不加区分地并用。

第二，正确解读范畴与原理。科学研究是最高的理性认识，通过理性认识所形成的理论是由一个个概念范畴序列化、体系化的过程，这一过程就是理论的形

① 高清海：《高清海哲学文存》（第2卷），吉林人民出版社1997年版，第285页。

成与发展。由此可见，“任何一门科学成熟的标志，总是表现为将已经取得的理性知识的成果——概念、范畴、定律和原理系统化，构成一个科学的理论体系。这种理论体系不是零碎知识的成果，也不是一些定律的简单拼凑，更不是许多科学知识的机械凑合，而是有一定内部结构的相对完整的知识体系，或者说是反映对象本质、对象发展规律的概念系统”①。

通过概念、范畴、原理相互关系的分析，我们可以清楚地看到，诉讼法学之研究，在走出诠释法学的束缚之后，其研究方法和思路必须沿着“概念—范畴—原理”这一思维方式，正确区分诉讼概念、范畴、原理，构建诉讼法学科体系。在诉讼原理研究的过程中，笔者解读了国内诸多名家的著作，多数的教科书和学术著作把诉讼的概念、范畴、基本原理等混同使用，这里不再一一列举。为了把基本原理的研究引向系统化、科学化，为了建立诉讼法学独立的学科体系，我们必须从法哲学的高度，对三大诉讼法学所涉及的概念、范畴、原理加以科学的区分。

第三，不能把诉讼原则和制度混同为诉讼原理。诉讼原理同诉讼原则、制度是两个不同层面的问题。如前所述，诉讼原理是诉讼法学科中具有普遍意义的基本规律。而诉讼原则和制度是以诉讼原理为依据衍生出来的法则或标准，正如《现代汉语词典》对“原则”的诠释，原则是指说话或行事所依据的法则和标准。我国刑事、民事、行政三大诉讼法都分别规定了诉讼的基本原则和制度，但诉讼原理研究的对象并非诉讼的基本原则，它是研究三大诉讼基本原则所依据的基本原理，亦即比基本原则更高更深层面的问题。因此，诉讼法学界的许多著作从这两个层面出发，已经对诉讼的基本原理和基本原则加以区分。

第四，按照共性和个性的关系，区分三大诉讼的共同原理和每个诉讼的特有原理。对于诉讼原理的研究，必须分别从刑事、民事、行政三大诉讼法学着手，从每一诉讼的概念、范畴中进行理性思考，归纳出每一种诉讼法学原理，然后再从三大诉讼的原理中抽象出共同原理。这一研究过程就是按照从个别到一般、从个性到共性这一逻辑思维方式进行的。

第五，按照原理构成的三个要素，把带有普遍性的最基本的规律和对诉讼活动制约最紧密的原理抽象和挖掘出来，把诉讼法学研究不断引向深入，推动刑事诉讼的哲理化程度。

① 彭漪涟：《概念论——辩证逻辑的概念理论》，学林出版社 1991 年版，第 2 页。

第六，构建诉讼法学范畴体系。每一个学科的“范畴体系是思想家借助于逻辑的方法，对丰富的感性材料进行科学的抽象，对已有的知性和理性知识进行整理和升华建立起来的”[①]，它是一门学科走向成熟的必由之路，所以诉讼法学范畴体系的构建是十分重要的。在思想史上，亚里士多德、康德、黑格尔等思想大师曾经有过构建逻辑范畴体系的不同尝试，为后人提供了可资借鉴的重要思想资料。马克思在《资本论》中构建范畴体系的经验以及在构建范畴体系时所遵循的基本原则，为世人研究社会科学树立了典范。按照马克思的做法，对每一学科范畴体系的构建，一要坚持历史、逻辑、理论三统一原则；二要坚持范畴体系与客观辩证法相一致的原则；三要遵循由现象到本质、由初级本质到深层本质、由简单到复杂、由抽象到具体的原则。根据先人和大师们的科学经验，笔者认为对诉讼法学的原理研究，必须从研究诉讼法学范畴体系入手，再从范畴体系中抽象归纳出制约和指导三大诉讼的基本原理。

按照上述逻辑思维和方法，笔者于 2002 年和 2003 年采用团队攻关的方法，把三大诉讼原理归纳为三篇：上篇为诉讼文化、诉讼价值和诉讼人权；中篇为诉讼认识和诉讼行为；下篇为司法运行机制（含司法独立、司法透明、诉讼体系）和诉讼法移植。当然，现在看来，这些内容只能是初步的、肤浅的，对诉讼法学和诉讼原理的研究仍在深入开展。但是，这种研究归纳的哲理思维在方法论上也是一种创新之举。

四、刑事诉讼哲理化研究与方法论[②]

在笔者看来，实证方法问题也是哲学问题之一，方法论本身就是哲理化研究的一部分。关于刑事诉讼法学哲理化研究与方法论问题，笔者有四个基本观点：

第一，要建立多元化的刑事诉讼法学研究方法。自十一届三中全会以来，刑事诉讼法学从注释法学逐步迈向理论法学再迈向实证研究，包括教义法学。对于这几种形式，笔者认为都需要给予高度的重视。不能说研究这个就忘了那个，也不能说研究这个就批判那个，每一种研究方法都有它的重要作用。总而言之一句

① 张文显：《法哲学范畴研究》，中国政法大学出版社 2001 年版，第 9 页。

② 节选自《刑事诉讼法学哲理化笔谈》，有删改，原文发表于《国家检察官学院学报》2010 年第 5 期。

话，要建立一种多元化的、多形式的刑事诉讼法学，不要低估实证研究的作用，不要忽视理论法学的作用，如果不进行调查研究、不做实验、不总结经验，这一理论就不能解决实际问题。一句话，要多元化。

第二，关于理论法学问题，我们要正确地处理好两个关系，刑事诉讼法学与哲学是什么关系，刑事诉讼法哲学与刑事诉讼法学又是什么关系，这两者不是1+1=2的关系，也不是把新名词搬到刑事诉讼法当中就是刑事诉讼法哲学。我们要有立场、观点，融会贯通。

第三，关于如何健全刑事诉讼法哲学的学科体系问题。从2004年博鳌会议开始，我们已经提出了很多问题。例如，刑事诉讼法哲学能不能形成一个独立的研究体系，是不是一个独立的学科。黑格尔的法哲学将法与法哲学作为两个独立体系来看待。那么，希望我们的中青年学者在刑事诉讼法哲学的科学体系构建上建言献策，逐步形成一个刑事诉讼法哲学体系，同时构建刑事诉讼法学的科学体系。再如，刑事诉讼法哲学是不是一个独立的科学？如果是一个独立的科学，它的科学体系是什么？独立研究的意义是什么？用什么方法来建立？笔者希望在这个方面做出自己的努力，把刑事诉讼法学的科学体系、独特的具有中国特色的科学体系建立起来，把具有中国特色的刑事诉讼法哲学的科学体系建立起来！

第四，刑事诉讼法学研究与实证研究，深入实际，调查研究实验和经验法学的研究之间的关系。当前紧迫的任务就是要研究中国的问题，刑事诉讼法学已经率先走在全国各个学科的前面，北大、清华、人大、政法大学、师范大学这几所院校的刑事诉讼法学者，近几年来已经大兴调查研究之风，深入实际找问题、找观点来提高学科的研究水平。笔者认为实证研究就是要把哲学家、诉讼法学家解放出来，深入生活，解决我国的实际问题，这个问题将来会成为刑事诉讼法哲学里一支重要的力量。我们已经积累了一些经验，与哈佛大学代表进行了深入的交流探讨。希望经过不断的努力，将我们的诉讼法学方法论问题、法哲学问题，形成一个独立的学科、独立的体系，独立才具有中国特色。

五、守住底线，防止错案①

近年来，司法机关结合刑事诉讼法的贯彻实施纠正了一批刑事错案，如杜培

① 原文发表于《检察日报》2015年6月4日。

武案、赵作海案、李怀亮案、念斌案等。在人们议论纷纷和公安司法人员痛苦的反思中，2013 年中央政法委首次出台了《关于切实防止冤假错案的规定》，最高人民法院于 2013 年 10 月印发《关于建立健全防范刑事冤假错案工作机制的意见》，最高人民检察院于 2013 年 9 月下发《关于切实履行检察职能防止和纠正冤假错案的若干意见》，公安部于 2013 年 6 月下发《关于进一步加强和改进刑事执法办案工作切实防止发生冤假错案的通知》。以上文件针对司法中存在的突出问题，根据现行有关法律规定，对刑事侦查、起诉、审判、执行各个环节的证据裁判、无罪推定和疑罪从无、严格证明标准、保障律师的辩护权等方面作了重要规定，就人民法院、人民检察院、公安机关对办案质量负责制提出了明确的要求。

广大司法工作者对纠正的错案进行深刻的反思，制定了办理刑事案件的底线标准，人们称之为“不可逾越的红线”！这一底线标准究竟有哪些内容，如何理解、如何运用值得认真研究。科学的司法理念是防范刑事错案的先导；证据裁判原则是防范刑事错案的基石；依法调查取证是防范刑事错案的前沿阵地；严格批捕起诉标准是防范刑事错案的屏障；强化审判机制是防范刑事错案的最后防线；刑事辩护是防范刑事错案不可忽视的力量；诉讼监督是防范刑事错案的保障机制；办案责任制是防范刑事错案的组织保障；救济机制是办理和纠正刑事错案的渠道和方法。

坚持“疑罪从无”是何等的艰难！以河南平顶山李怀亮一案为例，2001 年 8 月 7 日，李怀亮因涉嫌故意杀人罪被刑事拘留，同年 9 月 13 日被捕。2004 年 7 月 8 日被起诉，8 月 31 日被判处死刑，剥夺政治权利终身。宣判后被告人、检方分别提出上诉、抗诉，2005 年 1 月 22 日，河南省高级人民法院两审终结，裁定撤销原判发回重审。2006 年 4 月 11 日，平顶山市中级人民法院又以故意杀人罪判处李怀亮死刑缓期二年执行，剥夺政治权利终身。2006 年 9 月 27 日，河南省高级人民法院又作出撤销原判发回重审。2013 年 4 月 15 日，平顶山市中级人民法院重新审理，依据 2012 年《刑事诉讼法》第 195 条，按照“疑罪从无”原则，宣告李怀亮无罪。该案历时 12 年，李怀亮两次被判处死刑，两次被发回重审，最终宣告无罪释放。还有念斌案，也按“疑罪从无”原则宣告无罪。就我国立法而言，1996 年《刑事诉讼法》第一次修改时吸收了无罪推定的原则精神，第 12 条规定：“未经人民法院依法判决，对任何人都不得确定有罪。”第 162 条第（三）项规定：“证据不足，不能认定被告人有罪的，应当作出证据不足、指控的犯罪不能成立的无罪判决。”2012 年《刑事诉讼法》第 195 条第（三）项重申了这一规定。法律规定明确，为何实施起来却难上加难，笔者认为，难就难在“无罪推定”与“有罪推定”的博弈；难就难在“疑罪从无”的司法理性能否回归，即能否坚守“疑罪从无”的底线标准。

“无罪推定”“疑罪从无”，不仅是近现代的司法理念，更是重要的司法规律和司法规则。无罪推定的核心内容是任何人在被法院判决确定有罪之前，均被认为无罪。“无罪推定”要求司法机关在入罪时依法、严格、谨慎，证据必须确实、充分，排除合理怀疑。如果认定被告人有罪的证据不能排除合理怀疑，或者尚未到达确实、充分的标准，对被告人应当判决无罪，这就是“疑罪从无”。

“疑罪从无”是刑事司法中多种价值平衡的科学抉择。首先，在证据和证明标准的适用上，在客观真实与法律真实之间只能选择法律真实的标准。必须承认，人的认识能力有限，案件事实发生后，随着时间的流逝及环境的变化，穷尽包括科技手段在内的一切方法也无法完全恢复案件的客观真实。办案人员只能依据现有的证据将案件事实查证达到法律真实的标准。所谓以事实为根据就是以法律事实为依据。当然，法律真实要尽量接近客观真实，但可能永远也无法复制客观真实。由此可以看出，在客观真实与法律真实之间永远存在一段距离，有人称之为“盲区”。这段“距离”或“盲区”的存在，决定我们对案件事实的判断和定罪量刑，在价值的选择与权衡上，只能遵循“疑罪从无”的司法规则。根据现有的证据，对无法排除合理怀疑，或证据与证据之间存有矛盾的案件，不能穿越“盲区”或跨越鸿沟主观推断被告人有罪。否则，必然会形成错案，冤枉无辜。

其次，在诉讼目的的选择上，只能既坚持打击犯罪又坚持保障人权，竭尽全力实现二者的平衡。特别是在打击犯罪与保障人权发生矛盾时，公检法机关在打击犯罪与保障人权之间进行选择，只能首选保障人权。诉讼目的的抉择和平衡必然走“疑罪从无”之路。因为，案件事实的认定和裁判尚未达到排除合理怀疑的程度和标准，保障人权大于一切、重于一切，只能按“疑罪从无”处理。生命财产、生杀予夺之权决不可滥用。

第三，在“宁可错放”与“错判”之间的选择上，按照“次优选择”原理，必须坚持“疑罪从无”，宁可选择“错放”，而不选择“错判”。诚然，刑事诉讼中的最佳选择和理想模式应当是“不枉不纵”，既不冤枉一个好人，也不放过一个坏人。但是要做到这一点实属不易，这只是一种“理想”和人为的设计。现实生活告诉我们，公检法机关办案常常遇到放纵坏人和冤枉好人的两难境地，选择“不枉不纵”已不可能，因为案件在证据上存在疑问和矛盾。诉讼规律和现实迫使我们只能按次优选择原理，选择“错放”，而不选择“错判”，走“疑罪从无”之路。2013 年年底最高人民法院发布的《关于建立健全防范刑事冤假错案工作机制的意见》明确规定：定罪证据不足的案件，应当坚持疑罪从无原则，依法宣告被告人无罪，不得降格作出“留有余地”的判决。

以上论述是试图从理论和诉讼规律上阐述“疑罪从无”这一底线的科学性和正当性。笔者认为，做到这一点还不够。事实告诉我们，科学的立法与正当的程序变成现实，并贯彻到诉讼之中，还有一个关键的要素就是要有诉讼文化、诉讼理念的形成和指引，只有如此，刑事诉讼法才能得到完整的贯彻和实施。尤其是在我国漫长的封建专制统治中，“有罪推定”“疑罪从有”“疑罪从轻”“疑罪从挂”“留有余地”等封建专制诉讼文化和传统观念的糟粕影响深远，要想除旧更新、走法治之路的确是路漫漫兮，没有法律人的努力和推进，是难以实施的。因此，我们必须在依法治国的指引下，一要通过立法使底线标准形成制度；二要在制度的后面促进诉讼文化的形成。像“无罪推定”“疑罪从无”这种现代的司法理念，虽然有相关规定，但还需要形成一种“无罪推定”的文化和理念。所以，笔者坚信各项制度或法律的实施，必须理念先行、文化根植，只有把先进的文化和理念根植于人民群众之中，才能实现社会的进步、文明。我们期待着底线标准的贯彻实施，更期盼底线标准所赖以生存的诉讼文化兴旺和繁荣！

第二章　刑事诉讼认识论

一、《刑事诉讼法》再修改的理性思考①

随着我国民主法制建设进程的加快和社会各方面的发展，现行《刑事诉讼法》又出现了一些亟待修改完善的问题，司法实践中也积累了一些经验需要认真总结，我国已经批准和正在研究批准的有关国际公约对我国现行《刑事诉讼法》也提出了一些新的挑战，人权入宪和构建社会主义和谐社会目标的提出，使我国社会对《刑事诉讼法》提出了更高的要求。中央关于司法体制和工作机制改革的初步意见对进一步修改完善《刑事诉讼法》提出了一些要求，本届全国人大常委会已将修改《刑事诉讼法》列入立法规划，《刑事诉讼法》已面临再修改。在这次再修改中，我们应当如何坚持理性，并体现理性的要求呢？笔者认为，可以概括为以下十个方面：

（一）以斗争哲学为指导转向以和谐哲学为指导

人的行为往往受一定世界观的指导，有意识的，或无意识的，因此，可以说，人的行为往往是在一定哲学观的影响下进行的。个体的人是如此，国家及其执行机构也是一样的，其行为也是在一定政治哲学观的指导下进行的，因为所谓的国家行为只不过是国家机构组成人员的行为的有机结合体。而所谓政治哲学观，其实也就是指有关政治及其活动的一些基本观点和方法。我党八十多年来由斗争哲学观逐步发展到目前的和谐哲学观，但具体的哲学观都是相对的，只是表

① 本部分内容由两篇文章整合而成，分别是“《刑事诉讼法》再修改的理性思考（上）”（《法学杂志》2008 年第 1 期）和“《刑事诉讼法》再修改的理性思考（下）”（《法学杂志》2008 年第 2 期），对标题序号有所调整。

明某一段时期某一哲学观占主要地位，而非只讲斗争不讲哲学，目前也非只讲哲学不讲斗争。

斗争哲学观是我党根据民主革命时期的具体情况，从马克思主义的矛盾运动原理出发，认为阶级斗争是推动社会发展的直接动力，矛盾的斗争性是绝对的，统一性是相对的，因而应注重矛盾的斗争性，主要通过斗争的方法和手段来消除各种社会矛盾。[①] 这种哲学观的形成，是我党以马克思主义的历史唯物论和辩证唯物论为理论基础，结合我国民主革命的矛盾斗争特点形成的，它是马克思主义与我国革命实践相结合的一种产物，也是我党诞生初期的历史使命所决定的。众所周知，我党诞生于半封建、半殖民地社会的旧中国，帝国主义与中华民族的矛盾、封建主义与人民大众的矛盾是当时社会的主要矛盾。这种矛盾的属性决定了我党的历史使命就是夺取政权，建立一个新中国。政权的更替意味着社会的质变，意味着统治阶级既得利益的丧失，这并不是统治者所愿意的，他们肯定会以暴力手段做最后挣扎。对于这种暴力的反革命行为只能用暴力的革命手段才能达到目的，这就决定了当时必须以马克思主义的阶级斗争理论作为主要思想武器，否则我党就不可能取得革命的成功，民主革命初期的历史教训也确实证明了这一点。这种阶级斗争理论，正如1945年毛泽东《在中国共产党第七次全国代表大会上的口头政治报告》中所讲的，它就是被压迫人民的“斗争哲学”。

和谐哲学观，也就是承认、尊重各种主体的正当需要，平等保护这些正当需要，在这些利益发生冲突时，通过各种平和而非激烈对抗的方式来化解这些冲突，最大限度地增加和谐因素、减少不和谐因素，不断促进社会和谐，从而促进社会稳定和发展。和谐哲学观的出现，也是我党以马克思主义的历史唯物论和辩证唯物论为理论基础，结合我国新时期的社会矛盾特点而发展形成的，是马克思主义在我国新时期的发展和应用。当然，和谐政治观之所以成为我党新时期的主导哲学观，也是批判吸收我国传统文化始终贯穿着的“和合”思想的结果。它强调，世界万事万物都是由不同方面、不同要素构成的统一整体。在这个统一体中，不同方面、不同要素相互依存、相互影响，相异相合、相反相成。[②] 和谐哲

① 梅宁华：“中国共产党人政治哲学观的重大发展——学习十六届六中全会《决定》的体会”，载《北京日报》2006年11月6日。

② 郭建宁：“传统‘和’文化与现代新思维——文化哲学视野中的和谐社会”，载《学术研究》2006年第11期。

学观的提出，在某种程度上传承和弘扬了“和合”思想中的积极因素和合理内涵，是对中华民族传统文化的扬弃。

从社会矛盾的角度来看，和谐哲学观是在我国社会矛盾从敌我矛盾转变为人民内部矛盾形势下应运而生的结果，因为人民内部矛盾只是共同基本利益下的局部利益冲突，解决这种矛盾的手段只能是平和的，而非斗争的、暴力的手段。只是这种结果的出现并不是一帆风顺的。新中国成立以后，夺取政权的敌我矛盾逐渐转变为人民日益增长的物质文化需要与落后的生产力之间的矛盾。在这种情况下，根据唯物辩证法质量互变规律的要求，斗争哲学观应当逐渐退出历史舞台。但实际情况并非如此，很长一段时期内，“不要忘记阶级斗争”等极“左”思想的影响和严峻的国际国内形势，以及长期的战争环境都使初期的执政者习惯于从对立和斗争的视角思考问题，擅长斗争哲学，忽视从对立的同一面化解矛盾，轻视和谐哲学，以至于在社会已经发生质变，对抗性矛盾基本消失时仍奉行斗争哲学。① 直到改革开放后，以邓小平为核心的党的第二代中央领导集体，重新确立了解放思想、实事求是的思想路线，果断摒弃了“以阶级斗争为纲”的指导方针，确立了“以经济建设为中心”的指导方针，我党的斗争哲学才从此逐渐有所淡化。以江泽民为核心的党的第三代中央领导集体，提出了“三个代表”重要思想，强调我们党已经从一个领导人民为夺取全国政权而奋斗的党，成为一个领导人民掌握着全国政权并长期执政的党后，我党的斗争哲学观才逐渐退出历史舞台而转向和谐哲学观。党的十六大以后，以胡锦涛为总书记的党中央对和谐社会的认识不断深化。党的十六届四中全会明确提出了“构建社会主义和谐社会”的重大命题。2005 年胡锦涛同志在“2·19”讲话中，又把“构建社会主义和谐社会”作为重大目标和战略任务加以阐述；十六届六中全会《中共中央关于构建社会主义和谐社会若干重大问题的决定》进一步明确了“构建社会主义和谐社会”在中国特色社会主义事业总体布局中的战略地位，明确提出“社会和谐是中国特色社会主义的本质属性”。和谐哲学观至此正式取代斗争哲学观而成为主导我党的政治哲学观。党的十七大报告又再次强调指出：“构建社会主义和谐社会是贯穿中国特色社会主义事业全过程的长期历史任务，是在发展的基础上正

① 杨豹：“马克思主义哲学的新发展——从斗争哲学到和谐哲学”，载《济南大学学报：社会科学版》2007 年第 3 期。

确处理各种社会矛盾的历史过程和社会结果。”

中国共产党是我国的执政党，而刑事诉讼法是一国解决社会矛盾的一个重要途径，执政党不同的哲学观势必对刑事诉讼法的基本原则和具体制度造成不同的影响。新中国成立初期在斗争哲学观的影响下，刑事诉讼法带有一种专政工具的色彩，将犯罪行为作为一种敌对行为看待，国家对犯罪嫌疑人、被告人采取的是一种高压态势，以有力打击犯罪分子为价值导向。至于犯罪嫌疑人、被告人的人权保障和程序公正问题，并不是刑事诉讼法的目标。以这种哲学观为指导的刑事诉讼的最极端的表现形式就是我国“文化大革命”时期的砸烂公检法，完全抛弃诉讼形式而以运动方式打击犯罪分子。1979 年《刑事诉讼法》颁布虽然时值实事求是、解放思想的思想路线已在十一届三中全会上确立，政治、经济等各方面的发展已逐渐走入正轨，但仍受斗争哲学观强烈影响，仍将刑事诉讼视为一种专政工具，公、检、法机关都是专政机关。具体表现主要有：一是基本指导思想上重打击、轻保护，重实体、轻程序。例如，该法第 1 条就规定：“中华人民共和国刑事诉讼法，以马克思列宁主义毛泽东思想为指针，以宪法为根据，结合我国各族人民实行无产阶级领导的、工农联盟为基础的人民民主专政即无产阶级专政的具体经验和打击敌人、保护人民的实际需要制定。”阶级斗争色彩极其浓厚，而有关犯罪嫌疑人、被告人的利益则没有受到应有的重视。二是诉讼构造上，控、审不分，实行的是一种超职权主义的诉讼模式，犯罪嫌疑人、被告人没有诉讼主体地位而沦为诉讼客体，应有权利得不到保障。三是诉讼行政化倾向严重，人民法院主动调查取证，承担追究被告人有罪的责任，并在审前移送案卷，导致审前有罪预断。四是没有规定无罪推定原则。无罪推定，总体上是有利于犯罪嫌疑人、被告人的利益而不利于国家有力打击犯罪的，这不符合斗争哲学的要求，同时也极大地影响了刑事诉讼法的发展。五是实行免予起诉制度。免予起诉制度，就是检察机关未经审判就对被告人作了定罪免刑处罚，检察机关行使了法院的一部分审判权。这只有在斗争哲学的指导下，把公、检、法机关都作为与犯罪行为作斗争的专门工具的情况下才有可能发生，在实行控、审分离的现代法治社会里是不可想象的。

由于法制环境的改善，1996 年《刑事诉讼法》虽然较 1979 年《刑事诉讼法》有了很大进步，但受我党斗争哲学观影响的痕迹仍然比较明显，诉讼中的人权保障思想尚未完全载入刑事诉讼法典。其主要表现有：一是重打击、轻保护，重实体、轻程序的观念仍没有改变，侵犯犯罪嫌疑人、被告人人权的现象时有发生。如司法实践中经常发生的刑讯逼供现象，以及公、检、法机关联合办案现象，都与斗争哲学有联系。二是无罪推定原则没有得到完全的确立。虽然有人认为，我国《刑事诉讼法》第12条规定的就是无罪推定原则，但一般认为，该条规定的只是人民法院的统一定罪权，而不是无罪推定原则，这无疑仍是受斗争哲学的影响。三是犯罪嫌疑人在侦查阶段的人权保障措施缺失，对侦查措施缺乏有效控制。这可以说是斗争哲学在1996年《刑事诉讼法》中留下的最深的痕迹。四是犯罪嫌疑人、被告人没有沉默权，辩护权受到较多限制。这是最能体现刑事诉讼是否作为专政与压制工具的标志。因为没有沉默权，也就意味着犯罪嫌疑人、被告人只不过是国家司法机关追诉犯罪的一种工具或手段，而犯罪嫌疑人、被告人是追诉犯罪的工具或手段，这除了能说明该种刑事诉讼是一种单向的、行政治罪的工具外已无其他解释。五是没有建立有效的非法证据排除规则。非法取证行为是犯罪嫌疑人、被告人合法权益的最大威胁，也是国家有效打击犯罪的“捷径”。排除非法取得的证据可以维持刑事诉讼程序的诉讼性，免其沦为行政治罪工具和专政手段，但是很遗憾并没有这方面的规定。

和谐社会的前提性条件是对各种主体、各方利益、各种形态的社会存在予以广泛认同和尊重，社会自身的多元化、多层次化是和谐社会的前提与基础。因此，和谐，从《刑事诉讼法》的角度来讲，最重要的就是承认与尊重不同主体特点，平等保护不同主体的合法权益，而不能将其中一种主体的利益尤其是国家利益凌驾于其他主体的合法利益之上。如何随着这种政治哲学观的转变而将和谐理念体现在《刑事诉讼法》中，笔者认为可从以下几方面着手：

一是以和谐观念为指导，在宏观上和理论层面理顺几大关系。首先是刑事诉讼法与其他法律的关系，这是刑事诉讼的外部和谐问题，包括刑事诉讼法与宪法、刑法以及民事法律规范的关系等。其次是处理好刑事诉讼各阶段之间的关系，如侦查和起诉、起诉和审判、审判和执行等方面的关系。理顺这些关系目的在于处理好它们之间的制约关系，消除我国刑事诉讼中的行政化倾向。最后是处理好权力和权利之间的关系，处理好国家追诉权和犯罪嫌疑人、被告人人权保障之间的关系，尤其是追诉权力与犯罪嫌疑人、被告人权利之间的关系，这是刑事诉讼程序性质的风向标。权力处于压倒性地位，权利得不到保障，这是专政性质的行政治罪程序；权力受到抑制，权利得到保护与张扬，这才是真正意义上的刑事诉讼程序。目前改革的方向是对追诉权力进行一定程度的抑制，防止其过分扩张而压制权利、侵害权利。

二是对刑事诉讼法的价值、目标和功能等进行重新定位。我国目前的主要矛盾是大同下的小异，是局部利益矛盾、人民内部矛盾，应当使用和平的手段、正当的诉讼手段化解，因此，应对刑事诉讼法的价值、目标和功能等进行重新定位。在刑事诉讼制度的价值上，不仅要强调打击犯罪和保障人权的统一，更要将社会关系的恢复作为其最终目标。在刑事诉讼制度的目标上，要强调刑事司法的法律效果和社会效果的有机统一，在打击犯罪行为的同时弥补受损的社会关系，使社会秩序真正回到稳定和谐的状态中来。在刑事诉讼制度的功能上，应将刑事诉讼法从过去的专政工具转变为社会关系的调节器和社会矛盾的化解器。

三是改革、完善相关刑事诉讼原则、制度与具体程序，逐步消除行政化倾向。首先，严格执行控、审分离原则，防止法院充当追诉角色。这就需要限制法院罪名变更权，取消其再审启动权。其次，明确规定犯罪嫌疑人、被告人的不得强迫自证其罪特权，防止犯罪嫌疑人、被告人成为控诉方的追诉工具，同时保障犯罪嫌疑人、被告人的辩护权，强化他们的抗辩能力，赋予其律师在场权，条件成熟时规定沉默权制度。最后，明确规定无罪推定原则，适当按诉讼化改革侦查程序，增强其应有的诉讼因素。当然，这种改造也必须有一个度，必须兼顾犯罪的控制。另外，就是增强法官的独立性，减少和防止法官判决过程中的行政审批现象。

四是引入纠纷解决的合意因素，增设诉讼和解制度，通过和解方式化解社会矛盾，减少不和谐因素。根据我国传统观点，犯罪被认为是国家和犯罪行为人之间的冲突，在公诉案件中检察机关无权同犯罪嫌疑人、被告人就刑事责任进行和解。但在和谐政治哲学视野下，犯罪行为被视为人民内部的矛盾，也有以和解方式解决的可能，尤其是在有被害人的公诉案件中，只要犯罪行为所造成的危害结果不是很严重，应当可以和解，这样既有利于节约司法资源，提高矛盾解决的效率，也有利于保护被害人的合法权益，使犯罪行为给被害人造成的损害得以及时恢复，消除犯罪行为所导致的不稳定因素。具体设计上，可以在侦查、起诉、审判和执行各个阶段都设立和解制度：在侦查终结后，对于一定范围内的刑事案件，如果犯罪嫌疑人和被害人达成和解协议并履行的，侦查机关可以撤销案件结案；在审查起诉阶段，对于一定范围内的刑事案件，如果犯罪行为人和被害人达成和解协议，检察机关可以附条件不起诉；在审判阶段，如果被告人认罪并和被害人达成和解协议，人民法院可以通过简易程序审判，并减轻对被告人的刑罚处罚或建议检察机关撤回起诉；在执行阶段，如果被判刑人和被害人达成和解协议并履行的，可以对被判刑人减刑或予以假释等。

另外，要提高诉讼效率，及时恢复被犯罪行为破坏的社会秩序。一般来说，矛盾解决越及时，社会秩序恢复越快，社会也就越和谐。因此，在刑事诉讼法再修改时，我们应当在公正的前提下兼顾诉讼效益，探索在诉讼各阶段建立诉讼分流程序，尤其是审查起诉阶段建立附条件不起诉制度，在审判阶段扩大简易程序的适用范围，采取措施加快诉讼进程，及时化解不和谐因素。

（二）由国家本位转向国家、社会与个人本位并重

国家、社会、个人三个概念的区别可以说是黑格尔的发明。“自从黑格尔对市民社会和政治国家作了实质性区分以来，国家与社会两个层面的事实得到了基本的学理说明。马克思早期仍然借助于黑格尔的学说作为分析工具，即使其后来的经济基础与上层建筑的区分，也是在充分肯定黑格尔学说的基础上发展起来的。”① 诉讼尤其是刑事诉讼常是国家利益、社会利益和个人利益进行博弈的场所，在这一博弈过程中，应当优先保护国家利益，还是社会利益，抑或是个人利益，也就有国家本位主义、社会本位主义和个人本位主义之分。所谓国家本位主义，简言之，就是指在刑事诉讼过程中，从国家的角度和立场出发，简单地把刑事诉讼法视为国家控制和管理社会的一种工具的思想观念。社会本位主义则是指社会公共利益高于其他利益，刑事诉讼法优先保护的是社会公共利益，刑事诉讼只不过是保护社会公共利益的一种手段。而个人本位主义则相反，它是指个人在刑事诉讼的合法权益应当受到优先保护，刑事诉讼法是个人权利保障的工具，个人权利是刑事诉讼法得以存在的基础。

我国长期以来，特别是从 20 世纪 50 年代初到 80 年代中期，对法律本质的认识由于受苏联制度结构和意识形态的影响，把法律仅仅当作是维护国家政权的统治阶级的意志，是一种国家本位法律观。在这种国家本位法律观的指导和统治下，作为比较敏感的刑事诉讼法，从立法到执法，无不以国家本位为主宰。在“以阶级斗争为纲”时期，刑事诉讼法甚至被定位于“打击敌人”“镇压反革命”

① 谢晖：“中国法学家法律观的转变”，载《法制日报》（第 3 版）2000 年 5 月 7 日。

的工具。党的十一届三中全会以后，社会主义民主与法制建设被提到议事日程。1979 年《刑事诉讼法》的诞生，在立法上开始注意把保障无罪的人不受刑事追究，把诉讼中的权利保障纳入规定范围。党的十五大将“依法治国”确定为治国方略，并明确提出了政治生活中的人权保障问题。这说明党和国家的法律观已经从一元化转变为多元化，社会利益和个人利益开始得到强调和肯定。但是，由于我国传统法律文化国家本位的价值观根深蒂固，导致我国刑事诉讼法实际上采取的价值取向还是一种国家本位主义。

这种国家本位主义主要有以下几个表现：一是在立法指导思想上，重国家利益保护，轻个人权利保障。在刑事诉讼中，以国家本位价值观为指导，其结果必然导致置诉讼参与人的诉讼权利于不顾。体现在刑事诉讼法上，就是该法第 1 条规定的刑事诉讼法的目的就在于“保证刑法的正确实施”，将刑事诉讼仅仅视为打击犯罪的工具，更多的是维护国家、社会安全和社会秩序，而不是保护个人权利。二是在刑事诉讼法中没有规定程序法定原则。要求国家司法机关在行使权力时必须按规定程序进行，实际也就是给司法机关设置一个行使轨道，防止其随意倾轧伤害个人权利。我国刑事诉讼法根本没有程序法定原则，重实体轻程序，作为国家代表的司法机关往往可以为了达到自己的目的而便宜行事。三是在刑事诉讼法中，国家司法机关权多责少，而公民则权利少义务多。从某种程度上讲，公民的权利就是国家的义务，国家的权力就是公民的义务，它们是一种此消彼长的关系。在我国刑事诉讼法中公民的义务多而权利少，国家司法机关则相反。例如，犯罪嫌疑人、被告人应当拥有的不得强迫自证其罪的特权、沉默权、律师在场权、非法证据排除权都没有，最重要的辩护权也受到诸多限制，而不该有的义务却不少，如实陈述的义务、自己承担出庭受审费用的义务，甚至在被判决无罪后，其辩护律师的费用也得自己承担。而国家司法机关的很多权力不仅没有法律规范，而且即使程序违法后也很少受到有效制裁。

刑事诉讼法，从本质上看，作为一种程序法，它目的在于限制国家权力的滥用，要求国家通过正当程序来追究犯罪行为人的刑事责任。因此，刑事诉讼法的再修改应坚持国家、社会、个人本位并重。第一，刑事诉讼的概念是由控诉、辩护、审判三种基本诉讼职能组成，取消或削弱了任何一种职能，就不是一个完整的、健康的诉讼。第二，刑事诉讼的主体并非仅仅代表国家的侦查、检察与审判机关，而应当包括所有诉讼参与人，法律应当赋予诉讼参与人应有的诉讼权利。

第三，就刑事诉讼法的属性而言，通过多年对传统国家本位法律观的反思，特别是1992年对市民社会的讨论，我国法学界已充分肯定了法律多元化的存在，打破了“法律是统治阶级的意志的体现”这个一元化的论断，应体现国家、社会和个人三方的利益。第四，社会主义市场经济主体资格制度的确立，必然影响刑事诉讼的立法和执法。作为市场的法律主体，他们是相互独立、完全平等的人，没有行政依附，不存在因所有制不同而产生的身份差别。刑事诉讼法律观必须在考虑国家利益的同时，平等地对待社会和公民个人的合法权利。第五，就国际环境而言，我国刑事诉讼必然要顺应已经批准或已经签署加入的多个联合国有关公约所确立的国际规则或标准。江泽民同志在联合国千年首脑会议分组讨论会上的发言中指出：“促进和保护人权是各国政府的神圣职责。”为完成这一任务，首先要做的就是冲破国家本位一元化的刑事诉讼法律观，牢固地树立国家本位、社会本位和个人本位多元化的法律观。

从我国刑事诉讼法来看，最大的问题是国家本位过度扩张而导致社会本位，尤其是个人本位受到严重压制而无发挥的空间。因此，应着眼于如何规范国家本位的空间，主要包括：一是对刑事诉讼法的本质重新定位，改打击犯罪的单一目的为打击犯罪与保障人权并重。二是明确规定程序法定原则，规范公安司法机关的权力行使，防止其侵害公民个人尤其是犯罪嫌疑人、被告人的权利。在具体制度设置上，将公安司法机关的权力尤其是公安机关的强制性侦查措施纳入法律规范的范围。三是扩大犯罪嫌疑人、被告人等诉讼参与人的诉讼权利，将不得强迫自证其罪、律师在场权等权利纳入刑事诉讼立法之中，改革刑事诉讼中的辩护制度，加大和保障律师的诉讼参与权。四是建立程序违法制裁机制，建立犯罪嫌疑人、被告人权利救济机制。

（三）由一元化价值观转向多元化价值观

何为法的价值，自古以来就众说纷纭。但一般来说，认为法的价值是作为主体的人与作为客体的法之间的关系范畴。我国现在比较恰当的理解是卓泽渊教授的观点。他认为法的价值在广义上可以指法对于人的一切意义，是法对于人的需要的满足，没有人的需要，也就无所谓法的价值；人的需要是多元的、多层次的，法的价值也具有多元、多层次性；“法是人的创造物，人在创造法的时候，就赋予或确定了它应有的价值使命。或者也可以说，法是人在一定的价值指导下而创制出来的。法的状况、法的价值状况都与人的主观企求有着极大的关系。”[①] 刑事诉讼法作为法的一种，其价值也应当具有多元、多层次性，国家在创制它的时候就已赋予它应有的价值使命，只是不同国家由于其对刑事诉讼法价值企求不一样，赋予刑事诉讼法的价值使命不一样，其价值也就不一样。

在人类历史上，对于刑事诉讼法的价值一直存在着绝对工具主义、相对工具主义、程序本位主义和经济效益主义四种法律观之争。所谓绝对工具主义，按边沁的说法：“程序法的唯一正当目的，则是最大限度地实现实体法”“程序法的最终有用性取决于实体法的有用性……除非实体法能够实现社会的最大幸福，否则程序法就无法实现同一的目的。”[②] 这也就是说，刑事诉讼法的价值仅仅在于实现刑事实体法。相对工具主义理论是由美国学者 R·德沃金提出的。1985 年，德沃金在《原则、政策和程序》一文中对相对工具主义理论作了阐释。他认为，绝对工具主义理论强调了程序的工具性价值，但忽视了权利。事实上，任何一名无辜的公民都享有一种不受错误定罪的“道德权利”，对一名事实上无罪的公民予以定罪是一种内在的“道德错误”，它会带来一种“道德上的耗费”。这种“道德错误”和“道德耗费”能否减少到最低限度，是评价刑事审判程序正当与否的独立价值标准。为此，他提出一种相对工具主义理论，强调应当兼顾程序的两个独立价值目标：无辜者不受定罪的权利和被告人获得公正审判的权利。程序本位主义，又称非工具主义，认为评价刑事诉讼程序的唯一价值标准就是程序本身是否具备一些内在的品质，而不是程序作为实现某种外在目的的手段的有用性。这种理论主要盛行于英美国家，它们相信“正义先于真实”，即法院的审判只要依照公正的程序进行，就能够作出公正、合理的判决。例如，英国大法官基尔穆尔认为：“必须遵守关于审判活动的程序，即使——在一些例外场合下——有损于事实真相，也在所不惜。”[③] 经济效益主义是西方经济分析法学派提出的程序价值理论，兴起于 20 世纪 70 年代的美国，其主要代表人物是芝加哥大学教授波斯纳，他在《法律的经济分析》《法律程序和司法活动的经济分析》等著作中指出，所有法律活动（包括立法、执法和诉讼等）和全部法律制度都以利用

① 卓泽渊：《法的价值论》（第二版），法律出版社 2006 年版，第 51 页。
② 陈瑞华：《刑事审判原理论》，北京大学出版社 1997 年版，第 2 页。
③ 陈瑞华：《刑事审判原理论》，北京大学出版社 1997 年版，第 2 页。

自然资源、最大限度地增加社会财富为目的，因此，“效益”是法律活动的唯一宗旨，效益是一个公认的法律价值。从本质上讲，这一理论仍属于程序工具主义的一个分支，因为它所坚持的仍然是“审判程序不过是最大限度地实现某一外在价值的工具”的观点，只不过它的外在目标是“最大限度地提高经济效益，减少诉讼耗费”。这种理论问世以后，受到了一些学者的批评。有的学者说，经济效益主义无疑是贬低了人的生命、自由和人格尊严，因为它是不能用金钱来衡量和计算的。也有学者批评说，经济效益论者忽略了一个重要的价值目标——正义。但经济效益论者明确宣布：效益与正义是同义语，正义的第二种意义就是效益。

在我国，关于刑事诉讼法的价值问题，长期以来，无论在理论研究还是法律的执行上，一直是沿用和秉承工具主义的法律观，认为刑事诉讼法是实施国家刑罚的工具，是无产阶级专政的工具。这与人们20世纪80年代中期以前一直存在的工具主义法律观有关，刑事诉讼法作为一种程序法更不例外，“刑事诉讼法是实施刑法的工具”就顺理成章地发展为一种公理，导致刑事诉讼法处于“从属”“服从”的地位，而没有独立存在的内在价值。不仅实务界如此，理论界中有的高等法学教育的教科书也认为刑事诉讼法是手段、是工具，而不是目的，是保证刑法的实施。长期以来，“重实体、轻程序”“程序虚无”的思想导致刑事诉讼中刑讯逼供、超期羁押、剥夺辩护权、律师参与诉讼难等现象不胜枚举，这些无不与单一的工具主义法律观有关。

人的生存需要安全、秩序、自由以及人格上的尊严。法律的价值就在于满足人的上述需求。作为法律重要组成部分的刑事诉讼法，其价值也在于满足人的上述需求，实现刑事实体法，这只是表面的或直接的价值，而不是其最终的价值。从这点来看，刑事诉讼法只不过是这样一种法律规范，其目的在于保证司法机关通过正当程序即在不侵害公民包括犯罪嫌疑人、被告人合法权利的情况下打击犯罪，维护社会秩序，从而满足所有人的安全、秩序、自由以及人格尊严的需要。显然它还具有自身独立的价值和效益诉求，是一种多元价值目标体系。在刑事诉讼法再修改时，必须将之从现有的一元化价值目标转变为多元化价值目标。

实现和完成上述转变，首先是解放思想，改变程序法工具主义观点。长期以来，理论界与实务界往往持马克思的“审判程序是法律内部生命表现”的论述将程序法视为单纯的工具。其实，马克思就是在同一篇文章中也明确地指出：

“如果审判程序只归结为一种毫无内容的形式，那么这种空洞的形式就没有任何独立的价值了。”① 由此可见，程序法不仅是用以实现实体法的工具、手段或形式，它还具有一种独立于实体结果的内在价值，刑事诉讼法不仅具有实现实体法的工具性价值，还有本身独立的保障人权的价值以及诉讼效益的价值。

根据我国目前民主与法治的进程，当前的重点在于加强对刑事诉讼法自身独立价值的认识和研究，并使之付诸实施。内在价值虽然是刑事诉讼程序本身应有的属性，但它在人类历史上被认识得比较晚，我国的诉讼发展史就是不断认识其内在价值的过程，尤其是《公民权利和政治权利国际公约》《经济、社会和文化权利国际公约》《禁止酷刑和其他残忍、不人道或有辱人格的待遇或处罚公约》《囚犯待遇最低限度标准规则》等一系列文件，也对刑事诉讼程序的内在价值作了相应规定，明文规定了不少刑事诉讼的程序正义标准；而我国 1996 年《刑事诉讼法》的修改也包括了无罪推定内容、取消收容审查、废除免予起诉、辩护律师提前介入诉讼、庭审方式的改革、二审人民法院发回重审权等，都体现了刑事诉讼的内在价值，但仍与刑事诉讼应有的内在价值目标有相当差距，如刑讯逼供、非法取证、犯罪嫌疑人和被告人的不强迫自证其罪的权利和刑事辩护都存在过多限制，强制措施也屡遭滥用等，这些都说明我国刑事诉讼法的内在价值没有得到应有的重视和体现。

另外，刑事诉讼法再修改时还应当适当重视诉讼效益价值的体现。诉讼效益虽然在层次上其重要性不能与实体公正和程序公正同日而语，只有在不损害公正的情况下兼顾诉讼效益，但它也并不是可有可无的。正如日本法学者棚濑孝雄所说的，司法制度是一种生产正义的制度，不能无视成本问题，面对现代社会中权利救济大众化的趋势，缺少成本意识的司法制度更容易产生功能不全的问题。② 在这次刑事诉讼法的修改中，我们也应把诉讼经济效益价值观纳入修改的范围。这是因为，在社会主义市场经济条件下，刑事犯罪日渐增长，大案、要案不断增加，我们的人力、物力和司法人员的素质都有相当大的差距，1996 年《刑事诉讼法》增设的简易程序使用率也不高，而司法实践中的普通程序简易审虽然解决

① 《马克思恩格斯全集》（第 1 卷），人民出版社 1956 年版，第 178 页。

② ［日］棚濑孝雄：《纠纷的解决与审判制度》，王亚新译，中国政法大学出版社 2004 年版，第 267 页。

了一些问题，但毕竟不是法律的正式规定；在司法实践中，公安司法机关的担子沉重，警察、检察官、法官在超负荷运转。解决这些问题，最重要的途径就在于提高诉讼效益。具体来讲，一是扩大简易程序的适用范围，将目前可适用普通程序简易审的案件纳入简易程序范围；二是将坦白从宽予以法律化，使之成为法定情节而不是酌定情节，以提高被告人选择简易程序的积极性。法律的目的在于激励。为此，我们可以借鉴英国的做法，规定坦白后适用简易程序的，明确规定可以从轻判处的刑罚，以确定性激励被告人选择简易程序；三是尽快确立庭前证据出示制度，以便在开庭前明确控辩双方对事实、证据争执的要点，以确定庭审重点，促使法庭审判效益提高；四是明确证明的对象和标准，减少证据的收集、调查和运用中的重复劳动。特别要转变侦查模式，改变传统的由供到证（先取口供后取证）的侦查模式，转换为由证到供，把侦查的重点放在实物证据的收集上，以防止“供了翻，翻了再供”，造成人力、物力的浪费。当然，这还要加大科技投入，科技强警、科技强检、科技强法是提高诉讼经济效益的必由之路。

（四）由权力治人转向权利保障

刑事诉讼的目的与刑事诉讼法的目的是不一样的。刑事诉讼作为一种诉讼活动，虽然参与人是多方面的，有代表国家的公安司法机关，有当事人，还有其他诉讼参与人，他们参加诉讼的具体目的虽然是不同的，甚至是相互冲突的，但诉讼行为合力最后所指向的目的只有一个，至少在一个国家中这种目的是唯一的。而刑事诉讼法的目的则不一样，它是国家之所以制定这样一部刑事诉讼法的目的，取决于一个国家的刑事政策。打一个不是很恰当的比喻，刑事诉讼的目的就是一群人最后所要去的目的地，尽管他们之间可能有争论，而刑事诉讼法的目的就是给这些人设计一条道路（程序），防止这些人随意闯入或践踏其他人或他们中间一些人的私人空间（权利）。很明显，刑事诉讼法的目的要受刑事诉讼活动的目的制约。另外，刑事诉讼法的目的虽然不能不兼顾刑事诉讼的目的，但两者绝对不能等同，刑事诉讼法是为了规范诉讼行为，尤其是规范有滥用权力和扩张权力倾向的国家机关的诉讼行为，保证国家机关通过正当程序来实现刑事诉讼活动的目标。目前存在的问题是不少人把刑事诉讼活动的目的等同于刑事诉讼法的目的，从而导致诸多不应有的争议。

刑事诉讼活动作为一种追究犯罪行为人刑事责任的活动，其前提条件是发生了犯罪行为。各国的刑罚无论是出于矫正，还是预防目的，都是致力于发现犯罪行为人，并给予其恰当的定罪处罚，从而控制犯罪，维护社会秩序，保障全社会公民的自由与安全。我国也不例外，但是立法过程中却将刑事诉讼法的目的等同于刑事诉讼的目的，导致将控制国家权力、防止权力滥用的目的直接置换成了“控制犯罪”。这种错误的理解与不正当的置换，使刑事诉讼法强调有效打击犯罪与控制犯罪，而不太关注权利保障和权力制约。其表现主要有：一是程序法定原则缺位。程序法定原则，其实也就是要求公安司法机关的权力运行必须遵守预定的轨道，从而防止其滥用而侵害公民尤其是犯罪嫌疑人、被告人的合法权利。这应当是刑事诉讼法的主要目的，但却未在我国刑事诉讼法中得到确立。二是不少侦查机关采取的强制性侦查措施超出了法律规定，往往以公安部内部规定形式确立，无法接受刑事诉讼法的规范监督。三是侦查权缺乏有效制约。有些侦查措施如强制措施、搜查、扣押等，虽然在刑事诉讼法有一些规定，但对这些措施如何制约却缺乏相应的规定，大部分是由侦查机关便宜行事，其结果仅仅是给侦查机关提供合法依据。四是对公安司法机关程序违法行为缺乏相应的制裁。只有规定针对违法行为的制裁措施，才可能发挥监督诉讼行为的积极作用。五是缺乏应有的权利规定，权利缺乏有效保障。前者如犯罪嫌疑人、被告人的不得自证其罪的特权，后者如辩护难问题。六是公民权利尤其是犯罪嫌疑人、被告人合法权利受到侵害后缺乏相应的救济措施，如非法证据排除问题。

刑事诉讼法的目的不同于刑事诉讼的目的，刑事诉讼法的目的在于权力制约和权利保障，使刑事追诉行为控制在正当程序内。刑事诉讼法的制定虽然离不开刑事诉讼目的的影响，但更应当在刑事诉讼法的目的指导下进行。为此，我们在刑事诉讼法再修改时，应当理性地区别刑事诉讼法的目的与刑事诉讼的目的，从犯罪控制、权力治人的刑事诉讼法目的观转向权力制约、权利保障的刑事诉讼法目的观。这在我国目前尤显必要。一是权力本来就是扩张性的，不受制约的权力必定导致权力滥用，权力的本性要求必须对公安司法机关的权力加以规范、制约。二是我国是一个官本位传统比较严重的国家，权力更具有扩张性、侵略性。这种文化传统更加要求我们对权力进行制约。三是我们已将人权保障写入宪法，并参加了很多有关人权保障尤其是刑事诉讼人权保障的国际公约，如《公民权利和政治权利国际公约》，这种国内与国际的承诺要求必须重视刑事诉讼过程中的人权保障问题，加强对权力的制约，否则有损我国在国际上的人权形象。

权利保障与权力制约是一个问题的两面，如何在刑事诉讼法中从权力治人转向权利保障，关键在于一方面采取切实有效的措施加强对公安司法机关权力的制约，另一方面在刑事诉讼法中明确规定犯罪嫌疑人、被告人等诉讼参与人应有的权利，并规定相应的救济措施。具体来讲，一是在刑事诉讼目的中确立权利保障的主导地位。这就必须对《刑事诉讼法》第 1 条和第 2 条进行相应修改，增加权利保障的规定。二是在刑事诉讼法的基本原则中增加程序法定原则，使权力制约有据可循。三是将侦查机关实践中经常用的侦查措施纳入法律规定，使其有法可规范。四是加强对权力运用的制约，必要时在侦查程序中引入司法审查机制。这方面的重点是侦查权的制约问题，尤其是强制性侦查措施的制约问题。五是对犯罪嫌疑人、被告人应有的权利加以规定，以权利制约权力。这方面必须结合我国的实际情况进行，目前切实可行的是犯罪嫌疑人、被告人的不得强迫自证其罪的特权、律师在场权等。六是建立权利救济机制，加强对公民权利尤其是犯罪嫌疑人、被告人合法权益的保护，包括人身自由权、辩护权、财产权等。尤其是要加强财产权的保护，因为目前刑事诉讼法重刑事责任的追究而轻财产权保护的现象特别严重，很多涉案财物的处理是按行政化方式进行的，根本不符合正当程序的最基本要求。七是建立程序违法行为的制裁机制，保证公安司法机关的诉讼行为合法进行。目前，急需解决的是完善我国的非法证据排除规则，建立一种程序性裁判制度，使程序制裁有章可循。

（五）由有罪推定转向无罪推定

在法院作出生效判决之前，被追诉人是否有罪是不确定的，此时应当给予被追诉人何种法律地位，自古以来有两种不同的做法：有罪推定和无罪推定。

有罪推定，也就是在法院判决之前，被追诉人被推定为有罪。为此，被追诉人必须提出证据证明自己无罪，同时被追诉人并不具有一般公民所享有的权利，追诉机关可以对之采取各种措施限制其人身自由。无罪推定则是指在刑事诉讼中，任何被怀疑犯罪或受到刑事指控的人，在未经法院最终判决确认有罪之前，在法律上应当推定为无罪。在无罪推定下，被追诉人是否有罪，应当由控诉方提出证据证明，不能证明的就判决无罪，被追诉人没有证明自己无罪的义务；同时，由于被推定为无罪，被追诉人享有与一般公民同等的权利，追诉方不能随意剥夺或限制被追诉人的权利。从表面上看，有罪推定不利于被追诉人的权利保障，但有利于国家对社会的控制，而无罪推定有利于被追诉人的权利保障，但不利于国家对犯罪的追诉，但由于被追诉人的确定具有偶然性，有罪推定还是无罪推定直接关系到公民的权利保障问题，也是一国刑事诉讼是否民主、文明的标志。正因为无罪推定原则的权利保障功能，无罪推定原则自 18 世纪由意大利刑法学家贝卡利亚提出后，现在已成为大多数国家刑事诉讼法的基本原则，有的甚至上升成为宪法原则，如 1947 年《意大利共和国宪法》第 27 条规定：“被告人在最终定罪之前，不得被认为有罪。”联合国通过的许多人权保障公约或其他法律文件也对该原则进行了确认，该原则为此也成为联合国刑事司法准则的最低标准之一。例如，联合国《公民权利和政治权利国际公约》第 14 条规定：“凡受刑事控告者，在未依法证实有罪之前，应有权被视为无罪。”

在我国长达两千年的封建社会中，统治阶级实行的是有罪推定原则，任何人一旦被确定为犯罪嫌疑人，往往就被当作罪犯看待，没有辩护权，刑讯逼供合法化。新中国成立以后，由于意识形态方面的原因，无罪推定原则被看作是西方资产阶级的产物，在很长一段时间内，我国不仅没有遵循无罪推定原则，甚至在理论上讨论无罪推定原则都成为一种忌讳。1979 年《刑事诉讼法》没有规定无罪推定原则，1996 年《刑事诉讼法》第 12 条规定：“未经人民法院依法判决，对任何人都不得确定有罪。”对于该条规定的内容是否就是无罪推定原则，人们有不同的理解。有人认为这就是我国的无罪推定原则，而有人认为这只是规定了人民法院的统一定罪权，并不是无罪推定原则。笔者认为，从其他有关规定来看，我国 1996 年《刑事诉讼法》并没有完全确立无罪推定原则，只是吸收了无罪推定原则的部分合理因素，第 12 条规定充其量只是一个非完整的无罪推定原则：一是 1996 年《刑事诉讼法》区分了犯罪嫌疑人与被告人，被追诉人在提起公诉前称为犯罪嫌疑人，提起公诉后称被告人，并删去了带有有罪推定色彩的“人犯”的称谓；二是赋予了犯罪嫌疑人、被告人更多的诉讼权利，为犯罪嫌疑人、被告人的权利提供了程序保障，尤其是规定了律师可以提前介入侦查阶段；三是取消了免予起诉制度，收回了人民检察院拥有的扩张的有罪推定权，也表明 1996 年《刑事诉讼法》吸收了无罪推定原则的部分内容；四是明确规定证明被告人有罪的责任由控诉方承担，被告人没有证明自己无罪的责任，也是吸收无罪推定原则合理因素的重要标志；五是确定了疑罪从无原则。疑罪从无是无罪推定原则的重要内容。1996 年《刑事诉讼法》除规定证据不足起诉外，还规定了证据不足、指控犯罪不能成立的无罪判决，其实也是吸收无罪推定原则合理因素的结果。

1996 年《刑事诉讼法》离国际通行的无罪推定原则还有相当大的差距：一是没有规定犯罪嫌疑人、被告人不得强迫自证其罪的特权。根据无罪推定原则，证明被告人有罪的证明责任在于控诉方，被告人没有证明自己无罪的责任，更没有协助控诉方证明自己有罪的责任。但该法第 93 条却规定："犯罪嫌疑人对侦查人员的提问，应当如实回答。"这种要求不仅与人趋利避害的本性有冲突，而且也是有违无罪推定原则的。二是强制性措施的使用没有得到有效的控制。按无罪推定原则，在法院判决有罪之前，犯罪嫌疑人、被告人应当被视为无罪，其权利应当受到与一般公民的同等保护。为此，控诉方不能随意对其采取强制措施，剥夺或限制其合法权利。但我国刑事诉讼法对相关的强制性侦查措施缺乏规定和制约，如逮捕、拘留、搜查、扣押等。三是非法证据没有得到彻底的否定。非法证据大都是通过侵害犯罪嫌疑人、被告人的合法权利所得到的，如果要彻底贯彻无罪推定原则，就应当对这些证据予以排除，才能实现无罪推定原则保障公民权利的目的。但刑事诉讼法以及相关的司法解释仅规定排除非法取得的言词证据，对于非法取得的实物证据，如果不是特别严重损害公民合法权利的就不排除，而且排除非法言词证据的实践比例也不高。四是"疑罪从无"原则贯彻不彻底。首先是证据不足不起诉的规定，《刑事诉讼法》第 140 条第 4 款规定的是可以不起诉，并不是应当不起诉，其言下之意也就是即使证据不足，检察机关也可以起诉。尤其是发现新证据的仍然可以起诉。其次是对于证据不足、指控犯罪不能成立的无罪判决，根据最高人民法院的司法解释，检察机关发现新证据的，可以重新起诉，人民法院应当受理，这也就使得因"疑罪从无"作出的无罪判决效力不具有确定性。

无罪推定原则是刑事司法人道、民主、文明的标志，是法治社会应有的内容。法治社会也是我国中国特色社会主义的建设目标，刑事司法更文明、人道、民主是我国法治建设的目标，尤其是无罪推定原则因其为国际刑事司法最低标准之一而成为诸多国际公约与法律文件所规定的原则，而这些公约与国际法律文件有不少是我国已加入或即将加入的，根据国际条约必须信守的原则，我国没有理由拒绝无罪推定原则。我们应当在刑事诉讼法的再修改中确立完整的无罪推定原则。

确立完整的无罪推定原则的途径主要有以下几个方面：一是建议把《刑事诉讼法》第 12 条修改为："任何人在人民法院依法确定有罪之前，都应当被推定为无罪。"[①] 二是对权力尤其是侦查权力进行有效控制，还要确立不得强迫自证其罪原则，以保护犯罪嫌疑人、被告人的合法权利不受非法侵害。"反对强迫自证其罪原则与无罪推定原则紧密相关，该原则体现了对人格尊严与人性的尊重，体现了对刑事诉讼正当程序与人权保障等程序目标的追求，体现了被追诉者的诉讼主体地位与举证责任的合理分配。"[②] 三是强化控诉方的举证责任和举证意识，确立非法证据排除规则，制约和规范控诉方的取证行为。四是增强人民法院证据不足、指控犯罪不能成立的无罪判决的既判力，彻底贯彻一事不再审原则。五是明确规定存疑有利于被告的原则。在笔者看来，这项原则虽是从无罪推定原则衍生出来的，但在某种意义上它又超越了无罪推定原则而体现了一种更为彻底的人权保障意识。

（六）口供本位转向物证本位

刑事诉讼主要通过证据来证明案件事实，可以分为口供本位和物证本位两种证明方式。口供本位证明方式也就是在诉讼证明过程中注重犯罪嫌疑人、被告人的口供，虽然也注意收集除口供以外的各种证据，但口供被认为是证据之王，因此全部证明活动的核心是获取犯罪嫌疑人、被告人的口供而不重视收集其他证据，并主要根据口供认定案件事实。与此种证明方式相应的是刑讯逼供现象盛行。物证本位证明方式是随着现代人权保障思想的发展和刑事侦查技术的提高而出现的一种证明方式。在这种证明方式下，口供虽然也被认为是证据中的一种，但因获取口供会使人权保障和发现实体真实存在双重危险，因而口供在审判中的使用受到了严格限制，案件事实主要是通过口供以外的其他证据尤其是物证来证明的。与此种证明方式相适应的是，由于诉讼证明活动的重点就是收集除口供以外的其他各种证据，特别是物证，因此物证鉴定技术比较发达。

仅从立法规定上看，我国的证明方式是以物证为本位的。1996 年《刑事诉讼法》第 46 条规定："对一切案件的判处都要重证据、重调查研究，不轻信口供。只有被告人供述，没有其他证据的，不能认定被告人有罪和处以刑罚；没有被告人供述，证据充分确实的，可以认定被告人有罪和处以刑罚。"第 43 条规

---

① 陈光中："刑事诉讼法再修改之基本理念——兼及若干基本原则之修改"，载《政法论坛》2004 年第 3 期。

② 陈卫东：《模范刑事诉讼法典》，中国人民大学出版社 2005 年版，第 133 页。

定："严禁刑讯逼供和以威胁、引诱、欺骗以及其他非法的方法收集证据。"此条文要求公安司法人员注意调查收集其他证据，而不是获取犯罪嫌疑人、被告人口供，这与物证本位的精神是一致的。但从司法实践来看，由于我国侦查技术落后、侦查投入不足等原因，诉讼证明方式基本上是以口供为中心，侦查机关在掌握了一定的犯罪线索以后，立即讯问犯罪嫌疑人，然后再以犯罪嫌疑人的供述为线索收集其他证据。如果收集的其他证据与犯罪嫌疑人的口供有出入，就继续讯问犯罪嫌疑人。整个取证活动基本上都是围绕犯罪嫌疑人、被告人的口供来进行的。在审判过程中，虽然我国刑事诉讼法已明确规定，没有被告人供述，证据充分确实的，可以认定被告人有罪和处以刑罚，但在司法实践中，人民法院在没有被告人供述时通常不敢下判决。

这种口供本位的证明方式弊端极多，一是由于其常常伴随着刑讯逼供现象而不利于犯罪嫌疑人、被告人的人权保障；二是影响刑事案件破案率，因为过于重视犯罪嫌疑人、被告人口供，一旦被告人在法庭上翻供或指控侦查人员刑讯逼供，公安司法机关就会非常被动，影响案件的追诉；三是与现行法律规定不符合，尤其是与我国已加入或将加入的有关国际公约要求不符合。反对强迫自证其罪，这是我国1998年10月签署的联合国《公民权利和政治权利国际公约》规定的联合国刑事司法准则的一项基本内容，一旦全国人大批准该公约，我国就必须在国内刑事诉讼中执行该条约的规定，若再以口供为本位，显然是不符合该条约的要求的。因此，我国必须在刑事诉讼证明方式上从口供本位转向物证本位。

诉讼证明方式的转换是一项长期而艰巨的系统工程，既涉及公安司法人员自身主观意识的改变，也涉及客观技术装备和司法投入的增加，既急需实现司法操作方式的真正转换，又需要对相关法规作出配套修改。笔者认为，要实现这一转变，必须做好以下工作：

一是转变观念，提高认识。要深刻认识口供主义的证明方式产生的历史及现实原因，诉讼观念要转变到先查证后取供的证明方式上来。当然，实现诉讼证明方式的转变，关键在于实现诉讼价值取向的转变。因为从根本上说，任何法律制度的设计和运作都以实现一定的法律价值为基点和归宿，诉讼证明方式的设计更是如此。我国目前之所以实行的是口供本位的证明方式，主要是我国目前的"犯罪控制"这种价值取向导致的。因此，要实现诉讼证明方式的转变，从根本上讲，就是要将诉讼价值观和出发点从单纯地以国家和社会利益为本位、片面地追求效率，转变到同时兼顾国家、社会与个人本位的价值选择上来，强调把诉讼行为建立在科学合法、程序公正的基础上，把犯罪控制同权利保障有机地结合起来。

二是大力使用技术侦查措施。技术侦查措施是侦查机关运用技术装备调查和分析作案人和案件证据的一种侦查措施，如用机器设备排查、传送个人情况数据，用计算机模拟犯罪嫌疑人的体貌等。技术侦查措施由于其对被侦查对象造成的伤害较少，能通过在不限制犯罪嫌疑人权利的常规侦查措施中获取的证据分析出许多对侦破犯罪具有重要价值的案件信息，被西方学者认为是一种能够兼顾控制犯罪和保障人权的理想侦查方式。由于各种主客观因素的影响，我国对技术侦查手段一直重视不够。要从口供本位转向物证本位，要求我们必须大力加强刑事侦查的技术研究，大力提高公安司法机关的技术装备水平，从而实现诉讼证明在技术含量上的提升。

三是建立健全刑事诉讼信息网络系统。许多犯罪通常没有明确的受害人和明显的犯罪现场，且行动非常隐秘，因此拓宽刑事诉讼的信息渠道具有非常重要的意义。目前，我国刑事侦查的信息来源主要有群众举报、犯罪人自首、领导交办和公安司法机关办案中发现等几种途径，信息来源非常有限。从我国的现实情况来看，还有以下信息渠道是可以利用的：其一，其他部门接受的报案、控告、举报线索。目前，我国纪委、人大、监察、公安、人民法院等许多部门都设有信访办公室或举报电话来接受群众报案、控告和举报，而且这些部门在信息的使用上很少沟通，今后有必要加强信息的登记管理工作，并由中央有关部门负责，将全国所有接受群众报案、控告和举报部门的计算机进行联网，实现全国信息的资源共享。其二，政府部门管理的国家公务员财产申报资料。目前，我国的公务员财产申报制度还极不规范。根据国外的做法，国家公务员的财产申报不仅应该包括工资收入，还包括其他各种收入，如接受赠与、股票证券收入、银行存款利息等都必须定期申报。将这些信息纳入刑事诉讼的信息网络系统，对于公安司法人员及时核查被追诉者的支出中是否含有非法收入、准确侦控犯罪将具有重要意义。其三，新闻媒介接收或报道的与违法犯罪有关的情况，等等。

四是健全和完善收集和使用物证的配套法律法规。我国的证据立法存在疏漏，有关物证的立法更是如此。要想实现从口供本位向物证本位的转变，就必须强化对物证的收集和运用。当前特别需要制定的是有关秘密侦查的法律法规。由于现代犯罪行为逐渐朝着智能化、隐秘化和组织化方向发展，很多国家都针对这一现象制定了有关秘密侦查的法律。例如，美国1968年《综合犯罪控制与街道安全法》明确规定十二种犯罪可以采用秘密监听手段；[①] 意大利1988年《刑事诉讼法》规定刑事侦查可以采用“通讯窃听”手段；法国于1991年7月10日通过的第91～646号法律在刑事诉讼法典中增加了“电讯的截留”一节，对秘密监听的程序问题作出了详细规定。但秘密侦查的适用也可能导致对犯罪嫌疑人隐私权的侵犯和限制，因此亟须制定出相应的法律法规，对秘密侦查的方式、条件、审批机关、适用程序、违法责任等问题作出严格的规定。另外，鉴定人出庭作证的有关法律规定也必须作出相应的完善，因为以物证为本位就不得不更多地依赖鉴定意见，而鉴定意见能否作为定案根据，一般要经过质证才能决定。

五是加大对刑事诉讼的人力、物力和财力投入。与讯问犯罪嫌疑人只需在室内进行相比，其他取证方式将涉及更广泛的诉讼空间和更复杂的司法操作，因而也就需要更充足的司法投入。例如，检验物证、书证需要购置技术设备和培训操作人员，勘验现场需要出动车辆和大批公安司法人员，制作视听资料需要比较先进的技术、人员和设备等，所有这些都要求我们加大对刑事诉讼的司法投入。

六是优化公安司法人员的专业结构，建立一支专家型的公安司法队伍。许多刑事案件涉及复杂的专业知识和特殊技能，如会计、金融、财务、证券、外汇、计算机、测谎仪等。这就要求我们改变以往在进行公安司法人事管理时仅注意配备法律方面人才，甚至吸收没有任何专业知识和技能的人员的人事管理模式，大力引进精通会计、金融、财务、证券、外汇、计算机及心理学和语言学等方面知识和技能的专业人才，提升公安司法人员的专业化程度。

（七）客观真实转向法律真实

刑事诉讼的证明标准问题，尤其是有罪判决的证明标准问题，是我国学界和实务界长期关注的一个热点问题。在2000年以前，学界与实务界对此问题就说法不同，运用不一。学界有“客观真实说”“实质真实说”“法律真实说”“两个基本说”（即基本事实清楚、基本证据具备）等说法。在各种说法中，客观真实说处主导地位，认为“查明案件的客观真实”是诉讼证明的任务，这不仅是必

① See John N. Ferdico J. D：Criminal Procedure，West Publishing Co，at p358.

要的，也是“完全可能”的。[①] 笔者于2000年对“客观真实说”提出一些不同看法，[②] 在学界引起很大争论，有赞同者，也有反对者。客观真实是指刑事证明应当查清犯罪事实真相，裁判者只能在所认定的案件事实正确反映犯罪事实真相时裁判被告人有罪。法律真实是指公安司法机关在刑事证明过程中，运用证据还原案件事实，应当符合刑事实体法和程序法的规定，应当达到从法律的角度认识真实的程度。笔者认为，对于刑事诉讼的证明标准，应当是法律真实而不是客观真实，应当从过去客观真实观转向法律真实观。理由有以下几点：

一是法律真实顺应和符合从实质合理法律观向形式合理法律观的转变。所谓实质合理，是人们在价值选择上对事物的认识所追求的是事物在实质层面上的公正与合理。形式合理又称程序正义或诉讼正义，是相对于实质合理而言的，它起源于古老的“自然公正”原则。形式合理所追求的是人们处理事情的形式上的公正标准。由于实质合理常因人们的需求不同而具有多样性，即每个人的背景不同，认识能力不同，经验不同，世界观、价值观、人生观不同，对实质合理的需求和标准就不同。而且从认识上看，实质合理是一个带有终极意义的用语，过分地追求实质合理，非实质合理就不能得到认同，有时就不可避免地走向形而上学，不可避免地走向专制。因此，现代法治国家一般追求的是形式合理而不是实质合理。在我国，由于受传统文化的长期影响，人们在处理事情的价值选择上习惯于追求事物的实质合理。譬如，在立法和执法中，特别是在法律的实施中，人们就有“重实体法、轻程序法”的倾向。但近年来，随着法学界对法律形式合理的深入认识，这一倾向已经发生了深刻的变化，即从实质合理法律观转到形式合理法律观。例如，我国刑法罪刑法定原则的确立，就是实质合理法律观向形式合理法律观的一个转变。“随着罪刑法定原则的确立，类推制度的废止，在刑法中形式合理性的诉求战胜了实质合理性。”[③] 我国刑事诉讼法对无罪推定原则合理因素的吸收和使用，以及《刑事诉讼法》第162条关于“疑罪从无”原则的确立，其实也是对实质合理性的一种放弃。从这个意义上看，我国刑事诉讼过程的形式合理的思维和法律观也正在形成，意味着在证据运用的价值选择上也必然

---

① 陈一云：《证据学》，中国人民大学出版社1991年版，第114～115页。

② 樊崇义：“客观真实管见——兼论刑事诉讼证明标准”，载《中国法学》2000年第1期。

③ 陈兴良：《刑事法评论》（第5卷），中国政法大学出版社1999年版，第30页。

走形式合理之路，必然从客观真实转化为法律真实。因为客观真实在某种意义上是与实质合理相对应的，而法律真实是与形式合理相对应的。

二是在证据的运用上，离开形式合理去追求实质合理从而达到所谓客观真实，弊多利少，甚至是不能实现的虚幻。传统的客观真实论，在我国刑事诉讼法不完备，而且证据立法也非常原则、笼统的背景下，再加上以儒家思想为主导的中国传统文化缺乏自然法与形式法的逻辑理念，这样在证据的运用上，对案件事实的查证追求实质合理，选择客观真实的价值标准，是完全可以理解的。但问题是我国正走向法治，各类法律纷纷出台，尤其是人们迫切要求制定一部完善的证据法。在这种情况下，证据运用的价值选择、案件事实的证明标准就不能再以实质合理作为指导，而应以形式合理作为指导了。而且，所有的刑事案件都是过去发生的不可能重现的事件，通过证据证明的案件事实只能是一种经验性事实，它与客观发生的案件是否完全一致没有可靠的方法与工具检验。由于诉讼认识的复杂性，对案件事实的认识永远只能是接近原物、近似原物，因此把客观真实定为认识活动的价值目标无异于幻想。另外，从绝对真理与相对真理的辩证关系来看，客观真实论也只能是一种虚幻的理想价值，不是一个可以达到的现实价值目标。按照马克思主义关于真理的绝对性和相对性的辩证关系的原理，刑事案件的证明要求在价值的选择上只能达到近似于客观真实，而且越接近客观真实越有说服力。

三是法律真实是“程序正义”的要求，是刑事诉讼法内在价值的集中体现。我国1997年《刑法》第3条规定：“法律明文规定为犯罪行为的，依照法律定罪处刑；法律没有明文规定为犯罪行为的，不得定罪处刑。”这就是罪刑法定原则。这一规定的精神实质是在刑法中确立法治精神、是否犯罪以及如何处罚，以法有明文规定者为限，它在公民自由与国家刑罚权之间划出了一条明确的界限，有利于对公民个人权利的保障。我国刑法在这一原则的指导下，明文规定了各类、各种罪的构成要件。这样，作为定罪处刑根据的证据，理所当然地要以刑法的要求为依据来调查、收集和运用。法律真实的主要根据之一就是刑事实体法，离开国家的刑法，去另外寻求客观真实，那只能是虚幻的、无所遵循的想象。收集到的证据，最后达到的证据标准，只能用刑法各罪的构成要件来权衡。至于如何收集、调查、审查、判断和运用证据认定事实，那就要遵循我国刑事诉讼法（包括证据的有关规定）规定的程序进行。我国刑事诉讼法的价值与功能，就在于它外在的工具价值、内在的程序正义价值和效益价值。这三位一体的价值反映了刑事诉讼法的地位和作用。近年来，我国诉讼法学者在过去工具价值的基础上，对刑事诉讼法独立的、内在的程序正义价值的研究和认同，反映了我国学术水平的提高和进步。《刑事诉讼法》第 12 条“未经人民法院依法判决，对任何人都不得确定有罪”的规定，第 140 条第 4 款“对于补充侦查的案件，人民检察院仍然认为证据不足，不符合起诉条件的可以作出不起诉的决定”，第 162 条第（三）项“证据不足不能认定被告人有罪的，应当作出证据不足，指控的犯罪不能成立的无罪判决”，这些规定不仅从立法上肯定了程序公正的诉讼价值，而且为我们指明了刑事证据的证明标准。因此，法律真实的另一根据就是刑事诉讼法规定的程序标准。诉讼程序上的法律真实，就是为了体现刑事诉讼法程序公正的价值，就是刑事诉讼关于运用证据的原则、程序和标准等有关规定的集中表现。

四是在运用证据的价值选择上，从客观真实转向法律真实不仅符合我国民主与法治的进程，而且也是司法实践所急需的。在党的十五大把依法治国的方略作为治国之本、把社会主义市场经济定位为法治经济之后，我国在政治、经济各方面发生了很大变化，人治渐渐退出历史舞台，法治社会、法治经济正在逐渐形成。在这种形势下，如何正确运用刑事诉讼中的证据，唯一的出路就是依法进行，即根据我国刑法、刑事诉讼法规定的标准进行，其证明要求和标准必须从虚幻的客观真实转向实实在在的法律真实。同时，在司法实践中，许多案件定案难、质量低、破案不佳、积案成堆，人民群众不满意，社会治安仍然是人民群众关心的一个热点问题。这就反映了证据定案时应用客观真实标准的后果，客观真实虚幻、神秘、不可预测，而且原则笼统、可操作性差，致使办案人员认识不一、相互扯皮而贻误时机，造成拖案、积案。凡此种种说明，司法实践呼唤一个规范的、容易操作的证明标准，而法律真实是以我国刑法和刑事诉讼法规定的犯罪构成要件和收集运用证据的规则、程序、标准来认定案件事实，显然符合这一证明标准。

如何从客观真实转向法律真实，关键在于从实体法和程序法两个方面对诉讼证明活动进行规范。在实体上，根据刑法规定的构成要件来确定诉讼证明的对象，只要证明了对于定罪量刑有决定意义的事实就可以定案判决。这些事实包括：犯罪事实是否发生；犯罪行为是否是嫌疑人所为；实施犯罪行为的时间、地点、手段、后果以及其他情节；行为的动机、目的；影响量刑轻重的情节（包括从重情节、加重情节、从轻情节、减轻情节和免除刑罚情况）；被告人的个人情况（包括身份、事项、责任年龄和有无前科）。在程序上，对于上述事实的证明必须具备以下要件：每个证据材料必须具有客观性、关联性和合法性；各个证据材料的内容经过排列、组合、分析必须与案件发生、发展的过程，即案件事实相符；借助证据材料进行的推理必须正确，必须符合逻辑规则；全案证据事实必须达到“三统一”，即证据自身统一、证据与证据统一、证据案件统一。统一的标准就是排除了矛盾。

（八）从重实体轻程序转向两者并重，最终转向程序本位

在刑事诉讼的过程中，如何处理遵守程序与追求有效打击犯罪之间的关系，有程序绝对工具主义、程序相对工具主义和程序本位主义三种不同做法。程序绝对工具主义，也称结果本位主义认为，刑事程序仅仅是实现某种外在目的即刑事实体法目标的工具或手段，它本身并不是目的，程序本身是好是坏完全取决于是否能实现实体法目标。程序相对工具主义则认为，刑事诉讼程序是实现实体法的工具和手段，但在追求这一目标时也要兼顾程序本身的一些独立价值目标。[1] 由于这种理论本质上仍然属于一种工具主义，因此在程序本身价值与实体目标发生冲突时，它选择的是后者。程序本位主义，是一种旨在强调程序本身的功能和价值的观点。这种观点认为，刑事诉讼程序是好是坏，其评价标准是程序本身是否具有一种独立于程序结果的内在的善。在诉讼进行中，首先要承认程序的价值和作用，才能真正保证实体正义的实现。例如，日本的法学家将程序本位、程序优先称为“程序是实体之母，或程序法是实体法之母”。[2]

从法律的发展来看，“原始社会没有实体法的观念，共同体的代表诉请于某种超自然的力量来解决纠纷的所谓审判就是依靠程序。即使对这种原始状态存而不谈，只要回溯到英美法和大陆法历史的早期阶段就可以发现只有程序而不存在实体法观念的现象。早期的英国法采取诉讼方式（forms of action）的程序，具有特定实施关系的案件通过特定诉讼方式处理。在作为大陆法起源之一的罗马法中同样可以看到类似现象。罗马法首先看到是‘诉权’（action），诉权不同程序也

① 陈瑞华：《刑事审判原理论》，北京大学出版社 1997 年版，第 30 页。

② ［日］谷口安平：《程序的正义与诉讼》，王亚新、刘荣军译，中国政法大学出版社 1996 年版，第 8 页。

不同。诉权的逐渐增加，意味着实体法被创制”[①]。在早期社会中，程序先于实体，实体是源于程序的。但在近现代社会，法律常被按其内容分为实体法和程序法。“实体法从常识来讲就是以‘应当如此’的法律关系为内容，提示什么是实体正义的规范。与此相对，程序法被理解为规定如何实现实体法内容的手段性规范。程序法可以包括各种各样的规范，但其中核心部分是规定民事诉讼和刑事诉讼的法律规范。由于程序法作为手段、工具的性质，有时被称为‘助法’，或‘附带性规范’。这里表达出一种思想，即以完美无缺的实体法为前提，程序法仅仅是以判决的方式产生出其结果的机械性过程或就是这个机械本身。孟德斯鸠作为法治理想而描绘出来的所谓‘自动售货机’式的法官正是这种程序观念的象征”[②]。把诉讼程序看作是“助法”“附带性规范”“机械的过程”等，这就是“重实体、轻程序”绝对工具主义法律观的一种表现。这种理念和观点，一直在我国法律界占据主导地位，直到今天还有不少市场。20 世纪以来，在有关程序价值的讨论中，人们逐渐认识到“重实体、轻程序”的危害，认识到程序不仅是贯彻实体法的工具和手段，更重要的是它还有一种独立的品格、独立的价值，即程序本身的正当性如何，以及是否严格按照法定程序办案，直接关系到一个民族、一个国家的进步、文明、民主与法治的问题。就是在这样的背景下，我国司法领域出现了一种“程序与实体并重”的理念和提法。这一提法貌似公允、合理，但仍无法彻底解决实体正义与程序正义的冲突。笔者认为，出现这种现象是正常的，因为一种理念的确立，一种创新思想的引进，并非一朝一夕之事，是要在反复的思索中，乃至痛苦的教训中逐步确立起来。

就科学的发展观而论，或是按照诉讼进程和诉讼规律来说，笔者认为，应当依照程序优先的原则，牢固树立起“程序本位”的理念，即“程序优先于实体，重于实体”的观点。其道理在于在“正当程序”得到实施的前提下，程序实施过程本身就能使程序结果取得正当性，即按一般规律，程序正义不仅可以保证实体正义，而且在正当程序的指导下，给予被追诉人充分的机会参与诉讼，表述了自己的观点，并提出充分的证据，还经过了法官的公正审理，即使判决结果对己

---

① ［日］谷口安平：《程序的正义与诉讼》，王亚新、刘荣军译，中国政法大学出版社 1996 年版，第 7 页。

② ［日］谷口安平：《程序的正义与诉讼》，王亚新、刘荣军译，中国政法大学出版社 1996 年版，第 6 页。

不利，被判者也不得不服判服败。同时，这一结果对社会和广大公众而言也会产生正当化效果，如果已在程序的正当性上和执法必严上得到了公众的信赖，即司法权威已经牢固树立，广大群众在判断实体结果的正当性，即是否正义时，一般也是从程序和制度的保障功能上来判断其结果如何。相反如果无视程序，一味追求所谓的实体公正性，办案者就会不自觉地把被追诉者当作一个追诉客体，不择手段地去查明“事实真相”，这往往很容易滑向非法收集证据的深渊，历代的冤案、错案都证明了这一点。

就我国刑事诉讼立法而言，1996 年《刑事诉讼法》虽有明显的进步，但从总体上还没有充分体现“以程序为本”“程序本位”的理念，程序优先、程序重于实体的原则尚未显现出来。例如，1996 年《刑事诉讼法》仅仅在第 191 条规定：“第二审人民法院发现第一审人民法院的审理有下列违反法律规定的诉讼程序的情形之一的，应当裁定撤销原判，发回原审人民法院重新审判：（一）违反本法公开审判的规定的；（二）违反回避制度的；（三）剥夺或者限制当事人法定诉讼权利，可能影响公正审判的；（四）审判组织的组成不合法的；（五）其他违反法律规定的诉讼程序，可能影响公正审判的。”这一规定同 1979 年《刑事诉讼法》相比，虽然有历史性的进步，初步体现了程序的一些价值和作用，但是这一规定并未说明“可能影响公正审判”的标准，也未列明“其他违反法律规定的诉讼程序”，导致实务部门无所适从。实际上，1996 年《刑事诉讼法》与真正的“程序本位”理念还存在五个明显差距：一是没有规定“程序法定”诉讼原则；二是仅仅规定审判公开，在诉讼的透明度上，没有明确规定“程序公开”；三是只规定了“被告人有权获得辩护”原则，没有规定“保障犯罪嫌疑人、被告人辩护权”原则；四是在诉讼程序上，没有专章规定违反了这些程序的制裁措施和救济措施及相关程序。例如，超期羁押的救济与制裁，刑讯逼供、骗供、诱供的制裁与救济，非法证据的排除，没有律师辩护或辩护不力的后果，剥夺了当事人诉讼权利的法律后果等。

因此，在这次刑事诉讼法的修改中，应当在“程序本位”这一理念的指导下，针对上述问题，在立法上采取以下几个方面的措施：第一，明确程序的地位、价值和功能，在诉讼原则中增加“程序合法”“程序法定”和“程序公开”的原则。第二，确立“非法证据排除”原则，即在刑事诉讼的过程中，违反本法典的规定所取得的证据不允许采信。第三，确立程序保障和程序违法制裁机制。为公民基本权利和诉讼权利的保障提供一套从基本原则到诉讼程序的保障机制，并规定程序违法的制裁机制。除对非法证据的排除外，对超期羁押、非法拘捕、羁押、扣押、冻结、搜查、勘验、鉴定等涉及公民人身权、财产权、隐私权的一切违法行为，都要视轻重缓急、影响大小给予相适应的制裁措施，以促进诉讼的文明进行。第四，构建程序违法的救济机制，正确处理上诉、申诉、申请、控告。制定各种救济行为的条件、范围、提起和审理程序。在一些程序和环节上，适当增加听证程序，以听取各方面的意见，使诉讼能够和谐进行。特别是对那些可能造成冤假错案，导致矛盾激化，给社会带来严重影响的申诉和控告，必须立即采取行动，启动应急的救济措施。

（九）高压从重转向宽严相济

由于前面提到的斗争哲学的影响，在相当长的时间内，我国对犯罪的处理是按敌我斗争而不是按内部矛盾处理的，实行的是一种高压从重的政策。在这种政策下，不仅在实体上重刑化倾向严重，而且在程序上犯罪嫌疑人、被告人的权利得不到保障，处于一种诉讼客体地位，司法机关在诉讼过程中倾向于对犯罪嫌疑人、被告人采取不必要的强制性措施。这种高压从重政策最明显的体现，一是死刑适用过多；二是犯罪嫌疑人、被告人的辩护权受到较多限制；三是逮捕、拘留等羁押措施适用率很高，且羁押期限比较长；四是公、检、法机关经常联合办案，诉讼行政化色彩极浓。

这种高压从重政策形成于我国国内外形势都比较严峻、阶级斗争还比较严重的新中国成立初期。虽然从其形成来看具有一定的历史合理性，但随着我国经济形势的好转、国内外局势逐渐趋向和平稳定，绝大部分犯罪行为已转变为人民内部矛盾，这一合理性已逐渐消失，不能适应我国社会的发展要求。特别是在2004年中共十六届四中全会上提出构建社会主义和谐社会的目标后，以敌我斗争哲学为基础的高压从重刑事政策完全是与该目标相违背的，它必须退出历史舞台。正是在这种情况下，宽严相济逐渐成为我国的刑事司法政策。2005 年 12 月 5 日，中共中央政治局常委、中央政法委书记罗干在全国政法工作会议上提出，要注重贯彻宽严相济的刑事政策。2006 年 10 月，中共中央十六届六中全会通过的《中共中央关于构建社会主义和谐社会若干重大问题的决定》明确强调，要实施宽严相济的刑事司法政策。

事实上，我国历史发展中一直贯彻宽严相济的刑事政策，这也是我国的法律传统之一。因为除了我党在第一次国内革命战争时期就已出现与宽严相济政策类似的镇压与宽大相结合的政策，以及1979年我国第一部刑法已将惩办与宽大相结合刑事政策作为刑法典第一条的重要内容正式确定外，我国古代的法律传统就有“刑罚世轻世重”，不同时期适用轻重不同的刑罚措施，以及针对特定种类的犯罪人适用较轻刑罚的情况，如对老年人、未成年人、残疾人、妇女犯罪减轻或免除刑罚，对自首者减轻处罚，对犯罪进行赦免等都属于宽严相济政策的表现。

宽严相济刑事司法政策不仅与我国构建社会主义和谐社会的目标相契合，而且也具有深厚的理论基础，符合对立统一规律、正义论、效益论和以人为本的思想。在刑事诉讼中如何贯彻宽严相济刑事司法政策，应包括以下几个途径：

首先是正确理解宽严相济刑事司法政策的内涵。要从实体和程序双重角度来理解宽严相济刑事司法政策。因为程序本身不仅体现了对犯罪行为人的处理是宽还是严，而且还是保证宽严相济刑事政策得以正确贯彻实施的重要条件。基于此，笔者认为，宽严相济刑事政策是一种在有效打击犯罪、维护社会秩序与保障人权、尊重人性之间进行合理平衡的刑事政策，它的内涵应当包括：一是宽严相济刑事政策体现的是一种合理的区别对待，分为横向的区别对待和纵向的区别对待。何为“严”，除了实体上的从重外，还包括程序上的“严”，如采取逮捕等较严厉的强制措施。何为“宽”，与严相对应，也包括非犯罪化、处以较轻刑罚和在程序上给予宽缓处理三个方面。除根据不同时期有宽有严外，还应当根据不同地区的不同社会治安情况对同一种犯罪行为是否犯罪化、是否判处刑罚以及是否采取宽缓程序作适当的不同处理。二是严有度、宽有节，不管是宽是严都应当依法进行，不能突破法律的规定。宽严相济刑事政策中的宽与严都应当依法进行，打击犯罪不能不择手段，严要有度；任何权利都不是绝对的，宽要有节。三是宽严应当“相济”。“济”，也就是帮助、配合、协调之意。宽与严“相济”，实际也就是要求宽与严应当相互体现、相互配合与相互统一。具体而言，就是要求在刑事立法与刑事司法中对重罪处以较重刑罚要能体现出轻罪所处刑之轻，对轻罪处以较轻刑罚也要能体现出重罪所处刑之重。只有合理使用“重”，才能使“轻”收到应有效果；只有适时使用“轻”，才能使“重”的作用得以发挥。

其次是正确理解宽严相济刑事政策与“严打”政策的关系。目前有两种不同的观点：一是认为依法从重从快的“严打”政策与宽严相济刑事政策是相符合的，两者之间是具体政策与基本政策的关系，“严打”政策是宽严相济刑事政策的重要体现和重要内容之一；二是认为“严打”政策和宽严相济刑事政策是两种不同的刑事政策，在“严打”时期，“严打”政策是实然的刑事政策，而惩办与宽大相结合的刑事政策是应然的刑事政策；“严打”政策体现的只是惩办的一面，在其内容上与惩办与宽大相结合刑事政策是存在抵触的。我国在 1997 年修改刑法时删除了原有的惩办与宽大相结合刑事政策，主要还是为了给“严打”刑事政策让路。[①] 事实上从“严打”的历史来看，本意上的“严打”政策是在某一时期依法从重从快打击某些严重危害社会治安的犯罪分子，它既不排除在同一时期对其他犯罪分子予以从宽处理，也不排除在其他时间尤其是社会治安缓和时期对这些犯罪分子从宽处理。因此，“严打”政策并不与宽严相济刑事政策相抵触，它是宽严相济刑事政策中从严的重要内容之一。“严打”政策之所以会在司法实践中出现这样或那样的问题，并不是“严打”政策本身有问题，而是在实践中片面理解甚至曲解“严打”政策所造成的，我们应该强调如何保证“严打”政策被正确依法执行的问题。

最后是在刑事诉讼的各阶段切实贯彻宽严相济刑事司法政策。一是在刑事立案阶段严格案件材料审查关，使无辜者或不应当受刑事处罚之人不受刑事追究，同时严密法网，使有罪者不致逃脱刑事责任。严密法网，在此体现的是宽严相济中“严”的一面。其要求一方面要严格依照法律规定，只要有一定的证据证明犯罪事实发生，且没有《刑事诉讼法》第 15 条规定的情形之一，就应当立案；另一方面是立案机关应当在收到有关案件材料后及时审查并作出是否立案的决定，因为刑罚的确定性，不仅是一个该不该追究刑事责任的问题，还是能不能将刑事责任变成现实刑罚的问题。如果有犯罪事实发生，也应当追究刑事责任，但因为时过境迁或遭人为破坏而没有证据证明，刑罚的确定性也不可能实现。宽严相济刑事政策中的“宽”，从我国刑事诉讼法规定来看，主要体现在对行为情节显著轻微不予立案的规定上，即合理使用《刑事诉讼法》第 15 条第 1 项的规定“情节显著轻微、危害不大，不认为是犯罪的”，从犯罪的社会危害性、犯罪人的主观恶性、案件的社会影响三个方面进行权衡，可从宽不立案的就不立案侦查。二是在侦查程序中，最能体现宽严相济刑事政策的是强制措施的适用和案件侦查终结后处理这两个方面。从我国有关强制措施的立法与有关司法解释来看，

① 陈兴良：“宽严相济刑事政策研究”，载《法学杂志》2006 年第 2 期。

强制措施的适用本身已体现了宽严相济精神，目前要解决的主要是监视居住的适用问题，解决其在实践中的虚置现象。由于检察机关侦查部门的侦查终结仅仅是内部处理意见，因此公安机关审理案件的侦查终结最能体现宽严相济精神，只有扩大侦查机关在侦查终结时的处理权限，才能发挥刑事和解的息讼效果。当然，从广义来看，公安机关作为侦查机关，充分行使和发挥其侦查职能，尤其是案件证据的收集，把案件事实搞清、搞准，使证明从宽从严的事实情节的证据准确无误，为起诉、审判提供良好的基础和前提，这也是贯彻执行宽严相济刑事政策的应有之义。三是在审查起诉过程中，改革完善审查起诉的方式，保证宽严准确。目前来看，我国的审查起诉程序已在一定程度上体现了宽严相济刑事司法政策。在从宽方面，有慎用强制措施尤其是逮捕这种强制措施，明确规定未成年人犯罪案件有七种情形可不予以逮捕外，还规定未成年犯罪嫌疑人被羁押的，检察机关应当审查是否有必要继续羁押，可捕可不捕的不捕；借鉴国外暂缓起诉制度，对轻微案件慎重起诉；对确需提起公诉的轻微刑事案件在提起公诉的同时提出从宽处理的意见；快速办理轻微刑事案件。从严方面包括两点：一是体现在加强对某些严重犯罪案件的打击，该逮捕的就捕，该起诉的就起诉；二是对于严重犯罪案件要及时处理，但不适用快速办理机制。但是，我国审查起诉实行的是书面色彩很浓的方式，这种方式并不能保证宽严准确。为了保证宽严适当，我们应当将我国审查起诉方式改造成一种听证方式，加强辩方抗辩能力，增强办案检察官的独立性，使审查起诉的宽与严能得以恰当体现。四是在审判阶段，我国除了应当在实体上制定比较科学的量刑制度，使每个被告人被判处的都是与其刑事责任相称的刑罚处罚外，还应当改革和完善刑事审判程序，建立宽严不同的审判程序，使在被告人审判程序上也能体现宽严相济刑事政策。一方面，要引入和解制度，完善现有的简易程序。在我国的简易程序中，不管是公诉案件，还是告诉才处理的案件、被害人有证据证明的轻微刑事案件，被告人的人身危险比较小，侵犯的主要是被害人的个人利益，因此，人民法院在审判过程中应当少用强制措施，或使用比较轻缓的强制措施，不能使用逮捕措施，如果被告人能与被害人和解，并履行和解协议，人民法院就应当对被告人减轻刑罚或免除刑罚，或尽量判处缓刑，以体现简易程序的宽缓性。另一方面，在被告人认罪程序中明确可以从宽判处的刑罚，应使用轻缓的强制措施。因为被告人对指控的犯罪事实予以承认，就说明其人身危险性以及伪造证据、串供的可能性都比较小，对其实施强制措施尤其是逮捕的必要性不大，完全可以实施一些轻缓的强制措施，而且被告人认罪后，其人身危险性降低，国家也可节省追诉资源与审判资源，作为对其认罪的“奖励”，国家应当明确“奖励”的幅度，增加认罪结果的可预期性。只有把“坦白从宽”政策落到实处，才能促使被告人认罪伏法。五是在执行阶段，完善社区矫正程序和判刑程序，使刑事执行也能有宽有严。应当说，我国的社区矫正制度与判刑制度本身已经具备了一定的宽严相济特征，但要落实还有待合理的程序。我国的社区程序和判刑程序还存在很大暗箱操作的空间。因此，我们应当增加相关程序的透明度，将现有书面裁定与决定程序改造为听证程序，切实保障被害人、罪犯等利害关系人和社会公众的程序参与权，以权利制约权力，保证程序结果的准确性，同时设立专门机构行使社区矫正或判刑的决定权和监管权，加强检察机关的监督力度。

（十）国内优位转向国际优位

对于本国签署的国际公约在本国是否具有法律效力，有国内优位和国际优位两种做法。所谓国内优位，也称国内法优先原则，它是指一个主权国家在国际公约与本国法律发生冲突时，基于国家主权的考虑，优先适用国内法。国际优位又称国际法优先原则，即一个主权国家在处理国际法与国内法的关系时，必须恪守国际公约，不得以国内法为借口而不执行已签署加入并批准实施的国际条约。

在国际交往与合作中，出于利益最大化的考虑，国际摩擦难免时有发生，这就需要相应的规则加以规范，这些规则就是国际公约。可以说，国际公约的存在是国际交往与合作得以发生的前提条件，而遵守国际公约，是一个主权国家融入国际社会的前提条件。为此，确立并落实国际法优位原则已经为国际社会所公认，一个法治国家要融入国际社会，就必须恪守本国认可的国际法准则和规定。只是不同国家在适用方法上不一样而已，有的是转化适用，即把国际条约的内容转化为国内法后加以适用，而有的是直接适用，即不需要国内进行相应的立法而直接将条约的条款适用于国内，当条约与国内法相抵触时，采取国际法优于国内法的原则，美国、日本、法国等国家都采用这种做法。①

国际优位的理念或原则在我国立法中早已有所体现，如早在新中国成立之初

① 陈光中、丹尼尔·普瑞方庭：《联合国刑事司法准则和中国刑事法制》，法律出版社 1998 年版，第 71 页。

的1955年，周恩来总理在亚非万隆国际会议上就曾明确宣告尊重联合国宪章和原则。我国《民法通则》第142条第2款明确规定：“中华人民共和国缔结或者参加的国际条约同中华人民共和国的民事法律有不同规定的，适用国际条约的规定，但中华人民共和国声明保留的除外。”我国的民事诉讼法及行政诉讼法也作了同样的规定。但是，我国在刑事司法领域，国际优位原则却迟迟不能在立法中得以体现。在相当长时间的极“左”思潮的笼罩下，对国际刑事司法准则和国际人权标准采取的是否定的态度、批判的做法。由于复杂的国际国内形势影响，当时无论是理论研究，还是刑事司法，占据人们思想的是国内优位的法律观。但在党的十一届三中全会以后，随着我国改革开放政策的实施，我国渐渐融入了国际社会。20世纪90年代，我国在国际社会中已经成为负有特殊责任的大国。这种形势的变化与时代的要求，已不容许我国再忽视国际法和国际刑事司法准则了。我国作为联合国的常任理事国之一，于1997年10月27日签署了联合国《经济、社会和文化权利国际公约》，并已经全国人大批准生效实施；于1998年10月5日签署了《公民权利和政治权利国际公约》。这两个公约加上联合国《世界人权宣言》已成为联合国制定一系列国际人权公约、决议等法律文书时理论和法律上的重要依据。特别是这些文件中所确立的诉讼原则、证据规则、诉讼人权标准、诉讼程序标准等都是全人类诉讼文化的总结和结晶，是诉讼文明的优秀成果，我们已没有理由再拒绝执行，理应接受并转化为国内法加以执行，使之成为我国刑事诉讼法立法的渊源之一。

要在刑事诉讼法再修改中坚持国际优位，必须解决四个问题：一是要认清改革开放的形势，明确我国在国际社会中的地位和应承担的责任，正确处理好联合国刑事司法准则与国内刑事诉讼法的关系，牢固树立国际优位的法律观。把人的尊严和权利的保障贯彻在诉讼的各个环节中，既要惩罚犯罪，保障被害人及社会公众的权利，又要注意保障刑事诉讼参与主体的合法权利，不能借口于“中国特色”“条件不成熟”“不能太超前了”，而拒绝采用各国普遍采用的最低限度的刑事标准。二是积极创造条件，促使我们已经参加、签署的国际公约批准生效并认真加以实施。我国作为联合国的创始成员国和安理会的常任理事国，对于联合国1945年6月26日签署的《联合国宪章》，1948年12月10日通过的《世界人权宣言》和1966年通过的两项关于人权的国际公约《经济、社会和文化权利国际公约》和《公民权利和政治权利国际公约》等文件的约束力，必须要有一个明确的认识。对于《联合国宪章》和《世界人权宣言》，我国作为参加国必须严格执行这两个文件规定的宗旨和原则，正如江泽民同志所说："我们应该致力于弘扬《联合国宪章》的宗旨和原则……《宪章》就是一部国与国关系的指南，为我们指明了应循之路，各国都应该严格照章办事。"[①] 我国已经分别于 1997 年 10 月 27 日和 1998 年 10 月 5 日签署这两项公约，需经全国人大批准后才能生效。我国既已签署，就应该积极创造条件，争取早日批准。联合国刑事司法准则高度重视刑事司法中的人权保障，它的前瞻性和针对性，从长远着眼于犯罪预防的有关规定，都对我国有着明显的指导意义。[②]《公民权利和政治权利国际公约》第 9 条关于人身自由和安全的权利的规定，第 14 条关于刑事司法中各项准则和标准的规定，作为世界多数国家通行的最低标准，对于完善和改革我国的刑事司法制度，对于推进刑事诉讼法的科学化与民主化，都有非常重要的借鉴意义。一旦全国人大批准生效后，除有可能保留的条款外，我们必须奉行国际优位的原则，认真地加以实施。三是对于国际上通行的带有普遍意义的做法，特别是刑事诉讼的一些最低限度标准，笔者的看法是不宜随意持保留意见。例如，当前人们议论较多的是刑事诉讼中犯罪嫌疑人、被告人的沉默权问题，或"不被强制作不利于他自己的证言或强迫承认犯罪"。不管人们对这两种称谓的含义如何理解，笔者认为，中国应当积极地创造条件加以实施，赋予犯罪嫌疑人、被告人这一权利，这对提高司法文明水平、遏制刑讯逼供、消除口供主义、保证案件质量有着非常重要的作用。进一步说，沉默权对于防止司法专横，促使刑事司法的民主和法治都有重要的作用。因此，应根据我国的具体情况适当地加以限制，或作一些例外的规定。例如，英国就对沉默权作了一些限制性的规定，1944 年《刑事审判与公共秩序法》第 34、35、36、37 条规定，在一些法定的情况下被告人的沉默权可以用作对他不利的证据。当然，在这些情况之外，沉默权规则仍然有效。[③] 英国 1987 年《刑事审判法》第 2 条规定，"在严重欺诈调查局的官员调查欺诈案件过程中，接受讯问的犯罪嫌疑人如果在没有合理理由的情况下拒绝回答提出的问题或者说谎，这本身就构成犯罪，并可能被判处短期监禁刑罚"。[④] 四是在刑事诉

① 程味秋等：《联合国人权公约和刑事司法文献汇编》，中国法制出版社 2000 年版，第 1 页。
② 陈光中、江伟：《诉讼法论丛》（第 2 卷），法律出版社 1998 年版，第 16 页。
③ 程味秋等：《联合国人权公约和刑事司法文献汇编》，中国法制出版社 2000 年版，第 368 页。
④ 程味秋等：《联合国人权公约和刑事司法文献汇编》，中国法制出版社 2000 年版，第 367 页。

讼法立法技术和行文上，应当在刑事诉讼法的诉讼原则部分增加一条关于国际法优位原则，其具体表述可以参考俄罗斯刑事诉讼法典第 1 条第 3 项规定，并完整规定无罪推定的原则、不被强迫自证其罪的原则，以及完整的公开和辩护原则等。在诉讼制度和程序方面，要在辩护制度的改革、法律援助制度的完善、证据制度的修订、侦查程序的设计与人权保障相一致、审判方式的改革与完善、严格限制死刑程序以达到逐渐缩小死刑适用等一系列问题上，都要认真仔细地对照国际刑事司法最低准则，以求实现二者的统一和协调。

二、《刑事诉讼法》再修改的几个认识问题①

我国刑事诉讼法再修改正处于艰难的历程。我国立法机关经过几年的艰苦工作，已于 2007 年形成了一个修正草案，并在公、检、法、司各个系统征求了意见，进行了反复的讨论。2007 年 10 月，党的十七大召开，基本精神是更加强调依法治国，更加强调在全社会实现公平正义，更加强调人权保障，更加强调民主，更加强调权力的监督和制约。为了把十七大精神贯彻在刑事诉讼法的再修改中，还需从司法职权的优化配置、落实宽严相济刑事政策等方面加强调查研究。其中，关于司法职权的优化配置问题，涉及体制、机制方面的问题，关系到如何建设一个公平、正义、高效、权威的司法机构的问题，这需要广泛地调查研究，科学地总结经验，认真地听取各方面的意见。这一过程需要时间，需要花费大量的人力、物力。同时，把刑事诉讼法修改好，就我国当前的政治、经济、思想以及政法工作面临的情况来看，还存在一个思想认识问题。只有转变观念，才能在制度和程序方面有所创新。为此，笔者在此主要就刑事诉讼法再修改必须解决的几个认识问题作简要论述，以引起理论界与实务界的深入探讨。

（一）实现刑事诉讼现代化与构建中国特色刑事诉讼的矛盾和冲突

对于这个问题，首先是要认识什么是刑事诉讼的现代化；其次是要认识刑事诉讼的中国特色在哪里，是由什么原因所决定；最后是要认识刑事诉讼现代化与刑事诉讼中国特色之间有什么冲突，如何解决这些冲突。

① 本部分内容来源于文章“关于刑事诉讼法再修改的几个认识问题”，发表于《中国刑事法杂志》2011 年第 7 期，系与吴光升合作撰写。

1. 什么叫刑事诉讼现代化

诉讼现代化的标准是什么，西方的诉讼现代化与中国的诉讼现代化是不是采用同一个标准？这是一个最基本的问题，需要我们学习、研究，并取得一致认识。把西方一些先进国家的刑事诉讼法典翻译过来、照搬照抄，显然不适合我国国情。1996 年《刑事诉讼法》修改时，在庭审方式方面引进了对抗制，十多年来的实践证明，很难推广和加以落实，这也说明西方刑事诉讼的现代化模式并不一定适合我国刑事诉讼的现代化问题。

刑事诉讼现代化，也就是刑事诉讼要符合现代社会的要求。因此，刑事诉讼的现代化问题，首先要解决的是何为现代化，其次要归纳出符合现代社会的刑事诉讼具有什么特征。

“现代”一般具有两种含义，一是编年史意义上的“现代”，与时间概念相联系；二是社会学意义上的“现代”，与社会发展有关。一般理论所说的“现代”指的是后者，[①] 本文在此讨论的也是这种意义上的“现代”。按美国学者 C. E. 布莱克的说法，现代化是人类在技术、政治、经济以及社会发展诸领域获得现代性的一种过程，[②] 因此，何为现代性是问题的关键。问题是，现代性是一个含糊不定、难以捉摸的术语。[③] 在美国学者戴维·鲁本看来，所谓的现代性只不过是与传统性相对而言的，是传统文化已经走到其发展的尽头，相应地，现代主义是对我们与我们自身文化之过去的复杂关系的一种反应。[④] 布莱克则认为，现代性是指自科学革命以来人类在技术、政治、经济以及社会发展等领域发生迅速变革所显示出来的共同特性。[⑤] 吉登斯虽然指出“现代性指社会生活或组织模式，大约 17 世纪出现在欧洲，并且在后来的岁月里，不同程度地在世界范围内

① 当然不少人使用了编年史意义上的“现代”。例如，我国学者高鸿钧教授就按时间顺序将人类社会的历史分为三种形态：血缘身份制社会、特权身份制社会与契约身份制社会，并把前两种社会形态分为传统社会或前现代社会，后一种形态称作现代社会。高鸿钧：“现代法治的困境及其出路”，载《法学研究》2003 年第 2 期。

② 公丕祥：《法制现代化的理论逻辑》，中国政法大学出版社 1999 年版，第 7 页。

③ ［美］劳伦斯·M. 弗里德曼：《选择的共和国——法律、权威与文化》，高鸿钧等译，清华大学出版社 2005 年版，第 22 页。

④ ［美］戴维·鲁本：《法律现代主义》，苏亦工译，中国政法大学出版社 2004 年版，第 22 页、第 471 页。

⑤ 公丕祥：《法制现代化的理论逻辑》，中国政法大学出版社 1999 年版，第 7 页。

产生着影响”，但也承认直到目前为止现代性的主要特性仍然在黑暗之中藏而不露。①

现代性作为现代化过程的一个目标，其意义在于为现代化过程提供具体的评价标准。但由于现代性含义的模糊性，现代性标准也没有得到统一。在马克斯·韦伯看来，现代性的基本特征在于理性化或合理性，这种理性化包括经济理性化、行政理性化、法律理性化、个人理性化等方面。② 而对于美国学者劳伦斯·M. 弗里德曼来说，现代性的特征主要有两个：一是开放社会，二是国家权威和法律机能的运作都依赖于选择或同意。前者是指在社会中，法律机构、权力组织和政府机关的构造应便于它们在某种程度上暴露于公共舆论和公众压力之下，而且此类机构在某种程度上对压力作出了实际回应。后者是指选择或同意在正当性构成要素中具有核心地位，如政府是一个能够自由选择的政府；法律制度“并非是继承的、强迫的、固有的，而是通过社会中个人的意图、谋划和默许的行动和行为而产生的”；“由契约形成的人际关系代替了通过传统习惯和道德观念形成的关系”“废除了世袭制和血统制，敞开了独立自主、迁徙自由和个人选择的大门”③。

法律的现代性是法制现代化的目标与评价标准，但何为法律现代性的特征，到现在也没有统一的说法。对于美国学者昂格尔来说，现代法律是一种与习惯法、官僚法比较起来更严格的法律概念。这种法律具备公共性、实在性、普遍性和自治性等特点。其中，自治性表现在实体内容、机构、方法与职业四个方面。实体内容的自治性主要是指法律内容与宗教无关；机构上的自治性是指法律规则由专门以审判为主要业务的专门机构加以适用；方法的自治性是指专门机构论证自己行为合理性的方式不同于其他理论或实践所运用的论证方式；职业的自治性是指由一个活动、特权和训练所确定的特殊集团，即法律职业集团，操纵规则，充实法律机构参加法律争诉的实践。④ 香港学者陈弘毅则认为，现代法诞生于西方世界，它与西方传统文化有非常密切的关系，甚至可以被理解为西方文明的传

① ［英］安东尼·吉登斯：《现代性的后果》，田禾译，译林出版社 2000 年版，第 1 页。

② 毕天云：“论韦伯的现代性思想”，载《云南师范大学学报》2002 年第 6 期。

③ ［美］劳伦斯·M. 弗里德曼：《选择的共和国——法律、权威与文化》，高鸿钧等译，清华大学出版社 2005 年版，第 23 ~ 27 页。

④ ［美］R. M. 昂格尔：《现代社会中的法律》，吴玉章、周汉华译，译林出版社 2001 年版，第 50 页。

统在历史发展中的最新阶段，因而是西方传统的一部分。这种现代法具有八个方面的特征：现代法的自主性原则；法治原则；产权原则；人权原则；开放社会性；沟通理性；传统性；世界和平原则。[①] 我国学者刘作翔则认为，法律制度的现代化，意味着一个社会的法律制度能够适应现代社会的需求，能够对现代社会纷繁复杂的现实社会关系给予法律调整，使其呈现一种有序状态。[②]

从历史上看，现代化始源于西方，现代化的“全球化”在一定程度上是西方的现代化文明模式向世界扩散的过程。[③] 昂格尔甚至明确认为，现代法“这种法律绝不是社会的普遍现象，它仅仅在非常特殊的环境中才能产生和生存，是一个非常罕见的历史现象”，它只存在于现代西方自由主义国家，在其他地方人们不可能再发现一个有说服力的现代法律存在的例子。[④] 因此，对于中国来说，还面临着如何区别现代化与西化的问题。对于这个问题，虽然在中国并不乏缺持相反观点者，如我国著名学者蔡枢衡先生就曾认为，“‘中国现代化’和‘西化’这两个名词，表面上差异几微，实质上判若霄壤。前者显然意识自我，是健全的意志，也是合理的认识；后者本质上是次殖民地的现实反映，是无自我并反自我的”[⑤]。但不少学者虽然很不情愿，却也不得不承认这一点。“中国法制现代化的具体表现主要是西化，即全面引进西方的法律和政治理念、制度、程序、法律部门、立法框架以至实体法的规范，不惜与两千年的中华法系传统断裂。”[⑥] “从总体上看，两者之间没有调和的可能，所以，它们相遇、相撞之时，我们面对的便是一个非此即彼的选择，或者是国粹，或者是西化，没有其他道路可走。清末的法律改革，就是走了西化的路子。而今天的中国法，就是在这条路上走了近一个世纪的结果。在这层意义上，清末的法律改革不啻是开创中国现代法制的新纪元。”“虽然我们不能说西方国家是现代化的唯一模式，但是我们可以确证，现代社会的法律必定是西方式的。”[⑦] 简言之，对于这些学者来说，刑事诉讼的现

---

① 陈弘毅：《法治、启蒙与现代法的精神》，中国政法大学出版社 1998 年版，第 1～18 页。

② 刘作翔：《法律文化理论》，商务印书馆 1999 年版，第 282 页。

③ 金耀基：“中国现代的文明秩序的构建——论中国的‘现代化’与‘现代性’”，载《公共论丛：经济民主与经济自由》，三联书店 1997 年版，第 45 页。

④ 陈弘毅：《法治、启蒙与现代法的精神》，中国政法大学出版社 1998 年版，第 49 页、第 63 页。

⑤ 蔡枢衡：《中国法理自觉的发展》，清华大学出版社 2005 年版，第 9 页。

⑥ 陈弘毅：《法理学的世界》，中国政法大学出版社 2003 年版，第 224 页。

⑦ 梁治平：《法辨——中国法的过去、现在与未来》，中国政法大学出版社 2002 年版，第 158～159 页。

代化就是一种西化，这是非西方国家法律的一种宿命。

2. 什么叫刑事诉讼的中国特色

与上述把现代化理解为西化的观点不同，在中国刑事诉讼的现代化过程中，有很多学者反对照搬西方国家的法律，主张建立一种具有中国特色的刑事诉讼程序。但刑事诉讼的中国特色应当体现在哪些方面，这些中国特色具体是由什么原因决定的，却缺乏深入地分析论证。

法律制度是情境性的，不可能有永远不变、放之四海而皆准的法律制度。美国学者霍贝尔亦曾言："无需赘言，法一旦与其文化的母体相分离便会毫无意义。"① 蔡枢衡先生在20世纪批判全盘西化论时也认为，"可是西洋的文明文化之创造是以西洋的历史作基础，西洋人作活动主体，西洋的事物作工具，西洋的自然和西洋人的社会并思维作对象而形成的过程。中国近代现代化过程中的工具和对象，假定一概取之于西洋，其奈历史基础没法转换，主体的多数也还是中国人何？这样的西化过程难道可说是全盘？"② 为此，中国刑事诉讼的中国特色具体有哪些，应当从刑事诉讼的整个背景，即从我国目前的政治、经济与文化等方面来考察。在这些因素中，目前最需要考虑的是我国刑事诉讼所赖以建立的文化基础与西方国家有很大差别，刑事诉讼的中国特色也主要与此有关。

由于西方国家长期以来受基督教的影响，正如梁瀬溟先生所指出的，在人与人之间、个人与家庭的关系上，与中国传统文化有极大差异。③ 因为根据基督教的要求，所有人都是上帝的子民，世俗的父子、上下级关系在上帝面前是不存在的，家与国的观念也不是基督教所提倡的，即在上帝面前，所有人都是平等的。受此文化传统的影响，在西方人观念中，家庭概念是很淡薄的。换言之，在世俗社会里，人与人之间的关系是费孝通先生所说的一种"团体格局"，每个人只是这个团体之下的独立平等的一根"稻草"。④ 该"团体"按张荫麟先生的说法，以前是基督教，后来则为民族国家。⑤ 基于此，西方人在处理人际关系时，并不因为血缘或其他联系的远近亲疏之别而采取不同标准。按马克斯·韦伯的说法，

---

① ［美］E. A. 霍贝尔：《初民的法律》，周勇译，中国社会科学出版社1993年版，第42页。

② 蔡枢衡：《中国法理自觉的发展》，清华大学出版社2005年版，第5页。

③ 梁瀬溟：《中国文化要义》，上海世纪出版集团2005年版，第70~73页。

④ 费孝通：《乡土中国生育制度》，北京大学出版社1998年版，第25页。

⑤ 梁瀬溟：《中国文化要义》，上海世纪出版集团2005年版，第68页。

这是一种普遍主义的伦理。[①]

而在中国则不同。由于长期受农耕社会和儒家观念的影响，家庭在中国人的观念中占据核心地位。“团体与个人，在西洋俨然是两个实体，而家庭几若为虚位。中国人却从中就家庭关系推广发挥，而以伦理组织社会，消融了个人与团体这两端。”[②] 人与人之间的关系也就像费孝通先生所说的，如水的波纹一样，从家庭这个核心一层一层地推演出去而形成一种“差序格局”。[③] 在处理人际关系时，实行一种“情境中心主义”，在不同场合根据人情关系的远近适用不同的交往法则。[④]“在西洋社会里争的是权利，而在我们却是攀关系、讲交情。”[⑤] 按韦伯的说法，这是一种道德二元论，是一种特殊主义的伦理。这种以关系为取向的交往法则的存在，不仅不利于注重权利的法律的生成，而且还会对已有的法规范的效力产生一种消解作用。林语堂先生就认为，人情与面子、命运就像统治中国的三位女神，“会麻痹司法界，使各种法令条文不生效力，讥笑德谟克拉西，藐视法典，以人民权利为笑料……无声地践踏到法庭上，她们的手指轻巧地把司法机关拨个凌乱”[⑥]。这是因为，法律作为社会结构的一个重要组成部分，它虽然能够对身处其中的社会成员进行规范制约，但社会成员并不是被动地受这种规范约束，不仅如英国社会学家吉登斯所说的参与了社会结构的形成，[⑦] 而且也如法国社会学家布尔迪厄所说的，往往会将这些规范作为一种行动的策略，是否遵循规范取决于他们的利益。[⑧]

由于从传统转入现代的过程中，中国与西方国家所面对的社会问题不完全相

---

① 林端：《儒家伦理与法律文化——社会学观点的探索》，中国政法大学出版社 2002 年版，第88 页。

② 蔡枢衡：《中国法理自觉的发展》，清华大学出版社 2005 年版，第 70 页。

③ 费孝通：《乡土中国生育制度》，北京大学出版社 1998 年版，第 26 页。

④ 杨国枢、黄光国、杨中芳：《华人本土心理学》（上册），重庆大学出版社 2008 年版，第 181 页。

⑤ 梁瀬溟：《中国文化要义》，上海世纪出版集团 2005 年版，第 26 ~ 27 页。

⑥ 林语堂：《吾国与吾民》，黄嘉德译，陕西师范大学出版社 2006 年版，第 185 ~ 186 页。

⑦ 根据吉登斯的结构二重性理论，“社会结构既被人类能动行为构建，而且同时也是这一构建的真正媒介”，就是说，结构作为规则与资源，即是人的能动作用的先决条件，同时也是人们在日常生活中进行互动的媒介，通过这种以结构作为媒介的日常互动，人们再生产了社会结构。［英］安东尼·吉登斯：《社会学方法的新规则——一种对解释社会学的建设性批判》，田佑中、刘江涛译，社会科学文献出版社 2003 年版，第 226 页；［英］帕特里克·贝尔特：《二十世纪的社会理论》，瞿铁鹏译，上海译文出版社 2005 年版，第 111 页。

⑧ 对于布尔迪厄来说，行为是策略性的而不是对于规则或规范的遵从，行动者在日常实践中总是尝试沿着制约与机会进行曲径运动，是否遵循规范往往取决于他们的利益权衡。［美］戴维·斯沃茨：《文化与权力：布尔迪厄的社会学》，陶东风译，上海译文出版社 2006 年版，第 114 ~ 115 页。

同。西方国家的普遍主义有利于法治的建立，它们只要通过科学的普及将人从神的束缚中解放出来，法治问题就迎刃而解；而中国的特殊主义则不利于法治的建立，中国法治的建立必须消除或抑制传统人情文化的影响。中国刑事诉讼的构建，如果不考虑我国的特殊性，并采取相应的应对措施，而盲目复制西方国家的刑事诉讼制度，将难以适应我国社会，在司法实践中形成显性制度与隐性制度之分，破坏刑事诉讼程序的权威性与有效性。例如，目前很多人讨论的刑事程序的失灵问题，其实就是这一问题的表现。

3. 刑事诉讼现代化与刑事诉讼中国特色的冲突与调和

根据以上分析，结合我国目前的现实情况，所谓刑事诉讼现代化与刑事诉讼中国特色的冲突问题，其实就是中国社会已经逐渐从传统社会转入现代社会，尤其是政治朝着民主化、文明化方面发展，经济朝着市场化方向的发展，需要有一种不同于传统社会的法律制度，国家也根据社会发展的需要建立不同于传统的刑事诉讼制度，但由于观念的滞后性，社会公众的法律观念却仍带有浓厚传统观念，影响刑事诉讼制度发挥实效，因而产生的一种冲突。对于这种冲突，有人认为，这属于一种制度性法律文化与观念性法律文化的冲突问题，解决问题的途径在于，“在不断完善以法律制度为核心的制度性法律文化的同时，应高度重视公民的法律文化心理和法律价值观的培养与教育，使其由传统形态向现代形态转变，使观念性法律文化与制度性法律文化相协调，实现文化整合”①。

本文基本同意上述观点，但认为应当对侧重点进行相应调整，即认为刑事诉讼的现代化应当考虑我国公众的法律观念及在此观念引导下的行为倾向，同时重视公众法律观念与价值的教育与培养，尤其反对盲目地、不加批判地引进国外刑事诉讼制度。这是因为，虽然制度对观念具有一种拉动作用，但这种拉动作用在短时间内难以体现，如果完全不考虑公众的法律观念而建立某种刑事诉讼制度，有可能导致出现书本法律与实践法律之分，损害法律的权威性。

但是，社会公众的法律观念是一个比较难以把握的问题。而且，社会的发展，也会逐渐改变社会公众的思想观念。我国社会已经完全不同于原来的传统社会，这种社会发展对社会公众的法律观念已经产生了何种影响，影响的程度如何，传统的法律观念是否已经消失了，这都是建立中国特色刑事诉讼所必须考虑

① 刘作翔：《法律文化理论》，商务印书馆 1999 年版，第 266 页、第 278～279 页。

的事情，需要我们深入研究。因此，对于如何调和刑事诉讼现代化与刑事诉讼中国特色之间的冲突问题，本文认为，要以科学发展观为指导，以科学的态度，采用科学的方法，一方面要研究国外相关刑事诉讼制度的深层原理，避免盲目借鉴；另一方面要进行实证研究，找准我国实际存在的问题，尤其是研究解决问题的有关制约因素，如目前主要有哪些传统文化制约我国刑事诉讼制度的现代化，制约的程度如何，以便预先加以防范。只有按照科学发展的内涵和要求，遵循诉讼规律，才能真正解决司法现代化与中国特色的矛盾和冲突，真正做到既要坚持中国特色，又要有一个世界的眼光，以确保《刑事诉讼法》再修改的质量。

（二）对当前我国社会阶段性特征的认识

法律的制定必须立足于所处社会的实际情况。例如，日本法学家川岛武宜认为，法律命题的最终渊源或根据，不仅存在于现实的社会生活中，而且还被现实的社会生活所决定，这是法律命题的本来面目，也是它的宿命。理由有两点：第一，创造出法律命题的人，是在现实的社会中生活着的、有血有肉的人，人的精神是其的一个组成部分，因此不可能脱离所处的现实社会而独立存在；第二，法律命题不能脱离社会现实，又是由法律命题自身的性质所决定的。虽然法律命题属于意识形态，但它固有的性质或目的决定了它不可能仅停留在意识的领域中独白。因为它的内容必须在社会生活的现实中实现，否则就会失去存在的意义。缺乏现实性的法律命题虽然在形式上也是法，但对现实却毫无意义，对于这种已无现实价值的法，我们只能说它已经不是法了。[①]

《刑事诉讼法》的再修改，必须立足于当今中国社会的现实情况，只有对当前中国社会出现的阶段性特征作出一个正确的评价，立法、修法才能做到有针对性，才能解决现实问题。那种超越现阶段国情而脱离实际的做法，即使立了法，也执行不了，更不能解决问题。从我国目前所处阶段来看，影响《刑事诉讼法》再修改的现实因素可分为两类：一是我国目前所处的大环境；二是我国目前所处的社会发展阶段。

就我国目前所处的大环境而言，对我国《刑事诉讼法》再修改会产生相当影响的因素主要有三种：

---

① ［日］川岛武宜：《现代化与法》，申政武、渠涛等译，中国政法大学出版社 2004 年版，第 218 ~ 221 页。

一是国际社会对刑事诉讼当事人权利的关注。这包括两方面：一方面是对刑事被追诉人人权保障的强化，如各种国际条约对刑事被追诉人各种权利的规定；另一方面是国际社会对刑事被害人权利保障的升温。在20世纪50年代以前，由于刑事被追诉人的特殊地位，国际社会尤其关注对刑事被追诉人人权的保障，但自此以后，加强对被害人权利的保障，成为各国刑事诉讼法的发展趋势。由于对被害人权利保障的强化，在国外，有的学者认为，被害人法律地位的提高可能会破坏已有的控辩平等对抗的诉讼结构；[①] 有的学者更是认为，由于被害人程序参与权的扩大，帕克所说的犯罪控制模式与正当程序模式的二元论诉讼模式应当修正为一种犯罪控制模式、正当程序模式与被害人保护模式的三元论诉讼模式。[②] 我国也有学者认为，被害人法律地位的突出，标志着传统诉讼结构出现一种“四方构造化”的变化，如西方国家的辩诉交易程序、法官量刑程序、陪审团定罪程序等就初步体现了一种“四方诉讼构造”模式。[③] 针对这种趋势，我国《刑事诉讼法》再修改时，也必须通过各种制度对此有所体现。比如，进一步深化刑事侦查程序的改革，加强对犯罪嫌疑人的人权保障；扩大被害人参与刑事诉讼的途径，各种简易程序的适用、刑罚执行过程的减刑和假释等也应通过适当途径听取被害人的意见等。

二是当代社会进入一种高度风险性的社会，即风险社会。这种风险不同于传统社会的自然风险，是一种人为风险。例如，从核危机到恐怖主义、从生态危机到环境恶化、从金融危机到能源紧张、从传染病肆虐到食品安全隐患等。这种风险不同于自然风险，一旦变为现实，就会造成大范围的不可估量的危害后果。例如，1986年的切尔诺贝利核泄漏，就造成了巨大的损害结果，灾难涉及几个相邻国家，损害持续了相当长的时间。为了应对风险社会，刑法领域出现了风险刑法理论，将刑法介入的时间提前，扩大犯罪圈，如将犯罪成立的标准前移，不仅处罚具体危险犯，也处罚抽象危险犯，甚至一般只具有抽象危险的犯罪预备行为也不时被有选择地独立定罪。正如德国刑法学家雅各布斯就曾说：“一种特别令

---

① William T. Pizzi, Crime Victims in German Courtrooms: A Comparative Perspective on American Problems, 32 Stan. J Int. l L. (1996). p. 41.

② Douglas Evan Beloof, The Third Model of Criminal Process: the Victim Participation Model, 1999 Utah L. Rev. 1999). p. 292.

③ 房保国：《被害人的刑事程序保护》，法律出版社2007年版，第109页。

人感叹的发展是，把保护相当严密地划定范围的法益特别是私人法益的刑法通过法益广泛的延伸引向抽象的危险犯。”① 刑事诉讼法既是保障人权的手段，但也应当是防卫社会的方法，在应对这种人为风险方面也应当承担起相应的责任。因此，在《刑事诉讼法》再修改时，除了加强人权保障外，也应当针对这种高风险的犯罪行为规定一些特别的程序，如恐怖主义犯罪的特别诉讼程序，通过推定减少控诉方在某些犯罪方面所需要的证明要求或减轻控诉方的证明责任，赋予侦查人员在侦查某些犯罪时采取特殊措施的权力等。

三是当代社会是一个高科技的社会，科学技术的发展在给人们带来便利生活，给社会管理创新带来契机的同时，也给刑事司法带来了挑战。比如，网络的发达就给刑事司法带来了不少问题，如通过网络犯罪的管辖问题、网络犯罪的取证问题，以及有关网络舆情给公正司法带来的压力甚至负面影响的问题等。在《刑事诉讼法》再修改时，一方面必须注意为充分利用科学技术进行刑事司法，如利用高科技取证，利用科学技术讯问犯罪嫌疑人、被告人，利用科技手段提高刑事诉讼程序的透明度，为保障当事人的程序参与权等提供法律依据；另一方面也应当注意采取必要措施，预防科学技术给刑事司法公正带来的负面影响。

就我国目前所处的社会发展阶段而言，影响《刑事诉讼法》再修改的主要因素是我国刚从计划经济转入市场经济。这种经济转轨，一方面导致社会利益主体的多元化，进而导致价值的多元化。而利益主体与价值的多元化给我国通过法律所进行的社会整合带来更大困难。其表现为当前中国社会人民内部矛盾凸显，人们的理想社会（亦即虚拟社会）与现实社会矛盾突出，刑事犯罪（包括渎职侵权等职务犯罪）不断攀升并处于高发期，个别敌对势力仍很猖獗。另一方面由于这两种经济体制所要求的法律类型是不一样的。作为计划经济，它更多的是要求美国人诺内特与塞尔兹尼克所说的“压制型法”，这种“压制型法”的特征有两点：一是法律与政治紧密结合；二是官方的自由裁量权蔓延。② 而市场经济要求的是一种类似于“自治型法”的法律，这种法律需要的是纠纷解决型的司法机关，而不是政策贯彻型的司法机关，要求法律与政治分离，要求通过规则建立

① ［德］格吕恩特·雅各布斯：《行为、责任、刑法：机能性描述》，冯军译，中国政法大学出版社1997年版，第118页。

② ［美］P. 诺内特、P. 塞尔兹尼克：《转变中的法律与社会：迈向回应型法》，季卫东、张志铭译，中国政法大学出版社2004年版，第57页。

法律秩序，程序是法律的中心等。[①] 换言之，这种经济转轨，需要刑事诉讼法从诉讼观念到司法机关的角色，再到相关具体刑事诉讼程序等方面都要进行较大的变革。

因此，可以说，由于我国目前的社会发展阶段所体现出来的特点，给我国《刑事诉讼法》的再修改提出了很多新问题。如何解决这些新问题，亟须我们深入调查研究，认清形势，抓住问题，做到有针对性地解决问题。例如，如何解决当前的上访潮、告状风，当事人对生效裁判的申诉等。《刑事诉讼法》再修改时，必须认真解决来信来访、申诉告状的问题，完善审判监督程序，尤其是对申诉的法律地位和处理程序必须高度重视。与此同时，在诉讼中如何贯彻宽严相济的刑事政策，也是我国目前必须切实解决的问题。对于这一点，一方面，必须适应新时期刑事犯罪发生的新变化，健全打击严重犯罪的法律程序，完善维护国家安全和打击恐怖犯罪、黑社会性质犯罪的诉讼制度，建立健全查处流动性、团伙性、跨区域性犯罪案件的管辖制度和工作机制；另一方面，对普通的、犯罪情节较轻的刑事犯罪，必须体现区别对待、宽严相济。

（三）对司法现代化与后现代化矛盾和冲突的认识

一般认为，后现代主义是20世纪60年代左右产生于西方发达国家的广阔且多样的理论运动，这种理论运动否认任何一种一统性的观念或一元化的理论框架，而是认可文化样态的复杂差异性及其在现代社会的多样性群体、亚群体和个人中的不同含义。[②] 后现代主义与现代性的目标都是人的解放与自由，但后现代主义是建立在对现代性批判的基础上，是对现代性的一种超越。现代性哲学的基本特点有三点：一是按照“主体—客体”关系的思维模式，强调人的独立自主性或“主体性”；二是理性至上主义；三是与理性至上主义相联系的、对知识和科学的崇尚，包括对普遍性和同一性的崇尚。而后现代主义是对现代性哲学的这些特点进行批判与超越：一是批判传统的“主体性”；二是批判理性至上主义；三是批判崇尚超感性的、超验的东西的传统形而上学；四是批判以普遍性、同一

① ［德］格吕恩特·雅各布斯：《行为、责任、刑法：机能性描述》，冯军译，中国政法大学出版社1997年版，第60页。

② ［美］马修·戴弗雷姆：《法社会学讲义：学术脉络与理论体系》，郭星华等译，北京大学出版社2010年版，第196页。

性压制个体性、差异性的传统思维模式。① 具体来说，后现代主义反对理性至上，主张感性；反对一元化，主张多元化；反对绝对性，主张相对性；反对中心主义，主张无中心；反对权威性，主张平等性；反对元叙事，主张小叙事等。

虽然后现代主义讨论的主要话题是美学问题与文艺评论问题，但现在这种思维方式也被应用于其他领域。就法学而言，后现代主义提出了以下观点：一是基于对“元叙事”的怀疑，认为学科之间没有界限，应当超越法学甚至社会科学来研究法律；二是把法律视作一种文本或描述，可作不同的理解；三是认为法庭审判发挥着解构场景的功能，所呈现出来的事实并不是绝对的，而是与当事人的竞争理由密切相关的，因而法律的结果难以预测；四是认为法律并非自治的或在结构上相依的，而是由政治、经济以及文化关系共同决定的，有的人甚至认为法律是一幅来源于现实但又扭曲了现实的图画。另外，基于差异论与多元论，后现代主义对法律中的歧视与不平等现象也进行了反思。②

客观地说，后现代主义并非洪水猛兽般可怕。就刑事诉讼而言，虽然后现代主义的一些思维方式和观点不能被适用，而且也不应当被适用，如反对理性的观点。因为刑事诉讼虽然避免不了非理性的因素，也应当考虑一些非理性的因素，但作为一种行为规范，刑事诉讼法必须尽量建立在理性之上，尽量避免非理性的因素。但后现代主义所追求的充分自由的基本精神，以及一些观点，对于建立与完善合理的刑事诉讼制度不无裨益。首先，后现代主义反对绝对性的观点有助于刑事诉讼各种价值的平衡。刑事诉讼中存在各种价值，如果按绝对性的观点，只能采取其中一种价值而排除其他的价值，容易导致极端主义；而按后现代主义的相对性观点，没有绝对性，只有相对性，这也就为主流价值之外的其他价值的存在提供一种可能性，为刑事诉讼价值的平衡提供了可能性。其次，后现代主义的多元论有助于刑事诉讼建立各种不同的案件处理程序。后现代主义反对一元论，主张多元论。这种观点应用到刑事诉讼程序的设置，也就是主张应当根据刑事案件的不同情况，使用不同的程序进行处理。这也就为刑事案件的审前分流，为刑事案件的审判程序分流，提供了一种理论基础。最后，后现代主义的差异论及去

① 张世英：“‘后现代主义’对‘现代性’的批判与超越”，载《北京大学学报》（哲学社会科学版）2007 年第 1 期。

② ［美］马修·戴弗雷姆：《法社会学讲义：学术脉络与理论体系》，郭星华等译，北京大学出版社 2010 年版，第 199 ~203 页。

中心论，为刑事诉讼关注犯罪嫌疑人、被告人以及其他诉讼参与人的合法利益提供了一种理论基础。在刑事诉讼中，目前往往比较关注国家与社会公共利益，而对诉讼参与人的合法利益缺少关注；比较关注犯罪嫌疑人、被告人的合法利益，而忽视被害人以及其他诉讼参与人的合法利益；重视国家与社会公共利益，而回避公安、司法人员的利益问题。而根据后现代主义的差异论，应当允许不同利益的存在，不同的合法利益都应当予以关注与保障，因而为刑事诉讼尽量消除不平等和关注弱势群体的利益提供了一种理论基础，提出了一种现实要求。

实际上，目前各国的刑事诉讼制度已经体现了后现代主义的一些思想要求。例如，辩诉交易、起诉便宜主义等各种审前分流，审判中的简易程序，被告人认罪程序，“速决程序”等的出现与发展，都体现了后现代主义的一些要求。尤其是多数国家百分之九十的案件不一定都移送法庭审判，刑事诉讼分流处理已成为司法后现代化的主流。

“后现代”并不是一个时间概念。例如，利奥塔说：“后现代性不是一个新的时代，而是对现代性自称拥有的一些特征的重写，首先是对现代性将其合法性建立在通过科学和技术解放整个人类的事业的基础之上的宣言的重写。”对于现代性，在利奥塔看来，也不应该被看作是一个时间或某个历史阶段，“不过，现代性也不是最新的。现代性甚至也不是一个时期。从广义上讲，现代性是另一个书写状态”。[①] 对此理解，福柯持相同的意见：“当我参考康德的这篇文章时，我自问，人们是否能够把现代性看作一种态度而不是历史的一个时期。我说的态度是指对于现时性的一种关系方式：一些人所作的自愿选择，一种思考和感觉的方式，一种行动、行为的方式。”[②] 也就是说，在这些后现代思想家来说，不管是现代性，还是后现代，都不是一个时代，仅仅是不同的写作方式而已。为此，我们不能认为因为我国还没有完全经历现代社会而不能建立一些具有后现代特征的刑事诉讼制度。

另外，“后现代性”孕育于“现代性”之中，它是从“现代性”的母胎中产生的，“后现代性”不是对“现代性”的简单摒弃，而是对“现代性”的一种发

① ［法］让－弗朗索瓦·利奥塔：《后现代道德》，莫伟民等译，学林出版社2000年版，第63页。
② 杜小真：《福柯集》，上海远东出版社2004年版，第534页。

展和超越，[①] 即对现代社会发展过程中所产生的一些问题的批判与超越。例如，“主体性”本来追求自由和独立自主性，然而“主体—客体”关系的发展，却使“主体性”走向极端的人类中心主义，征服自然、使自然为人所用的“主体性”反而被抹杀为自然所奴役；理性至上主义抹杀了人的情感、意欲、本能等人性的重要方面，从而限制了人的批判活动和自由创造活动的范围；“现代性”对知识、科学的崇尚导致知识的信息化、网络化、媒体化，而信息化、网络化、媒体化的结果是真理、知识与外在的权力相结合，真理、知识丧失了客观性标准，知识变成了非知识，真理变成了非真理。[②] 为此，至少在刑事诉讼制度的设置方面，我们不能把现代性与后现代性完全对立起来，不能认为我们必须经历了现代性的刑事制度之后，才能设置一些具有后现代性的刑事诉讼制度，我们完全可以结合我国实际情况，在设置一些具有现代性特点的合理的刑事诉讼制度的同时，也设置一些具有后现代性的刑事诉讼制度。

因此，既需要从我国的实际情况出发，不断加强程序意识和程序观念，坚持正当法律程序不动摇，也要适应形势之发展，采取平衡原则，适当、适时做出抉择，把一些具有后现代性的刑事诉讼制度引入我国刑事诉讼制度之中。例如，把起诉法定与起诉便宜相结合，普通程序与简易程序相结合；在程序分流的问题上，适当确立刑事和解制度；在行刑方式上，推行非刑罚化，以及设置社区矫正程序等。

（四）对社会治安与人权保障关系的认识

这涉及刑事诉讼法的目的问题。这里要明确的是，刑事诉讼的目的与刑事诉讼法的目的是不一样的。刑事诉讼作为一种诉讼活动，虽然参与人是多方面的，有代表国家的公安、司法机关，有当事人，还有其他诉讼参与人；他们参加诉讼的具体目的虽然是不同的，甚至是相互冲突的，但最后诉讼行为合力所指向的目的只有一个，至少在一个国家中这种目的是唯一的。而刑事诉讼法的目的则不一样，它是国家之所以制定这样一部刑事诉讼法的目的，这种目的可能是单一的，也可能是复数的，这取决于一个国家的刑事政策。打一个不是很恰当的比喻，刑

① 张世英：“‘后现代主义’对‘现代性’的批判与超越”，载《北京大学学报》（哲学社会科学版）2007年第1期。

② 张世英：“‘后现代主义’对‘现代性’的批判与超越”，载《北京大学学报》（哲学社会科学版）2007年第1期。

事诉讼的目的就是一群人最后所要去的目的地，尽管他们之间可能有争论，而刑事诉讼法的目的就是给这些人设计一条道路（程序），防止这些人随意闯入或践踏其他人或他们中间一些人的私人空间（权利）。很明显，刑事诉讼法的目的要受刑事诉讼活动的目的制约。比如，目的地是朝东的，总不能把道路设计成往西；刑事诉讼目的是控制犯罪，总不能把刑事诉讼法设计成有利于犯罪行为人逃避侦查、毁灭证据。否则，把道路两边的围栏设计得再高、再巩固，刑事诉讼法制定得再精致，也总会有人不惜代价逾越围栏，破坏诉讼程序，更严重的，甚至会弃该道路、该法律程序而不用。为此，我们在《刑事诉讼法》再修改时，应当理性地区别刑事诉讼法的目的与刑事诉讼的目的。

关于刑事诉讼法的目的，历来有不同的观点。例如，德、日刑事诉讼法理论界对刑事诉讼法的目的就先后有实体真实追求说、刑法实现说、个人与国家利益调整说、社会纠纷处理说、法的平和恢复说等各种不同的观点。① 在我国，也有惩罚犯罪与保障人权之争议。

确实，国家启动刑事诉讼的目的，很大一部分在于通过法定程序查明案件事实，然后根据认定的事实，结合相关法律规定，追究犯罪分子的刑事责任。而刑事诉讼法的目的设置，不能不考虑该目的的实现。但正如德国学者诺伊曼批评德国传统的刑事诉讼法目的观即刑事诉讼法是为实现刑法而服务的观点时所说的，这种观点存在两个疑问：一是有些被告人是被判决无罪的；二是存在错误的判决。当被告人被判决无罪时，虽然不能实现实体刑法的惩罚目的，但刑事诉讼法的任务无疑已经实现了；在错误判决的情况下，虽然判决错误与实体法有矛盾，但由于已经发生法律效力而不能变更，刑事诉讼法也对此必须认可。② 在我国，依据现行刑事诉讼法，不管是有利于被告人的错误判决，还是不利于被告人的错误判决，都可启动再审程序，第二种疑问在我国不存在，但第一种疑问是存在的。

稳定的社会治安是一个社会得以发展的重要前提条件，而对社会治安的最大威胁是各种犯罪行为，刑事诉讼法的目的设置不能不考虑这种需要。但社会治安

① ［日］田口守一：《刑事诉讼的目的》，张凌、于秀峰译，中国政法大学出版社2011年版，第30～37页。

② ［日］田口守一：《刑事诉讼的目的》，张凌、于秀峰译，中国政法大学出版社2011年版，第32页。

是一种结果，这种结果的取得可通过不同的方式，既可通过文明的司法方式，也可通过侵犯公民人权的方式。而保障公民的人权，这是国家向公民做出的承诺，是国家存在的根本目的之一。尤其是我国已将人权保障写入宪法，并参加不少有关人权保障尤其是刑事诉讼人权保障的国际公约，如《公民权利与政治权利国际公约》，这种国内与国际的承诺要求我们必须重视刑事诉讼过程中的人权保障问题，加强对权力的制约，否则有损我国在国际上的人权形象。这也就是说，刑事诉讼法目的的设置，既要考虑社会治安，又要考虑人权保障，但这两者有时可能会产生冲突，刑事诉讼法的设置必须处理好这两者之间的关系。

在社会治安与人权保障关系的认识上，我们认为，必须坚持两者并重、不可偏废的价值选择，这是《刑事诉讼法》再修改中面临的一个十分重要的问题。一方面，我国正处于社会转型之时，刑事犯罪仍在高发期，社会治安问题和稳定问题是举足轻重的大事，人民群众的安全感、社会的稳定大局是社会主义市场经济发展的前提条件。但是，“尊重和保障人权”也是治国理政的一项重要的宪政原则。另一方面，社会治安与人权保障并不完全是对立的，也是统一的。只有在刑事诉讼过程中充分保障人权，尊重和保障当事人的人身权利、诉讼权利，才能缓解有关当事人与公安司法机关之间的对立性，缓解犯罪行为人与被害人、社会之间的对立性；只有保障了人权，案件质量才能切实得到提高，被告人才会心服口服、不上访、不翻案、无申诉，更无重新犯罪，社会治安状况自然会好起来。

如何处理好社会治安与人权保障的关系，关键在于《刑事诉讼法》再修改时，必须坚持利益平衡原则，坚持从现实社会实际需要出发，进行程序设计。例如，当前人民群众关心的诉讼过程中的刑讯逼供问题，看守所中的牢头狱霸致死人命的问题，我们认为必须从诉讼制度、诉讼程序的设置上加以杜绝。当前，我国诉讼法学者经过实证研究，设计的“侦查讯问程序中的录音、录像、律师在场”等三项制度必须在看守所内建立起来，用制度卡住刑讯逼供。还有，我国公布的《2009年—2010年人权行动计划》中所承诺的，在侦查中的物理隔离和入所前的身体检查制度，这些措施都是从制度上遏制刑讯逼供的有效方法。它同社会治安、社会稳定是辩证的统一，二者并不矛盾。只有坚持二者并重，才能产生良好的社会效应。

三、《刑事诉讼法修正案（草案）》的哲理之思①

《中华人民共和国刑事诉讼法修正案（草案）》（以下简称《修正案（草案）》）分别于2011年8月25日和2011年12月26日，经过第十一届全国人民代表大会常务委员会初审和二审，并向全国发布，广泛征求了公众的意见，2012年3月《修正案（草案）》提请第十一届全国人大第五次会议审议。近半年多来，举国上下，乃至国外，高度关注，充分发表意见，绝大多数的意见肯定了《修正案（草案）》的进步与发展，但是对《修正案（草案）》也有许多不同的理解和看法，甚至对某些条款提出了质疑。在这种情况下，矛盾与冲突的化解，权力配置的优化，权力与利益的统一，以保证《修正案（草案）》的通过、批准和实施，是摆在立法者面前一项重要的任务。笔者认为，完成这项艰巨任务的关键就在于对《修正案（草案）》的争点、难点要进行哲理思维，要以法律的哲学之思，统一标准，统一理解，统一认识。从哲学的高度去认识问题，分析问题，化解矛盾，平衡利益，体现价值。

（一）权力制衡：诉讼职权的配置和诉讼结构的调整

《修正案（草案）》关于诉讼职权的配置和诉讼结构的调整作出了一些新规定。例如，强化了检察机关的诉讼监督职能，把1996年《刑事诉讼法》第8条关于“人民检察院依法对刑事诉讼实行法律监督”这一规定，从抽象转化为具体，增加了诉讼监督的具体内容。(1）经《修正案（草案）》修正后的《刑事诉讼法》第47条规定：“辩护人、诉讼代理人认为公安机关、人民检察院、人民法院及其工作人员阻碍其依法履行职责的，有权向同级或者上级人民检察院申诉，人民检察院对申诉应当及时进行审查，情况属实的，通知有关机关予以纠正。”(2）经《修正案（草案）》修正后的《刑事诉讼法》第55条规定：“人民检察院接到报案、控告、举报或者发现侦查人员以非法方式收集证据的，应当进行调查核实。对于确有以非法方法收集证据情形的，应当提出纠正意见，必要的时候，可以建议办案机关更换办案人。对于以非法收集证据，构成犯罪的，依法追究刑事责任。”(3）经《修正案（草案）》修正后的《刑事诉讼法》第73条规

---

① 原文发表于《人民检察》2012年第5期。

定："人民检察院对指定居所监视居住的决定和执行是否合法进行监督。"（4）经《修正案（草案）》修正后的《刑事诉讼法》第 86 条规定："人民检察院审查批准逮捕，可以讯问犯罪嫌疑人，有下列情形之一的，应当讯问犯罪嫌疑人：（一）对是否符合逮捕条件有疑问的；（二）犯罪嫌疑人要求向检察人员当面陈述的；（三）侦查活动可能有重大违法行为的。人民检察院审查批准逮捕，可以询问证人等诉讼参与人，听取辩护律师的意见；辩护律师提出要求的，应当听取辩护律师的意见。"（5）经《修正案（草案）》修正后的《刑事诉讼法》第 93 条规定："犯罪嫌疑人、被告人被逮捕，人民检察院仍应当对羁押的必要性进行审查。对于不需要继续羁押的，应当建议予以释放或者变更强制措施。有关机关应当在十日内将处理情况通知人民检察院。"（6）经《修正案（草案）》修正后的《刑事诉讼法》第 115 条规定："当事人和辩护人、诉讼代理人、利害关系人对于司法机关及其工作人员有下列行为之一，侵犯其合法权益的，有权向该机关申诉或者控告：（一）采取强制措施法定期限届满，不予以释放、解除或者变更强制措施的；（二）应当退还取保候审保证金不退还的；（三）对与案件无关的财物采取查封、扣押、冻结措施的；（四）应当解除查封、扣押、冻结不解除的；（五）贪污、挪用、私分、调换查封、扣押、冻结的财物的。受理申诉或者控告的机关应当及时处理，对处理不服的，可以向同级或者上一级人民检察院申诉。人民检察院对申诉应当及时进行审查，情况属实的，通知有关机关予以纠正。"（7）经《修正案（草案）》修正后的《刑事诉讼法》第 171 条规定："人民检察院审查案件，可以要求公安机关提供法庭审判所必需的证据材料；认为存在本法第五十四条规定的以非法方法收集证据情形的，可以要求其对证据收集的合法性作出说明。"（8）经《修正案（草案）》修正后的《刑事诉讼法》第 240 条规定："在复核死刑案件过程中，最高人民检察院可以向最高人民法院提出意见。最高人民法院应当将死刑复核结果通报最高人民检察院。"（9）经《修正案（草案）》修正后的《刑事诉讼法》第 245 条规定："人民法院开庭审理的再审案件，同级人民检察院应当派员出席法庭。"（10）经《修正案（草案）》修正后的《刑事诉讼法》第 255 条规定："监狱、看守所提出暂予监外执行的书面意见的，应当将书面意见的副本抄送人民检察院。人民检察院可以向决定或者批准机关提出书面意见。"（11）经《修正案（草案）》修改后的《刑事诉讼法》第 262 条关于减刑、假释提出的建议中，副本要抄送人民检察院，人民检察院可以向人民法院提出书面意见。(12) 经《修正案(草案)》修正后的《刑事诉讼法》第五编关于特别程序的规定中，关于未成年人犯罪案件刑事诉讼程序，赋予检察机关对未成年人犯罪案件依法做出附条件不起诉的决定权；关于刑事和解的公诉案件的诉讼程序，赋予检察机关对和解协议的自愿性、合法性进行审查并主持和解的权力；关于违法所得的没收程序中，赋予检察机关申请提起的权力；关于对实行暴力行为的精神病人的强制医疗程序，赋予检察机关对执行活动是否合法实行监督的权力。

从上述列出的十二个方面可以看出，《修正案(草案)》把1996年《刑事诉讼法》关于人民检察院法律监督的抽象规定已经基本上实现了具体化和法典化，它贯穿于刑事诉讼的全过程，充分发挥了立法者对诉讼监督的高度重视。但是，关于强化诉讼监督的做法成了人们议论和争辩的热点，笔者认为，此次刑事诉讼法的修改把强化人民检察院的诉讼监督列为一个重点，其根据是中共中央2008年19号文件关于司法机制和体制改革的决定中，把对司法权的监督和制约和司法行为的规范问题作为司法改革的重点，把司法职权的优化配置作为专项进行改革，而且这项改革近几年已经取得多项成果。这次刑事诉讼法修改的一项重要的指导原则，就是要巩固司法改革的成果，已写进《修正案(草案)》关于诉讼监督的各项规定，即近几年来关于司法职权优化配置的改革措施和比较成熟的经验与做法，此其一；其二，从哲理的高度而言，凡是权力都需要制衡与制约，因为“人们追逐权力不仅仅是因为权力能够满足个人的利益、价值和社会观念，而且还有权力自身的缘故，因为精神的和物质的报酬存在于权力的所有和使用之中”。① 看来，权力不仅能给权力者带来物质上的利益，而且能产生精神上的满足，这正如罗素所言，“爱好权力，犹如好色，是一种强烈的动机，对于大多数人的行为所产生的影响远远超出他们自己的想象”。② 因此，人们对于权力的追求近乎一种人类的本能，有时甚至到了忘乎所以的痴迷程度，如果不加以约束，便会发展成恐怖的权力争夺，它的必然结果是：“权力导致腐败，绝对的权力导致绝对的腐败。”③ 人类几千年的文明史表明，权力既可以被用于治国安邦，也

① [美] 约翰·肯尼斯·加尔布雷思：《权力的分析》，陶远华、苏世军译，河北人民出版社1988年版，第7~8页。

② [英] 伯特兰·罗素：《权力论》，吴友三译，商务印书馆1998年版，第189页。

③ [英] 阿克顿：《自由与权力》，侯健、范亚峰译，商务印书馆2001年版，第342页。

可以被用于祸国殃民；既可以给人类社会带来巨大的利益，也能够给人类社会造成深重的灾难。正是认识到了“有权力的人都容易滥用权力”，如何制约权力，防止权力滥用便成为伴随权力存在的永恒的课题。就我国当前的状况而言，各种国家权力的运行，包括诉讼中司法职权的运转，存在大量的司空见惯的不规范的现象，尤为严重的是腐败案件，如司法腐败的大要案时有发生，由此所导致的冤假错案也时有发生。从哲理到实践都证明，加强诉讼中对司法权的制衡、制约是无可非议的，《修正案（草案）》出台的一系列制衡侦查权、检察权、审判权的举措是正确的，是符合国家权力运行规律的。至于检察机关的自身监督和制衡问题：一方面，要求检察机关要加强自身的监督和制衡；另一方面，需要从机制和体制方面进行改革，如坚持检察职能“二元论”，把诉讼职能和监督职能分离，以利于制衡、监督更加科学，更加正当，更加有公信力。

《修正案（草案）》关于诉讼结构的调整方面，一项重大的改革就是强化辩护职能，把辩护律师介入诉讼的时间提前了，辩护律师在诉讼中的权利扩大了。对于这一重大改革，人们的认识也不一致，笔者认为，加强辩护职能、调整诉讼结构是一项重要的任务。当前，我国改革开放的进程已瞩目于世，政治、经济、思想、社会各个方面的发展都得到世界各国的关注。但是，刑事诉讼中辩护律师的地位尚待加强，参与诉讼的时间尚不充足，出庭行使辩护的人数与次数还不及70%。这种反差应当引起立法和执法者的高度重视。就诉讼构造与诉讼哲理而言，刑事诉讼中控辩审三种职能配置失衡，已经违背了刑事诉讼近现代国际司法标准，侦查阶段辩护律师不到位，控辩之间权利不平等，这种诉讼应当说是一种失衡的诉讼，是一种不符合近现代刑事诉讼构造的诉讼。诉讼的规律与哲理要求控诉职能、辩护职能、审判职能的共同、平等的参与，相互制衡和制约，相互监督，良性运转，才能实现公开、公平和正义。诚然，关于诉讼结构的调整，《修正案（草案）》尚未一步到位，考虑当前我国的实际情况，律师介入侦查时的会见权有一定的限制，《修正案（草案）》第37条第5款明确规定：“危害国家安全犯罪案件、恐怖活动犯罪案件、特别重大贿赂犯罪案件，在侦查期间辩护律师会见在押的犯罪嫌疑人，应当经侦查机关许可。对于上述案件，侦查机关应当事先通知看守所。”还有侦查讯问时律师在场权，以及诉讼中辩护律师如何实现“控辩平等”的权利等，立法者考虑我国现实的国情，未作详尽的规定。对此，笔者认为，刑事诉讼立法既要坚持进步，又要着眼于我国的实际情况；既要有一个世界的眼光，又要解决中国的实际问题，这是一个重大的哲学问题，也是重要的思维方式。从历史唯物主义的角度来看，法律是由一国的经济基础以及与之相适应的社会和文化发展水平所决定的，它不可能超越社会经济、政治和文化所提供的条件而独立存在。同时，法律作为一国政治制度的组成部分，必然受该国政治体制的影响，刑事诉讼法也不例外。一直以来，刑事诉讼法被视为“宪法的测震器”因而具有深厚的政治意味，其完善与发展也最终要依赖于一国政治制度的进步。从这个意义上看，并不存在所谓普遍性的刑事诉讼法，只有具体国家在具体社会条件下的刑事诉讼法。因此，我国刑事诉讼法的制定与修改必须从国情出发，充分考虑政治、经济、社会、文化等各方面的状况，尤其要重视我国长期以来形成的法律传统，考虑社会公众以及司法人员的承受能力和适应能力。即使是吸收或移植国外法律，也必须与我国国情相结合。对律师参与诉讼的会见权，在案件适用范围上有一些限制，完全是根据我国的现实情况，做出的一项符合我国国情的决定。

（二）价值平衡：既要加强打击和控制犯罪的力度，又要尊重和保障人权

全国人大法制工作委员会副主任郎胜在2011年8月24日第十一届全国人民代表大会常务委员会第二十二次会议上关于《修正案（草案）》的说明中指出，刑事诉讼法的修改坚持“惩罚犯罪与保障人权并重，既注意及时、准确地惩罚犯罪，维护公民、社会和国家利益，又注意对刑事诉讼参与人包括犯罪嫌疑人、被告人合法权利的保护”。应该说这一论述是整个刑事诉讼法修正案的一项重要的指导原则。从法哲学角度讲，刑事诉讼法的修改，始终是坚持两种价值观的平衡，目的是为了实现正义、秩序、自由等理想的社会价值；从政治角度讲，则是为了实现执政者巩固执政秩序，实现执政的目的；从社会角度讲，它表现为保护和增进多数人的利益，同时要兼顾少数人的合法权利。在刑事诉讼法修改的过程中，两种价值观的博弈和平衡几乎处处可见。但是，立法者洞察时势，洞悉国情民意，立足社会现实，放眼世界各国，许多矛盾的解决都画上了圆满的句号。笔者认为，这是马克思主义哲学思维的威力之表现。

在具有中国特色的社会主义刑事侦查中要不要增加技术侦查和秘密侦查？有了技术侦查和秘密侦查，与公民的隐私权、商业秘密产生的矛盾如何解决？面对这些矛盾立法者坚持两种价值观、两种利益观的平衡：一方面，随着经济社会的发展和刑事犯罪复杂化、隐蔽化、技术化、智能化的态势，必须加强打击犯罪的

力度，赋予侦查机关必要的侦查手段，完善侦查措施，《修正案（草案）》作了三个方面的规定：一是规定对危害国家安全犯罪、恐怖活动犯罪、黑社会性质的组织犯罪、重大毒品犯罪或者其他严重危害社会的犯罪案件以及重大的贪污、贿赂犯罪案件，利用职权实施的严重侵犯公民人身权利的重大犯罪案件，根据侦查犯罪的需要，经过严格的批准手续，可以采取技术侦查措施。二是规定公安机关可以决定由特定人员实施秘密侦查，依照规定实施控制下交付。三是明确采取技术侦查措施、秘密侦查措施、控制下交付收集的材料可以作为证据使用。同时，规定技术侦查、秘密侦查措施的适用要严格依法执行。《修正案（草案）》第188条明确规定，采用技术侦查措施，要经过严格的批准手续；第150条规定："采取技术侦查措施，必须严格按照批准的措施种类、对象和期限执行。""侦查人员对于采取技术侦查措施过程中知悉的国家秘密、商业秘密和个人隐私，应当保密；对于采取技术侦查措施获取的与案件无关的信息和事实资料，应及时销毁。""采取技术侦查措施获取的材料，只能用于对犯罪的侦查、起诉和审判，不得用于其他用途。""公安机关依法采取技术侦查措施，有关单位和个人应当配合，并对有关情况予以保密。"

从以上规定的内容可以看出，《修正案（草案）》关于技术侦查、秘密侦查手段的规定，是惩罪与保权两种价值观在平衡中的产物。在我国转型时期和全球化的世界，无论是西方国家还是东方国家，政治与法哲学的发展与进步对社会公共利益和个人利益、多数人的利益和少数人的利益如何界定比较容易，但在二者发生冲突时的取舍方式却与以往有很大不同。以往的解决方式，总是很直接地以牺牲个人利益为代价，轻易地剥夺了个人利益。笔者认为，这种思维方式和处理矛盾冲突的方法已经与时代的发展不相适应了。罗尔斯在《正义论》中指出："社会和经济的不平等只有在其结果能给每一个人，尤其那些最少受惠的社会成员带来利益补偿时，它们才是正义的。"由此可见，技术侦查、秘密侦查措施的适用，一定要兼顾公民和企事业单位的个人隐私和商业秘密，必须要考虑他们的切身利益而给予严格保密，适用时要严格依照法律规定实施。如果违反上述法律的规定，给公民个人造成了损失，笔者建议，立法应作出给予补偿的规定以实现社会正义。

实现犯罪控制与人权保障的价值平衡，在《修正案（草案）》中另一个突出的成就是完善强制措施体系，化解证据制度同刑事辩护制度、侦查讯问程序、羁押制度之间的矛盾与冲突，实现二者的价值平衡，努力使惩罪与保权二者达到一个新的、层次更高的理性平衡。

从当前我国刑事犯罪高发和社会矛盾凸显这一基本国情出发，对刑事犯罪的控制提出了更高的要求。因此，关于刑事诉讼法强制措施体系和手段，《修正案（草案）》对强制措施增加了新的内容，进一步规定：（1）逮捕条件被细化，便于掌握和适用；（2）取保候审增加规定强制执行令制度，改变取保候审执行不力的状况；（3）监视居住制度增加规定，几种重大犯罪监视居住可以在指定的场所执行；（4）增加规定电子监控；（5）对取保候审、监视居住的犯罪嫌疑人，将其身份证件（被监视居住者）、旅行证件、驾驶证件交付执行机关保存；（6）对重大、复杂的案件适当延长拘传的时间。

与此同时，对于强制措施的适用也在更高的层次上提高了人权保障的水平，使强制措施制度更加法治化和民主化。《修正案（草案）》关于强制措施作出如下规定：（1）强化和严格人民检察院的审查批捕程序。在《修正案（草案）》第87条规定："人民检察院审查批准逮捕，可以讯问犯罪嫌疑人；有下列情形之一的，应当讯问犯罪嫌疑人：（一）对是否符合逮捕条件有疑问的；（二）犯罪嫌疑人要求向检察人员当面陈述的；（三）侦查活动可能有重大违法行为的。人民检察院审查批准逮捕，可以询问证人等诉讼参与人，听取辩护律师的意见；辩护律师提出要求的，应当听取辩护律师的意见。"（2）《修正案（草案）》第73条第3、第4款分别规定："指定居所监视居住的，被监视居住的犯罪嫌疑人、被告人委托辩护人，适用本法第三十三条的规定。"① "人民检察院对指定居所监视居住的决定和执行是否合法实行监督。"（3）关于强制措施执行中的审查、变更，尤其是当事人及其法定代理人、近亲属、辩护人的申请的权利，立法分别在第53条、第55条、第56条规定了相应的内容。（4）值得我们注意的是《修正案（草案）》关于对侦查措施和强制措施的法律监督方面，出台了新的举措，把

① 本法第33条规定："犯罪嫌疑人在被侦查机关第一次讯问后或者采取强制措施之日起，有权委托辩护人。在侦查期间，只能委托律师作为辩护人。侦查机关在第一次讯问犯罪嫌疑人或者对犯罪嫌疑人采取强制措施时，应当告知犯罪嫌疑人有权委托辩护人。人民检察院自收到移送审查起诉的案件材料之日起三日内，应当告知犯罪嫌疑人有权委托辩护人。被告人有权随时委托辩护人。人民法院自受理自诉案件之日起三日以内，应当告知被告人有权委托辩护人。辩护人接受犯罪嫌疑人、被告人委托后，应当及时告知办理案件的机关。"

人权保障提高到了一个新的层次和新的水平。《修正案（草案）》第115条明确规定："当事人和辩护人、诉讼代理人、利害关系人对于司法机关及其工作人员有下列行为之一，侵犯其合法权益的，有权向该司法机关申诉或者控告：（一）采取强制措施法定期限届满，不予以释放、解除或者变更强制措施的；（二）应当退还取保候审保证金不退还的；（三）对与案件无关的财务采取查封、扣押、冻结措施的；（四）应当解除查封、扣押、冻结不解除的；（五）贪污、挪用、私分、调换查封、扣押、冻结的财务的。受理申诉或者控告的机关应当及时处理。对处理不服的，可以向同级或者上一级人民检察院申诉。人民检察院对申诉应当及时进行审查，情况属实的，通知有关机关予以纠正。"

从以上关于刑事诉讼中强制措施规定的内容来看，在实现控制犯罪与人权保障两种价值的平衡上呈现三大特点：一是在控制犯罪方面，确实加大了打击、惩罚的力度，刑事诉讼中的强制措施表现为已经形成了轻重有别，体现了宽严相济的强制措施体系，包括电子监控，统一保管驾照、旅行证件等，逮捕措施更加细化、具体，解决了长期以来抽象的"有逮捕必要""尚不足防止社会危险性发生"等难以把握和执行的问题；同时，对取保候审执行无力、监视居住名存实亡、立而不用或执行不规等问题都一一加以解决。二是在加大力度、规制行为的同时，对于这些限制人身自由的措施，立法者高度重视贯彻人权保障原则，各种措施的审查、批准应听取当事人的意见，变更不服申诉与控告，以及救济制裁措施也比较完备，的确在人权保障方面提升了层次和水平。三是在哲理上实现了打击惩罚与人权保障辩证的统一，两者呈现出协同推进、共同提高的态势，表现两者之间已达到一个新的、更高层次平衡发展的状态。

（三）人本主义：坚持以人为本、人文关怀，创新和完善诉讼制度和机制

《修正案（草案）》坚持以人为本、人文关怀，把立法和教化人心相结合，把"公平、正义、诚信、友爱、人性、人伦、人格"等基本的诉讼理念与道德理念作为立法的指导原则，在诉讼制度和机制的改革方面，实现了制度和机制的创新、发展和完善。表现为限制人身自由的制度措施人性化，为犯罪嫌疑人、被告人、被害人解困帮难，为未成年人案件、精神病人案件创新和完善诉讼机制，创设刑事和解程序，审判程序扩大简易审，执行程序实施社区矫正等。把诉讼制度和机制作为社会创新管理的重要组成部分，使诉讼更加人性化，讲人性、讲人伦、讲人格，促进人之善性的萌生和回归，为加强和社会创新管理作出了贡献！

强制措施中的人文关怀内容的体现。《修正案（草案）》第65条关于适用取保候审的规定，第72条关于监视居住适用对象的规定，特别关注患病、生活不能自理的人，甚至系生活不能自理的人的唯一抚养人，怀孕或在哺乳自己婴儿的妇女等，充分地体现了法律的人文精神，体现了人文关怀，坚持以人为本；在各种强制措施执行中通知家属，依法变更，听取辩方意见，以及不服申诉、控告等救济措施，都是人文精神在诉讼中的具体体现。

《修正案（草案）》增加了在诉讼的各个阶段听取当事人或者辩护人意见的规定，建立健全了当事人参与机制，充分地彰显了“公正、公平、公开”的正义价值。这是诉讼人本主义的一项重要内容，也是我国刑诉立法的一大进步。例如，《修正案（草案）》第33条明确规定，犯罪嫌疑人在被侦查机关第一次讯问或者采取强制措施之日起，有权委托辩护人；第86条明确规定审查、批准、逮捕应当讯问犯罪嫌疑人，并听取辩护律师的意见；第155条明确规定，在案件侦查终结前，辩护律师提出要求的，侦查机关应当听取辩护律师的意见，并记录在案，辩护律师提出书面意见的，应当附卷。在起诉阶段，人民检察院审查起诉时，第171条明确规定，人民检察院审查案件，可以要求公安机关提供法庭审判所必需的证据材料；认为存在本法第54条规定的以非法方法收集证据情形的，可以要求其对证据收集的合法性做出说明。第182条规定，人民法院决定开庭审判后，应当确定合议庭的组成人员，将人民检察院的起诉书副本至迟在开庭十日以前送达被告人，并同时抄送辩护人；对于被告人未委托辩护人的，告知被告人可以委托辩护人，或者依法通知法律援助机构指派律师为其提供辩护。《刑事诉讼法》第200条关于审理中止的规定，《修正案（草案）》第240条明确规定，最高人民法院复核死刑案件，应当讯问被告人，应当听取辩护人的意见等。当事人的参与由公安司法机关在各个阶段听取当事人或辩护律师的意见，给当事人创设一种参加诉讼的机制，使其话语权得以表达，这是诉讼民主的体现，更是诉讼人本主义的体现，彰显了诉讼的正义价值。

《修正案（草案）》确立的法律援助制度，为当事人解困纾难；确立的非法证据排除制度，严禁刑讯逼供、不得强迫自证其罪，由控诉一方负举证责任，审讯录音录像等，这些证据制度的改革，更是对犯罪嫌疑人、被告人诉讼权利的保障，彰显了我国刑事诉讼中的人文关怀精神。《修正案（草案）》专章设立特别程序，在未成年人案件诉讼程序中规定了实行教育、感化、挽救的方针，坚持教育为主、惩罚为辅的工作原则，以及程序设计中的分管分押、指定辩护、犯罪原因调查、讯问时代理人到场、附条件不起诉、不公开审理、犯罪记录封存等，无不体现诉讼人道、人本、人伦、人性的法律观和道德观。还有刑事和解程序的设立，对实施暴力行为的精神病人的强制医疗程序，不言而喻，更是诉讼人文关怀的一个重要方面。

最后，在执行程序中的社区矫正制度的确立，对人文、人伦精神的贯彻，在我国是一种创新。《修正案（草案）》第258条规定："对于被判处管制、宣告缓刑、假释或者暂予监外执行的罪犯，依法实行社区矫正，由社区矫正机构负责执行。"这一规定不仅是我国刑罚执行机制的一项重大改革，更是我国执行程序中创设的一种以非监禁方法的执行程序。从监狱大墙内走向大墙外，依靠人民群众自治的方法执行刑罚，这种执行机制的创新，不言自明，它是人文、人伦、人格、人道主义在诉讼中的体现，它的出现把我国刑罚执行程序引领至人本主义的理性高度。

综上所述，笔者认为，应从法哲学关于权力制衡、价值平衡和人本主义的高度和思维方法来理解和认识《修正案（草案）》规定的部分内容。用辩证思维来看待法律修改中出现争议的难点和疑点，乃至矛盾与冲突。当然，对《修正案（草案）》的哲学之思仅仅是一种尝试，但是，我仍然坚信哲学和理性的威力是无穷的。我们完全可以从哲学和法哲学中找到认识一切社会问题和法律问题的工具和方法！

四、落实修改后刑诉法　观念为先解释先行①

经过多年的努力，刑事诉讼法修正案终于得以顺利通过，这是社会主义法制建设的重大成就。此次修法条文变动之大、内容之广，对推动我国刑事司法进步具有里程碑意义。但在欣喜之余，更应该看到，立法只是执法的前提，法律功能作用有效发挥的关键还在于正确的贯彻执行。根据以往的经验，往往是"立法难、执法更难"。1996年《刑事诉讼法》曾确立了对抗制、无罪推定等先进的理念和原则，在立法上也取得了较大的成就，但由于立法变革较大、发展过快，实

① 原文发表于《人民检察》2012年第7期。

务部门缺乏必要的学习和消化，使得这些理念和原则未能得到很好的贯彻，致使其预期效果无法达到。因此，对于修改后的刑事诉讼法需要更加重视科学、正确的理解和消化，强调观念上的转变，奠定法律得以实施的基础。关于修改刑事诉讼法的决定刚刚通过，对修改后刑事诉讼法的理解应更加注重对法律精神实质、理论要点的把握，通过统一思想观念达到消除认识分歧的目的。比如，尊重和保障人权入法，应如何加以认识并将其落到实处？当前，刑事犯罪形势依然严峻，暴力犯罪数量不断增加，在这种情况下，如何平衡社会治安与尊重和保障人权的关系，这些问题都需要在学习理解修改后刑事诉讼法的过程中加以明确和统一。

要更好地理解修改后刑事诉讼法的精神实质，应该遵循四个基本的标准：其一，应明确有权力就必须有监督观念，权力和监督是相互关联的，不存在无监督的权力，刑事诉讼法的立法目的就是对司法权力的限制；其二，有权力就必须有一定的义务约束，不存在没有义务约束的权力，权力和义务是对应的，检察机关在享有法律监督职权的同时，应尽维护司法公正的义务；其三，只要法律规定了义务，就必须有相应的处罚措施，处罚措施是保障法定义务得以履行的后盾，没有处罚的法定义务是无意义的；其四，从法治完备的角度来讲，只要有法律的授权，就必须在法律上构建完备的制裁措施，这种制裁措施应包括实体制裁和程序制裁两部分，当下更应从刑事诉讼程序的角度强调程序性制裁手段。比如，证人有作证义务而不出庭作证的，可以强制其出庭作证。对于这一规定，有的人表示不理解，认为对证人的处罚不合理。但如果证人出庭率很低的状况得不到解决，刑事诉讼法规定的对抗制和诉讼质量就无法保证，会影响整部法律的实施。所以，在这次刑事诉讼法修改过程中，立法者在加强检察机关诉讼监督的同时，制定了一整套程序性制裁措施。特别是明确了非法证据排除制度、证人作证制度、刑讯逼供遏制制度等，这一系列程序性制裁制度构成了一个完整的运行机制。在整个刑事诉讼过程中，从强制措施到侦查手段，一直到特别程序都遵循着这一机制运行。这一机制构成了刑事诉讼法完善的基础，对该运行机制的把握是贯彻此次修法的核心任务，脱离了这个体系，脱离了对相应司法理念的科学理解，就会在实际操作中出现偏差。

从检察机关的角度来看，按照修改后刑事诉讼法的规定，检察机关应该清醒地认识到，这一次修改加重了检察机关的职责，使检察机关面临新的机遇和挑战。为适应修改后刑事诉讼法的要求，检察机关应从机构改革、理念更新、人员增加等方面加以调整，积极应对。

第一，从公诉职能来讲，修改后的刑事诉讼法提高了公诉的标准，在证明标准上加重了检察机关的证明责任。同时，为了进一步尊重和保障人权，立法规定了非法证据排除制度，进一步明确刑事被告人不负证明责任。检察机关应认识到公诉证明责任和标准的加强，对今后的公诉工作将是一个严峻的挑战。

第二，此次刑事诉讼法的修改进一步强化了检察机关的法律监督职能。从立案一直到特别程序都贯彻了检察机关的法律监督。这就要求检察机关进一步完善监督理论，转变监督理念，充实监督机构和人员，切实将修改后刑事诉讼法的精神贯彻下去。同时，检察机关应正确处理内部监督与外部监督的关系。各级检察机关要积极出台新措施，适应时代新要求，响应人民群众新期待，将公诉职能与监督职能进一步协调好，将内部监督与外部监督平衡好，有效回应社会上对法律监督的不同声音，使检察监督走向科学、走向合理。

第三，面对腐败现象在特定领域多发易发，人民群众对司法公平提出更高要求的社会情势，检察机关反贪、反渎等职务犯罪侦查部门应如何以刑事诉讼法修改为契机积极应对，此次修改将贪官外逃、死亡后的财产处理问题作为重点环节在特别程序中予以规定，如何在实践中对该机制予以落实，这些问题都给检察机关提出了新要求。刑事诉讼法规定特别没收程序由检察机关申请，人民法院加以审理，这必然要加重检察机关的工作量，对人力和资源提出了更高的要求。同时，职务犯罪案件诉讼机制的改革强调了逐步淡化口供的作用，这也给检察侦查工作提出了新的标准，需要检察机关司法警察进一步转变思路，拓宽收集证据的途径。因此，刑事诉讼法的修改给检察工作提出了新的挑战。

第四，修改后刑事诉讼法的实施还需要相关配套设施的协调与配合，刑事诉讼法修改后的司法解释工作应尽快开展。在检察机关制定司法解释时，应重点关注以下问题：诉讼监督措施的细化；监所检察条例的修订；法律监督中对违法办案的调查程序；人民检察院控告申诉查处程序；非法证据排除的规则和程序；技术侦查、秘密侦查的程序；违法所得没收程序的具体程序设置；电子证据的实施细则；决定起诉的证据材料移送程序；控方专家证人聘请与出庭程序；等等。

五、刑事诉讼中如何实现“群、专”相结合①

群众路线是党的生命线。需要特别强调的是，依靠群众绝非一个口号，它既是一个政治原则，又是一个法治原则，依靠群众与依法办案二者是高度的统一。长期以来，司法实务工作实行依靠群众与专门机关相结合的原则。专门机关和群众路线相结合的含义包括：一是在诉讼中必须深入群众，向群众做调查，听取群众的意见和建议；二是接受群众的监督；三是取得群众的支持和帮助；四是不断加强专门机关的思想、组织和业务建设，提高专门队伍的政治和业务素质，装备先进的技术和设备。把加强专门工作和依靠群众有机结合起来，不能忽视其中任何一个方面。那么，在刑事诉讼中如何实行“群、专”相结合呢？

第一，提高认识，解决依靠群众的立场问题。在刑事诉讼各个环节中，必须十分明确“我是谁、为了谁和依靠谁”的问题。执法为民是我们的核心价值观，依靠群众为人民服务是一个永恒不变的主题，是基本立场问题。

常常有人会问政法工作，尤其是刑事诉讼的特殊性是什么？为被害人服务与为被告人服务是否矛盾？这涉及一个基本理论问题，即如何看待诉讼中依靠群众服务对象的问题。人民群众是一个历史范畴。在现阶段，一切赞成、拥护和参加社会主义建设事业的阶层和社会集团都属于人民群众的范围。至于刑事诉讼中的利害关系人，尤其是被告人与被害人双方，笔者认为，现阶段除了极少数的危害国家安全的恐怖犯罪，绝大多数的刑事犯罪属于人民内部矛盾的范畴，即使对少数敌对分子，诉讼中的权利保障也不可忽视。所以，我们倡导“平和司法、文明司法、民主司法”，不能把被告人或者罪犯统统划归为人民的敌人。特别是对涉嫌职务犯罪的贪污腐败人员，仍然要实施团结、教育、感化，坚持“对事恶、对人善”的正确方针。在群众路线和依靠群众观念的指导下，团结多数、孤立少数。总之，办理一案，要教育一片，团结一片，不是得罪一片，要有战略思维和法治方式。

第二，在教育实践活动中必须明确两个重点，既要解决检察机关内部的“四风”问题，尤其是违法乱纪、贪赃枉法的问题，又要解决人民群众最关心的、涉

① 原文发表于《检察日报》2013年8月25日。

及人民群众切身利益的问题。司法是社会的良心，是社会公正的最后一道门槛。如果最后一道代表社会公正的机关也腐败了，是最伤害人心的。

第三，刑事诉讼目的的转型决定着检察机关法律监督职能的调整。我国刑事诉讼目的已经由单一的打击犯罪、查明事实真相，转向既要惩罚犯罪、又要保障人权的双重目的。诉讼中的权利保障应该是群众路线教育实践活动的重要标志和内容。修改后刑事诉讼法自颁布以来，一些同志反映强烈，甚至还有抵触情绪。因此，把“尊重和保障人权”落到实处还要经过相当的努力。只有尊重和保障人权才能体现群众观念。办错一个案件，群众对法治的信仰没了，法治的权威也受到损害。

人权保障写入刑事诉讼法后，检察机关的法律监督也要调整。一是目的与任务要调整，刑事诉讼的目的和任务要增加“尊重和保障人权”；二是监督的指向要调整，既对公权力进行制约、监督，也增加对“私权”、利害关系人的权利保障，把《刑事诉讼法》第 47 条、第 115 条落到实处；三是法律监督的手段要调整，围绕《刑事诉讼法》第 47 条、第 93 条、第 115 条的落实，增加司法救济职能；四是法律监督的机构设置和人员要调整。

第四，侦查模式要转型，深入群众调查研究，把调查取证工作做到经济活动的每一个流程和环节中，引导反贪反渎工作深入开展。修改后刑事诉讼法的实施，促使我国刑事侦查模式必须从“口供本位，言词为本”转向“物证本位，实物证据为本”。这一挑战要求自侦案件的侦查工作必须实行专门机关与群众相结合的工作机制，把反贪反渎侦查工作推向深入。为此，必须做到以下三点：一是办案人员要消除口供主义的影响，逐步深入群众，深入经济社会的各个领域、各个环节，抓住重点工程、重点合同、重点人员不放。倾听群众思想，发现漏洞和矛盾要查找线索，沿着“先取证、后动人”的工作思路，让事实说话，让证据证明，揭露犯罪。二是强化专门机关专门手段，特别是对刑事诉讼法规定的技术侦查、控制下交付等技术手段，要加强培养、学会应用，改变当前这方面人力、物力、技术匮乏的被动局面。三是提高镜头下的讯问能力，加强讯问技能的学习与培训。讯问技能涉及法学、证据学、心理学、社会学、侦查学等方方面面的知识和能力的培养。它是一门科学，更是实现检察队伍专业化、职业化的基本问题，也是制约检察队伍工作能力的深层次问题，一定要长远着想，抓住不放，一抓到底。

第五，学会群众工作的方法，提高群众工作的能力，加强证人、被害人的思想工作。引导被害人平愤息怒，构建和谐；教育证人坚持原则，敢于作证，敢于出庭，以保证办案质量。当前，我国刑事诉讼中被害人和证人的工作，关系到社会和谐稳定。被害人信访不信法，上访告状不止，包括对已经纠正的冤假错案，被害一方仍然不服，对司法裁判严重失信。证人到案难、说实话难、出庭难，案件判决之后翻证等情况，导致诉讼反复，司法权威倒塌，司法公信力丧失。这些问题已经成了一个重大的社会问题。笔者认为，刑事诉讼法虽然构建了证人作证机制，坚持依法治理，包括强制到庭制度、对证人的处罚机制等。但是，这不是解决问题的根本方法，传统的做法还是要从思想上解决问题。要加强个案的思想政治工作，学会发动群众、教育群众，提高群众的觉悟，这才是根本之策。按照群众路线的工作方法，在做好证人、被害人思想工作的基础上，统一认识，再辅以法律手段，包括惩罚和刑事损害赔偿问题，两方面结合起来，才能产生好的效果。但是从目前来看，群众工作的能力正是检察人员的一个短板。

第六，严防冤假错案，敢于纠正错案，取信于民，提高检察机关的公信力。刑事诉讼必须依靠群众，专门机关代表群众履行司法职责。近年来，公众对司法公信力的心理预期遭受了严重挑战，不少错案演变成全社会参与讨论的公共事件，人民群众对司法公正的期盼也达到了前所未有的热度。因此，坚决防止和依法纠正冤假错案对增强人民群众对法治的信心，对提高司法公信力具有重大意义。

就防止和纠正冤假错案，有两个问题亟须统一认识：一是对“无罪推定”“疑罪从无”刑事诉讼的基本立场和标准是否敢于坚持。从正确认识到办案实践是否做得到，尤其是对“疑罪”的理解与处理，能否做到“疑案”不诉、不判，乃至按无罪处理。二是如何用“次优选择”理论，正确理解“宁可错放，决不错判”的处理方法。“错放、错判”两害相权取其轻的次优选择理论，应当成为司法机关处理错案的基础理论，理性地对待“不枉不纵”“命案必破”等最优选择理论。

六、客观与理性：刑事错案责任追究制度的理念建构①

近年来，一系列刑事错案的曝光，多次将错案责任追究制度推向舆论的风口

① 原文发表于《安徽大学学报（哲学社会科学版）》2015 年第 4 期，系与刘文化合作撰写。

浪尖。无论是2005年“佘祥林案”警察潘余均的自杀，还是2014年“呼格吉勒图冤杀案”原专案组组长冯志明被检察机关带走接受调查，每一次错案的纠正都面临着社会各界的广泛关注，也都在接受司法公信力的严峻考验。如何正确适用中央政法委、最高人民法院和最高人民检察院的有关错案追究的文件精神，使错案追究既能有效防范刑事错案，又能避免挫伤公安司法人员的积极性，这是我们当前需要认真思考和积极面对的问题，也是当前司法改革走向深水区的一个甚为敏感的焦点。

（一）错案追究制度的发展源流

错案追究制度最早适用于人民法院系统，是我国国家机关追究公务人员违法行政、追究司法责任的内部监督惩戒制度。1990年1月1日，秦皇岛市海港区人民法院在全国率先确立错案责任追究制，1993年春最高人民法院牵头推广。1997年9月12日，党的十五大报告明确提出推进司法改革，从制度上保证司法机关依法独立公正地行使审判权和检察权，建立冤案、错案责任追究制度。遵循这一指导思想，最高人民法院、最高人民检察院相继出台了相关条例和办法，例如，1998年9月3日，最高人民法院公布施行《人民法院审判人员违法审判责任追究办法（试行）》（以下简称《追究办法》）、9月7日公布施行《人民法院审判纪律处分办法（试行）》（以下简称《处分办法》）。北京市第一中级人民法院于2005年在全国率先取消了错案追究制度，代之以“法官不规范行为认定”制度。依据该制度的相关规定，即使裁判结果没有错误，如果法官在审案过程中有不当、违法的行为，也会被惩戒。

2007年9月26日，最高人民检察院印发了《检察人员执法过错责任追究条例》（以下简称《追究条例》）；[①] 2013年，《中央政法委关于切实防止冤假错案的规定》（中政委〔2013〕27号）第13条规定：“明确冤假错案的标准、纠错启动主体和程序，建立健全冤假错案的责任追究机制。对于刑讯逼供、暴力取证、隐匿伪造证据等行为，依法严肃查处。”随后，最高人民法院印发的《关于建立健全防范刑事冤假错案工作机制的意见》、最高人民检察院《关于切实履行检察职能防止和纠正冤假错案的若干意见》、公安部《关于进一步加强和改进刑

① 1998年6月26日，最高人民检察院公布施行了《人民检察院错案责任追究条例（试行）》，该条例于2007年9月26日废止。

事执法办案工作切实防止发生冤假错案的通知》都作出了类似的规定。2013 年 11 月 12 日，十八届三中全会通过的《中共中央关于全面深化改革若干重大问题的决定》强调，健全错案防止、纠正、责任追究机制。2014 年 10 月 23 日，十八届四中全会通过的《中共中央关于全面推进依法治国若干重大问题的决定》再次明确，对干预司法机关办案、造成冤假错案或者其他严重后果的党政机关和领导干部要依法追究刑事责任。

除上述司法解释和中央文件外，各省市人民检察院、人民法院甚至相应级别的人大常委会都制定了冤错案件的责任追究办法，如《河南省高级人民法院错案责任终身追究办法（试行）》《河北省错案和执法过错责任追究条例》《广东省高级人民法院关于违法审判责任追究的操作细则（试行）》《湖北省检察机关办案过错责任追究办法（试行）》《江西省司法机关错案责任追究条例》《内蒙古自治区司法工作人员违法办案责任追究条例》《山东省司法工作人员违法办案责任追究条例》《济南市执法违法责任追究办法》《杭州市冤案错案责任追究监督办法》《彭州市人民法院错案责任追究办法（试行）》《本溪市中级人民法院错案责任追究办法（试行）》等。这些规范性文件的内容五花八门，在具体程序设置和认定标准上有一定差异，但有两点是相同的：一是对错案的发现和启动程序很少规定；二是处理错案的主体一般是人民检察院或人民法院系统的内部机构，大多是由原做出错案判决的人民检察院或人民法院内部监察机构负责。整体而言，错案追究制度尽管一直以来争议不断，但在客观上已经成为我国司法系统内部监督惩戒机制的重要组成部分，成为广大公安司法人员增强职业责任感与危机感的重要制度，成为确保案件质量，确保案件经得起实践和历史检验的重要方法。

（二）“错案”的认定标准和追责范围

错案追究机制的建立，最关键的无疑是对“错案”标准和追责范围的认定。换言之，“错案”标准的认定直接关系到是否追究办案人员的法律责任，以及哪些人在范围内、在多大责任范围内追究法律责任的问题，因此至关重要。

1. 最高人民法院和最高人民检察院的规定

（1）最高人民法院的规定。最高人民法院 1998 年 8 月 26 日颁布实施的《人民法院审判人员违法审判责任追究办法（试行）》第 2 条规定：“人民法院审判人员在审判、执行工作中，故意违反与审判工作有关的法律、法规，或者因过失违反与审判工作有关的法律、法规造成严重后果的，应当承担违法审判责任。”

在具体追究范围上，主要包括：违反法律规定，擅自对应当受理的案件不予受理，或者对不应当受理的案件违法受理，或者私自受理案件的；因过失致使依法应当受理的案件未予受理，或者对不应当受理的案件违法受理，造成严重后果的；明知具有法定回避情形，故意不依法自行回避，或者对符合法定回避条件的申请，故意不作出回避决定，影响案件公正审理的；审判人员擅自干涉下级人民法院审判工作的；当事人及其诉讼代理人因客观原因不能自行收集影响案件主要事实认定的证据，请求人民法院调查收集，有关审判人员故意不予收集，导致裁判错误的；依职权应当对影响案件主要事实认定的证据进行鉴定、勘验、查询、核对，或者应当采取证据保全措施而故意不进行，导致裁判错误的；涂改、隐匿、伪造、偷换或者故意损毁证据材料，或者指使、支持、授意他人作伪证，或者以威胁、利诱方式收集证据的；丢失或者因过失损毁证据材料，造成严重后果的；篡改、伪造或者故意损毁庭审笔录、合议庭评议记录、审判委员会讨论记录的；向合议庭、审判委员会报告案情故意隐瞒主要证据、重要情节，或者提供虚假材料的；遗漏主要证据、重要情节，导致裁判错误，造成严重后果的；拒不执行审判委员会决定，或者拒不执行上级人民法院裁判的；故意违背事实和法律，作出错误裁判的；因过失导致裁判错误，造成严重后果的；故意违反法律规定采取或者解除财产保全措施，造成当事人财产损失的；采取财产保全措施时有过失行为，造成严重后果的；先予执行错误，造成当事人或者案外人财产损失的；私自制作诉讼文书，或者在制作诉讼文书时，故意违背合议庭评议结果、审判委员会决定的；因过失导致制作、送达诉讼文书错误，造成严重后果的；故意违反法律规定采取强制措施的；采取强制措施有过失行为，致人重伤或者死亡的；故意拖延办案，或者因过失延误办案，造成严重后果的；故意违反法律规定，对不符合减刑、假释条件的罪犯裁定减刑、假释的。第 22 条还规定："有下列情形之一的，审判人员不承担责任：（一）因对法律、法规理解和认识上的偏差而导致裁判错误的；（二）因对案件事实和证据认识上的偏差而导致裁判错误的；（三）因出现新的证据而改变裁判的；（四）因国家法律的修订或者政策调整而改变裁判的；（五）其他不应当承担责任的情形。"

（2）最高人民检察院的规定。最高人民检察院 2007 年 9 月 26 日修改并颁布实施的《检察人员执法过错责任追究条例》第 2 条规定："本条例所称执法过错，是指检察人员在执法办案活动中故意违反法律和有关规定，或者工作严重不负责任，导致案件实体错误、程序违法以及其他严重后果或者恶劣影响的行为。对具有执法过错的检察人员，应当依照本条例和有关法律、纪律规定追究执法过错责任。”

在责任追究范围上，检察人员在执法办案活动中，故意实施下列行为之一的，应当追究执法过错责任：包庇、放纵被举报人、犯罪嫌疑人、被告人，或者使无罪的人受到刑事追究的；刑讯逼供、暴力取证或者以其他非法方法获取证据的；违法违规剥夺、限制当事人、证人人身自由的；违法违规限制诉讼参与人的诉讼权利，造成严重后果或者恶劣影响的；超越刑事案件管辖初查、立案的；非法搜查或者损毁当事人财物的；违法违规查封、扣押、冻结款物，或者违法违规处理查封、扣押、冻结款物及其孳息的；对已经决定给予刑事赔偿的案件拒不赔偿或者拖延赔偿的；违法违规使用武器、警械的；其他违反诉讼程序或者执法办案规定，造成严重后果或者恶劣影响的。第13条规定：“执法办案活动中虽有错误发生，但具有下列情形之一的，不追究检察人员的执法过错责任：（一）检察人员没有故意或者过失的；（二）有关法律、纪律规定免予追究或者不予追究的。”

2. 地方规定（以河南省和济南市的规定为例）

（1）河南省高级人民法院的规定。《河南省高级人民法院错案责任终身追究办法（试行）》（以下简称《办法》）规定：本办法所称的错案一般是指人民法院工作人员在办案过程中故意违反与审判执行工作有关的法律法规致使裁判、执行结果错误，或者因重大过失违反与审判执行工作有关的法律法规致使裁判、执行结果错误，造成严重后果的案件。对存在下列情形之一的各类案件，需要追究相关人员错案责任：违反规定私自办理案件或内外勾结制造假案的；毁弃、篡改、隐匿、伪造证据或指使、帮助他人作伪证，导致裁判错误的；私自制作诉讼、执行文书的，或者制作诉讼文书时，违背合议庭评议结果、审判委员会决定，或者因重大工作过失导致诉讼文书主文错误，造成严重后果的；向合议庭、审判委员会报告案情时故意隐瞒主要证据、重要情节，或者提供虚假材料，导致裁判错误的；故意违反法律规定，对不符合减刑、假释条件的罪犯裁定减刑、假释的；故意违反法律规定采取财产保全措施、执行措施或其他强制措施的，以及因在采取上述措施中有重大工作过失而造成案件当事人、案外人或第三人人身伤害、财产损失等严重后果的；故意违背事实和法律致使裁判、执行结果错误或因重大过失致使裁判、执行结果错误并造成严重后果，被审判委员会确认为错案的。在免责范围上，《办法》规定：具有下列情形之一的，不承担错案责任：因法律法规规定不明确或对法律法规、事实证据理解和认识上存在偏差的；在二审或审判监督程序中，当事人提供新证据致使案件事实发生变化的；因国家法律的修订或者政策调整而改变裁判的；其他经审判委员会依法确认不构成错案的情形。

（2）济南市人大常委会的规定。《济南市执法违法责任追究办法》规定：公安机关的执法人员在行使刑事侦查权中有下列情形之一的，应当追究责任：违反法律规定，对应当立案的不予立案或者对不应当立案的而立案的；违反法律规定采取或者解除强制措施的；非法限制人身自由的；刑讯逼供或者以殴打等暴力行为或者唆使他人以殴打等暴力行为造成公民身体伤害或者死亡的；违法使用武器、警械造成公民身体伤害或者死亡的；违法对财产采取查封、扣押、冻结、追缴等措施的；违反规定收取取保候审保证金或者应当退还的保证金不予退还的；违反规定不告知或者剥夺当事人诉讼权利的；故意伪造、涂改、隐匿、销毁证据或者作虚假鉴定的；在提请逮捕或者移送起诉的案件中，故意遗漏犯罪嫌疑人或者罪行的；故意对犯罪嫌疑人或者违法行为人作出不恰当处理的；对没有犯罪事实或者没有事实证明有犯罪重大嫌疑的人实施刑事追究的；侦查结束后，对应当追究刑事责任的犯罪嫌疑人，无正当理由，逾期一个月不呈报处理意见的。

在刑事诉讼中违反法律规定，有下列情形之一的，应当追究人民检察院检察人员和其他人员的责任：越权立案、侦查的；对应当立案、侦查的不予立案、侦查或者对不应当立案、侦查的而立案、侦查的；应当回避而不回避的或者对符合法定回避条件的申请，不作出回避决定的；违法采取强制措施，非法限制公民人身自由的；采用强制措施不当，致使犯罪嫌疑人逃跑、自杀、串供、毁灭证据的；案件侦查超过法定时限的；不许可受委托的律师会见犯罪嫌疑人的；采用刑讯逼供或者以威胁、引诱、欺骗以及其他非法的方法获取犯罪嫌疑人供述的；采用羁押、刑讯、威胁、引诱、欺骗以及其他非法的方法获取证人、被害人证言的；泄露案情的；采用足以造成危险、侮辱人格或者有伤风化侦查实施行为的；涂改、隐匿、偷换、销毁、伪造证据或者勘验、检查笔录、鉴定结论的；违法使用武器、警械造成公民身体伤害或者死亡的；不依法进行搜查或者在搜查中故意损毁公私财物的；违法对犯罪嫌疑人财产采取查封、扣押、冻结、追缴等措施或者私自挪用、处理犯罪嫌疑人财产的；侦查终结后应当移送起诉而不移送起诉的，或者不应当移送起诉而移送起诉的；未按法律规定作出批准逮捕或者不批准逮捕决定的；公安机关移送起诉的案件，应当提起公诉而不提起公诉的；违法对诉讼参与人采取强制措施，侵犯诉讼参与人诉讼权利的。人民检察院检察人员及其他人员违法干预经济、民事纠纷的，应当追究责任。

在免责事由上，具有下列情形之一，致使案件认定发生变化的，执法人员不承担责任：法律、法规、政策发生变化的；法律规定不明确或者有关司法解释不一致的；因当事人过错或者客观原因使案件事实认定出现偏差的；法律法规规定其他不予追究责任的。

上述规范性文件对公检法机关的追责范围作出了明确规定，个别省市还对诉讼程序的具体环节作出了细致规定。可以看出，大多数规范性文件都将因故意或重大过失违法行为、认定事实错误或者适用法律错误，造成错误的裁判、酿成严重后果等条件作为追责的主要标准。在免责范围上，一般都将司法实践中难以认定的疑难案件，因法律、法规、规定不明确或发生变化或对法律、法规、事实证据理解和认识上存在偏差的案件，定案后出现新的证据使原认定事实和案件性质发生变化的案件，错误的裁判或者处理决定于执行前自行发现并积极纠正的案件，因国家法律的修订或者政策调整而改变裁判的案件，因当事人过错或者客观原因使案件事实认定出现偏差的案件，以及其他法律、法规、规定不予追究责任的案件作为免除追究公安司法机关工作人员责任的条件。

笔者认为，上述关于错案的认定标准和追责范围实质上是一种刑事司法错误，也可以说是对错案的最广义理解。有学者认为，所谓刑事司法错误就是指具有司法权的主体在司法过程中其权利运作在实体和程序方面存在的错误。① 换言之，刑事司法错误既包括实体性错误，也包括程序性错误。还有学者认为，刑事司法错误是指刑事司法机关或刑事司法工作人员在刑事司法过程中，违反法定程序或者错误认定事实，或者错误适用法律，从而对有关公民或组织造成司法侵害的行为。这种错误大致包括三类：一是程序违法行为；二是对案件事实错误认定的行为；三是错误适用法律的行为。对于无罪的公民进行立案追究，对于无罪的公民进行拘留、逮捕，对于无罪的公民错误地提起公诉，对于无罪的公民判决有

---

① 林喜芬：《转型语境的刑事司法错误论——基于实证与比较的考察》，上海人民出版社 2011 年版，第 8 页。

罪，对于罪轻的公民判决重罪罪名，或者不应当处以重罚而处以重罚；一审作出错误的判决后，二审又作出维持或基本维持错误判决的错误裁判，所有这些，我们既可以用冤假错案来表述，也可以用刑事司法错误来指称。① 我们认为，刑事错案应有广义和狭义之分。广义的刑事错案既包括程序性错误，也包括人民法院判决结果的实体性错误，即上述各项司法解释和地方性法规所表述的内容。狭义错案则仅指最终的生效判决发生错误，主要是指事实上无罪的人被人民法院最终判决为有罪，即无辜者被错误定罪，属于冤案的范畴。根据《中央政法委关于切实防止冤假错案的规定》、最高人民法院印发的《关于建立健全防范刑事冤假错案工作机制的意见》、最高人民检察院《关于切实履行检察职能防止和纠正冤假错案的若干意见》、公安部《关于进一步加强和改进刑事执法办案工作切实防止发生冤假错案的通知》等文件，结合当前对“张氏叔侄案”“呼格吉勒图案”等冤案的平反，我们认为，目前司法实务部门对于刑事错案的界定范围和追责程序主要还是集中在冤案范围，即狭义上的错案范畴。

（三）我国错案追究制度存在的主要问题

1．缺乏统一明确的错案标准和制度规范

如前所述，除了最高人民法院和最高人民检察院的相关司法解释外，各地都制定了相应的错案责任追究办法和认定细则，由此难免存在司法标准适用不统一的问题。在司法实践中，实务部门基本上缺乏对错案概念的准确界分和科学认定。有学者考证，目前在错案追究中主要存在以下三种形而上学的错误：第一，把司法机关履行刑事赔偿义务作为刑事错案的标志，作为办案人员负错案责任的充分条件。只要司法机关履行了赔偿义务，就认定司法机关办了错案。至于司法机关向有关的当事人履行赔偿义务是否与办案人员的错误有因果关系，不被认真考虑。第二，把不批准逮捕、不起诉或判决无罪的刑事案件一律视为错案，不问具体原因，一律追究有关办案人员的错案责任。第三，凡是被上级人民法院改判或发回重审的各类案件一律作为错案，追究办案人员的错案责任。② 如此种种错案的认定办法，容易扭曲错案制度设计本身的价值和功能，可能造成新的司法错误，损害司法权威，在错案的认定标准和适用上造成新的混乱。

① 李建明：“重复性刑事司法错误的三大原因”，载《政治与法律》2002 年第 4 期。

② 李建明：“错案追究中的形而上学错误”，载《法学研究》2000 年第 3 期。

2．责任追究基本上是在本系统内部进行

《人民法院审判人员违法审判责任追究办法（试行）》规定："人民法院的裁决、裁定、决定是否错误，应当由人民法院审判组织确认。""各级人民法院监察部门是违法审判责任追究工作的职能部门，负责违法审判线索的收集、对违法审判责任进行调查以及对责任人员依照有关规定进行处理。"《检察人员执法过错责任追究条例》规定："检察人员执法过错线索由人民检察院监察部门统一管理。没有设置监察部门的基层人民检察院，由政工部门统一管理。""执法过错责任调查结束后，调查部门应当制作执法过错责任调查报告，并提请检察长办公会审议。"根据以上规定可以看出，现行的错案追究制度基本上都将收集、调查、判定是否为错案的权力赋予了本院的监察部门，而对于调查结果的认定，则将权力分别赋予本院的审判委员会和检察长办公会。由此带来的疑问便是，这种自查自纠的制度设计是否真的能有效认定错案、是否真的能追究相关违法办案的审判人员和检察人员，其公正性和有效性难免令人担忧，错案追究结果的可靠性也不得不令人怀疑，其设计理念违背了"裁判者不得自断其案""任何人不得做自己案件的法官"的正义原则。

3．一定程度上违背了司法规律

错案追究制度迫使办案人员与案件的裁判结局产生直接的利益牵连，由此也造成了正当诉讼结构的扭曲，造成了公检法三家关系过于亲密、上下级司法机关关系过于亲近的司法窘境。这样一种违背司法规律的司法氛围和司法文化在无形中侵蚀了司法正义的基石，亵渎了司法权威的基础，具体表现在以下几点：第一，错案追究制迫使办案人员和案件产生利益牵连，办案人员为求得自己的所有案卷材料和主张裁判被维持而不得不迁就于同级甚至上级司法机关的指示，案件承办人员对案件作出独立判断的权力被架空了；更为严重的是，案件承办人员为了避免出现错案，不得不在案件没有进入下一程序之前，开展各种各样的"公关"工作。第二，错案追究制导致案件出现错误时无法得到纠正。由于案件的结局涉及法官的利益，同级或上级司法机关为了照顾兄弟单位的同事，经常会迁就他们的主张和判决，这就导致很多错误判决无法得到纠正，或者说不敢轻易得到纠正。第三，错案追究制导致两审终审制名存实亡，下级人民法院的法官为了使自己的判决不被推翻，在作出判决之前会与上级人民法院的法官沟通，其判决往往体现着上级人民法院法官的意志，而上级人民法院的法官为了顾及下级人民法院法官的“面子”和“错案指标”，对大多数案件只能维持，这就导致上诉制度没有意义，两审终审制名存实亡。[①] 以上种种现象都严重违背了司法规律，违背了司法独立原则，是对司法公正的极大伤害。

（四）错案责任追究制度的科学化

1．正确把握错案责任追究的范围和启动程序

从一定意义上说，当前错案责任追究制度运行中存在的种种问题归结到一点上就是对什么类型的错案需要进行责任追究、什么类型的错案不需要进行责任追究等一系列核心和关键问题还没有完全厘清，因此，正确界分错案责任追究的范围和启动程序是正确适用错案追究制度的基本前提，也是顺利推进错案责任追究制度的重要基础。根据本文第二部分的归纳和整理我们可以发现，最高人民法院、最高人民检察院和地方性法规对于需要启动追责程序的错案主要限制在“明知却故意”等主观意识条件，而对于办案人员没有故意或者过失的、认识上偏差导致的、因出现新的证据和法律修订或政策调整而改变裁判的、有关法律纪律规定免予追究或者不予追究等情形则不启动追责程序。当前，相关部门要尽快统一界分错案责任追究的范围和启动标准，确保科学、合理、规范、大胆地运用侦查权、检察权和审判权，杜绝盲目地对那些因媒体报道、家属上访、适用疑罪从无原则而宣判无罪等案件启动错案责任追究程序，切实维护好打击犯罪与保障人权的双重目的。

2．确保人民法院判决的权威性和既判力

既判力一词是大陆法系国家诉讼法中的概念，是德国及奥地利民事诉讼法中“Rechtsk－rart”（确定力）的译语。大部分学者认为，既判力仅指判决的实质确定力而不包括形式确定力，具体内容包括两个方面，一方面当事人不得对判决确定事项再生争议，另一方面人民法院不得作出与该判决相矛盾的判决。[②] 既判力原则最初只适用于民事诉讼领域，后来扩大到刑事诉讼和行政诉讼领域，现在已成为三大诉讼法理论中通用的一个重要概念。就州事错案追责程序而言，应该尽可能保持人民法院判决的权威性和既判力，严格限定错案的认定标准，一般情况下不得轻易启动追责程序，只有办案人员存在主观故意或重大过失对当事人造成

① 蒋安杰：“说说错案追究制”，载《法制日报》2005年7月9日。

② 王作洲：“既判力研究”，吉林大学2009年博士学位论文，第5页。

重大伤害的前提下方可启动错案追责程序。如果一味强调追究酿成刑事错案的工作人员的责任、任意扩大刑事错案的认定范围和标准，势必对人民法院判决的权威性和既判力带来消极影响。

3. 切实遵循司法规律

司法规律是指司法过程中客观存在的，不以人的意志为转移的，能在根本上决定司法未来发展方向的，内在的、本质的、必然的规定性，是审判权、检察权和其他相关权力有机结合的基本法则，是对司法权本质特征和价值取向的高度概括。客观与理性应当是司法规律最明显的外在特征，也是决定司法面貌历史走向的一条精神脉络。

司法具有不同于立法、执法和守法的鲜明特征。司法的特征集中表现在司法的被动性和透明性。司法的被动性要求司法应该保持一种不同于立法和执法的消极性，在处理事务和情感对待上务必采取理性克制的办法，从而确保司法的中立性；而司法的透明性主要是指司法的裁判过程一般应向公众公开、允许媒体采访报道、允许社会公众旁听，裁判所依据的法律和理由也应当合理充分，并尽可能公开透明。在司法规律方面，笔者认为，司法区别于行政的最大特点就是其独具的诉讼性，而非行政的直线性。司法的鲜明特点在于“两造具备，师听五辞”，即典型的“三角诉讼结构”。如果司法活动不具备这一典型样态，司法则只会沦落为行政强制和行政强权的悲惨命运。刑事错案之所以发生，固然有很多现实的和人为的原因，但是在根本上说，恰恰是因为对司法规律的违背、亵渎和漠视，才最终导致错案的发生。

党的十八大以来，以遵循司法规律、确保司法独立为目的的重大司法改革举措频现，司法改革的远景逐渐迈入新中国成立以来的最好时期。十八届三中全会通过的《中共中央关于全面深化改革若干重大问题的决定》明确指出：确保依法独立公正行使审判权、检察权。改革司法管理体制，推动省以下地方人民法院、人民检察院人财物统一管理，探索建立与行政区划适当分离的司法管辖制度，保证国家法律统一正确实施。改革审判委员会制度，完善主审法官、合议庭办案责任制，让审理者裁判、由裁判者负责。明确各级人民法院职能定位，规范上下级人民法院审级监督关系。十八届四中全会通过的《中共中央关于全面推进依法治国若干重大问题的决定》规定：任何党政机关和领导干部都不得让司法机关做违反法定职责、有碍司法公正的事情，任何司法机关都不得执行党政机关和领导干部违法干预司法活动的要求。建立健全司法人员履行法定职责保护机制，非因法定事由，非经法定程序，不得将法官、检察官调离、辞退或者作出免职、降级等处分。这些规定是遵循司法规律、按照司法规律开展司法活动的科学指引和具体体现。根据上述文件精神，当前落实好错案追究制度的关键还需要切实保障独立公正行使审判权和检察权，减少上级领导干扰，减少一切案外人情因素的干扰，切实尊重法官的自由裁量权，切实贯彻"让审理者裁判、由裁判者负责"的办案机制。只有如此，"错案责任追究制度"才更能具有生命力，才更能发挥警示、鞭策和惩戒的实效作用。

在具体制度构建上，我们认为，应当根据司法规律重新设定检察官、法官的责任追究制度，检察官、法官只有实施了违反法律、职业道德和职业纪律的行为，才应当受到追究，他们对案件的判断和认识不应当成为其受追究的理由；另外，我们应当进一步完善诉讼程序和证据规则，以此约束法官的自由裁量权，减少法官滥用权力、产生问题的机会，做到防患于未然。在诉讼的推进过程中，后一阶段作出不同于前一阶段的行为被视为是正常的，决不能用后位思考来查究被否决公诉的前位序列检察官的责任。[①] 对认定错案和追究错案责任有意义的，应当是明显的过失，而且是比较严重的过失，而非轻微的过失，或者仅仅是对某个复杂问题的判断发生了轻微的偏差。倘若办案人员既不存在违法办案的故意，也不存在明显的过失，而仅仅是由于办案人员对某一事实问题或法律问题有不同的理解，导致了司法决定被改变的结果，而且这种理解上的分歧看不出前一诉讼阶段办案人员的理解存在明显错误，那么对这种情形就不应该作为错案来追究。我们的错案追究制度应当惩戒的是那些违反法律、违反司法人员职业道德准则的错误行为，而不是那些几乎很难完全避免的细微错误。因此，我们在决定是否追究某一司法人员的错案责任时，一定要看他有无过错，并且还要看过错的大小。对没有过错或仅有很难完全避免的轻微过失的人追究错案责任，不仅是不公正的，而且是弊多利少的。[②] 这些观点在一定程度上顺应了司法规律的价值导向和要求，有利于消除公安司法工作人员因错案追究制度带来的顾虑，调动他们的工作积极性，确保独立公正行使审判权、检察权，确保错案责任追究制度准确适用和

① 蒋安杰："说说错案追究制"，载《法制日报》2005年7月9日。

② 李建明："错案追究中的形而上学错误"，载《法学研究》2000年第3期。

见到实效。

七、社区矫正哲理之思①

2012年《刑事诉讼法》第258条规定："对被判处管制、宣告缓刑、假释或者暂予监外执行的罪犯，依法实行社区矫正，由社区矫正机构负责执行。"这一规定是我国自2009年全面试行社区矫正工作的总结，社区矫正进法典标志着我国刑罚执行制度从监禁刑走向非监禁刑，实行监狱监禁与非监禁相结合的条文化刑罚执行制度。这是一项重大的改革，这一改革充分体现了我国刑罚执行制度逐步迈向理性，走向"人本主义"，坚持以人为本、人文关怀的"人性论"的法治理念。

据了解，自2009年我国全面试行社区矫正工作以来，截至2011年年底，全国31个省（区、市）和新疆生产建设兵团的335个地（市）、2683个县（市、区）、36408个乡镇（街道）已全面开展社区矫正工作，乡镇（街道）覆盖面达89%，北京等省（区、市）已经实现辖区全覆盖；累计接收社区矫正人员88.2万人，累计解除矫正48.2万人，现有社区矫正人员40万人。社区矫正工作体系保障机制也初步形成，司法部成立社区矫正管理局，全国28个省（区、市）设立了社区矫正管理机构，截至2011年12月，全国共有社区矫正社会工作者7万人，社会志愿者44.3万人，共建立469个县（区、市）社区矫正管理教育服务中心。各地普遍建立了以司法工作人员为主、社会工作者和社会志愿者积极协助的专群结合的工作队伍，建立了接收、监管、教育、解除矫正等制度，形成了较为规范的工作制度和流程，社区矫正工作体系和保障机制初步形成。

（一）人本主义是社区矫正之根

人本主义讲的是人始终是法律的主体、关键和目的，法治之法必须以人为依归。"人是法律的创造者、表述者和改进者，法律需要人的意志和行为才能由规范变成现实，使法律成为有效的规则。""法律实践的启动依赖于人，法律实践过程依靠人，法律实践的后果承担者还是人，并且法律实践的最终结果的好坏要以'人'及其利益为标准来检验。"对此，马克思做了科学的历史唯物主义的解

① 原文发表于《中国检察官》2012年第9期。

释，他说，“我们的出发点是从事实际活动的人”“它的前提是人，但不是处在某种幻想的与世隔绝、离群索居状态的人，而是处于一定条件下的、进行的、现实的、可以通过经验观察到的发展过程中的人”。一切法律活动都是体现人的主体性的活动。马克思和恩格斯指出，“全部人类历史的第一个前提无疑是有生命的个人的存在”，而“社会结构和国家总是从一定的个人的生活过程中产生的”。所有法律秉持以人为本，包括立法和执法，这是马克思主义的一个基本命题，因此，以人为本应该讲是社区矫正之根。另外，从人本法律观的基本范畴的内涵来讲，即人性、人权、人道、人伦、人格等方面，社区矫正全面涵盖了人本法律观的基本范畴。“人本法律观是结构严密的逻辑体系，具有自身的范畴和分析方法，它的基本观点是：人性是法治的理论起点，应该立足特定历史时期人性的基本特征进行制度设计；虽然保障人权在实践中可以与其他社会目标存在冲突，但人权实践是检验中国发展与法治程度的重要标准；法律的制定实施过程应该弘扬人道；整个法治体系追求的终极目的是最广大人民群众的人格独立和彻底解放。”马克思主义的人性论是我们认识和理解社区矫正的理论基础，尊重和保障人权是实施社区矫正的灵魂和检验执法效果的标准。实践证明社区矫正的正确实施，使法律效果、社会效果和政治效果达到了高度的统一，社区矫正把部分刑罚执行对象从监狱监禁转变为非监禁，显然是对人道主义的弘扬，就被执行的对象而言，以非监禁的方法来执行，其人格受到了尊重，人身获得相对的自由和解放。同时，社区矫正不仅是从人本主义的法治内涵，即人性、人权、人道、人格加以彰显，它还对关于“人伦”的道德标准进行了诠释。在道德这一层面，人民群众参与社区矫正，不讲待遇、牺牲个人、为了他人的高尚道德品质在群众自治活动中得以充分体现。另外，在矫正的内容和方法上，许多地区的做法融合法制教育、道德教育和人生观、价值观的教育为一体，充分彰显人文和人伦精神。

（二）社区矫正是社会创新管理的应有之举

当前我国正处在转型期，社会创新管理的功能作用，以及司法与社会创新管理的关系，本文不予论述。笔者认为，社区矫正是社会创新管理的应有之举。理由有三：一是社会矫正工作的对象、内容、程序和方法本来就是社会管理的重要组成部分之一，社区矫正的成败与成效直接关系到社会管理和社会治安问题；二是就社区矫正的工作和方法而言，把大墙内的监禁刑转变为大墙外的非监禁刑，在我国不能不说这一社会管理形式是刑罚执行方式方法的一大创新；三是就中央近日在全国社会管理创新综合试点工作座谈会上强调从整体上提高社会管理科学化水平的要求而言，社区矫正工作本身就象征着社会管理水平的提升，因为它把被判处管制、宣告缓刑、假释或者暂予监外执行的罪犯，交由社会自治的社区矫正机构负责执行。笔者认为，任何一个社会，特别是近现代不同社会制度的各个国家，衡量其社会管理水平高低的一个重要标准就是社会自治的程度与水平。充分发动群众，依靠群众，实现自治，由社会各个成员、各个组织自我管理，政府的管控职能越来越少，大政府变为小政府，小社会变成大社会，充分实现群众自治，应该说这就是近现代社会管理的科学水平——高度自治。社区矫正这种管理模式，其根本属性就是“群众自治”。它是由各个群众组织和社会志愿者参与，司法机关、司法行政机关与人民群众相结合的群众自治组织，尤其是要实现对矫正对象的心理救治，使其早日回归社会的帮教工作，离开了群众的积极参与，矫正工作就无从谈起。因此，在眼下全国开展的社会管理创新综合试点工作中，笔者建议，应当把社区矫正纳入综合试点工作之内，它对全面提升社会管理水平将会产生很大的作用。

（三）社区矫正是具有中国特色的刑罚执行制度的重要内容

对具有中国特色的刑罚执行制度的总结、归纳、完善及确立，是我国广大刑罚执行学工作者的一项重大任务。笔者认为，科学地评价与总结社区矫正是一项不容忽视的重要内容，应当说它是具有中国特色刑罚执行制度的重要标志。因为，从刑事政策来看，社区矫正贯彻落实了我国“宽严相济”刑事政策，充分体现了我国对犯罪分子“教育、感化、挽救”和“惩罚与改造相结合、教育与劳动相结合”的方针和政策，这是中国特色的刑罚执行制度的重要内容，也是实现我国刑罚目的的重要手段和方式。从我国刑罚执行结构来看，如果说以自由刑取代肉体刑是人类刑罚执行方式在历史发展中的第一次飞跃，那么社区矫正制度又向人类社会文明迈出了一大步，实现了刑罚执行方式由监禁刑向非监禁刑发展的第二次飞跃。实行社区矫正，救助、矫正、教育、改造罪犯，使其置身于各种社会关系构成的社区中，可以达到教育改造的目的。为罪犯提供了一个与社会接触、适应社会的机会，同时，可以有效地消除罪犯内心的不良记忆，逐步使他们重新参与社会、顺利回归社会，从而实现刑罚的社会化、人道化，也有利于犯罪分子的改造。从而改善社会控制力，减少再次犯罪，最大限度地化消极因素为积极因素。也有利于培养公民内心对于法律的信仰，有利于培养社会共同法治观念和法治心理，从而形成良好的法治文化氛围。这些都有利于刑罚公众认同感的产生并最终有利于法律信仰的形成。我国实施社区矫正的这些初步的经验，以及社区矫正的功能作用、社会影响力，对具有中国特色的社会主义刑罚执行制度形成之贡献是显而易见的。

(四) 社区矫正是我国行刑社会化的重要标志

1955 年，在日内瓦举行的第一届联合国防止犯罪和罪犯待遇大会上通过了《囚犯待遇最低限度标准规则》，其中第 61 条明确指出：“囚犯的待遇不应侧重于把他们排斥于社会之外，而应注重他们继续成为组成社会的成员。”《联合国少年司法最低限度标准规则》(《北京规则》) 明确指出：“应当充分注意采取积极措施，这些措施及充分调动所有可能的资源，包括家庭、志愿人员及其他社会团体以及学校和社区机构，以便促进少年的幸福，减少根据法律进行干预的必要，并在他们触犯法律时对他们加以有效、公平及合乎人道的处理。”社区矫正此次写入刑事诉讼法，无疑是我国在行刑社会化发展中的一次里程碑式的规定，不仅是对联合国公约的积极回应，更标志着我国行刑迈入了社会化，同时我们还应该看到，我国刑罚执行制度的改革坚持实事求是、解放思想的科学态度，在行刑观念、执行刑罚的基础理论方面，对来自国外的各种理念，作为社区矫正基础理论加以辨别和吸收。其中，包括“犯罪人格矫正论”“犯罪标签论”和“犯罪复归论”。

(五) 犯罪人格矫正论

犯罪人格矫正理论较早是由菲利系统提出的，他认为导致犯罪的原因有三：人类学因素、地理因素和社会因素。其中，社会因素是指能够促使人类生活不诚实、不完满的社会环境，包括经济、政治、道德及文化生活中的各种不安定因素。菲利认为，任何一种犯罪行为乃至整个社会的犯罪现象都是上述三种因素相互作用的结果，其中社会因素尤为重要。作为菲利的刑罚观也就是在此基础上建立的。菲利认为，刑罚未必是最有效的，犯罪的产生是由于社会本身所决定的，动之于刑罚未必都是最有效的，而建立一系列的补充策略却是切实可行地将社会政策及社会福利设施的确立都归入刑罚补充策略，并称其为“刑罚的代用物”。在菲利看来，刑罚的本质是矫正、预防的教育刑，是防卫社会，即通过社会进行矫正。犯罪人可分为矫正可能者和矫正不可能者两类。对于矫正可能者加以矫正，对于不可能者进行社会的隔离。

（六）犯罪标签论

犯罪标签理论是西方社会学在布卢默、戈夫曼等人互动理论基础上针对社会越轨问题研究中提出的一种有较大影响的理论，最初萌芽于20世纪30年代，在60年代中期开始形成，七八十年代在西方的影响达到高峰。标签理论主要研究越轨产生的过程而不是越轨者本身，标签理论将研究重心转向越轨者与周围导致越轨的环境之间的互动过程。该理论运用互动观点来解释犯罪行为之形成过程。作为社会化过程理论的一个分支，该理论在坚持犯罪是个体与社会，以及个体与各种社会化机构在个体社会化过程中互相作用的结果的基础上，着重从对行为的社会解释角度来认识犯罪，认为人的行为并不取决于行为本身的内在性质，而是取决于社会解释方式，即社会将这些行为称作什么，以及由这些称呼所包含的社会意义和社会、个体对这种称谓的反应。社会把某些行为确定为犯罪行为并给行为人贴上了犯罪标签。行为人本人反复强化被标定的“形象”——犯罪者，从而最终被称为职业犯。根据此理论，违规者一旦被贴上“罪犯”的标签，就会在其心灵上打下耻辱的烙印，产生“自我降格”的心理过程，进而顺应社会对其的评价，“违规”甚至会被“合理化”而演变为行为人难以改变的生活方式。将罪犯判刑入狱无疑是最深刻的“标签化”过程。代之以社区矫正措施可以减少因这种“标签化”带来的副作用。

（七）犯罪复归论

犯罪复归理论认为，所有的犯罪都是可以复归的，监狱只是一个提供矫正犯罪的富有建设性的场所，而不是惩治犯罪，剥夺犯罪自由和能力的地方。同时，有些学者认为：“将一个人数年之久关在高度警戒的监狱里，告诉他每天睡觉、起床时间和每日每分钟应该做的事情，然后再将其抛向街头并指望他成为一名模范公民，这是不可思议的！”因此，矫正的任务包括在犯人和社区之间建立或重新建立牢固的联系，使罪犯归入或重归社会生活，恢复家庭关系，获得职业教育。这种理论认为，犯罪是社会多种因素作用的产物，改造罪犯必须使其置于多种关系构成的特定的社会环境之中，从事多方面社会实践和体验。在罪犯复归社会前后，只有充分调动社会的一切积极因素，合力救助、教育改造和防范犯罪分子，才能保证和巩固刑罚执行的效果，确保刑罚执行效果的实现。复归理论为社区矫正提供了理论基础，提出刑罚的社会化，通过社区和政府合理改造罪犯，以达到改造罪犯，防止犯罪的目的。

第三章　刑事诉讼与社会主义核心价值观

一、让刑事诉讼法融入社会主义核心价值观①

2016年12月25日，中共中央办公厅、国务院办公厅印发了《关于进一步把社会主义核心价值观融入法治建设的指导意见》（以下简称《指导意见》），并发出通知，要求各地区各部门结合实际，认真贯彻落实。《指导意见》对刑事诉讼具有特殊意义，因为刑事诉讼的全过程，每一环节每一程序，都关系到公民的人权、物权乃至生命安全，其价值取向和社会主义核心价值观，即"自由、平等、公正、法治"完全一致。社会主义核心价值观就是刑事诉讼的价值目标，刑事诉讼融入社会主义核心价值观的必然性和必须性不存在任何质疑和困惑。

就刑事诉讼的目的和任务而言，刑事诉讼必然要融入社会主义核心价值观。根据我国《刑事诉讼法》第1条、第2条规定，刑事诉讼的目的有二：一是查明事实，惩罚犯罪，二是保障人权。刑事诉讼的任务有三：一是打击犯罪，二是保障无罪的人不受刑事追究，三是教育公民遵守法制。这就不难看出刑事诉讼与社会主义核心价值观之间的关系，进行刑事诉讼就是为了国家"富强、民主、文明、和谐"和"自由、平等、公正、法治"。为了达到这一目的，刑事诉讼法还制定了一系列基本原则和制度、程序，以期达到社会主义核心价值观的目的和要求。

引领社会公平正义，必须用司法公正引领。《指导意见》明确指出："司法是维护社会公平正义的最后一道防线，司法公正对社会公正具有重要引领作用。要全面深化司法体制改革，加快建立健全公正高效权威的社会主义司法制度，确

① 原文发表于《人民法治》2017年第2期。

保审判机关、检察机关依法独立公正行使审判权、检察权，提供优质高效的司法服务和保障，努力让人民群众在每一个司法案件中都感受到公平正义，推动社会主义核心价值观落地生根。”刑事诉讼是司法的首要且重要的领域，每一个案件都牵动着社会稳定和公平正义的神经。在近几年的司法改革中，人民法院纠正改判的多起错案已经充分证明了这一点，尤其是近期“聂树斌案”的纠正，使人民群众更充分地感受到公平正义。由此可见，刑事诉讼乃至整个司法的公正，对社会公正的引领作用是何等的重要。

只有用程序公正，才能培育和弘扬社会主义核心价值观，因为只有程序公正才能保证实体公正。我国刑法的贯彻实施，必须通过刑事诉讼程序法的实施，而实体公正需要程序公正作保障，如果程序虚化，重实体轻程序，公平正义的天平就会倾斜，因此社会公平正义之实现，首先要靠诉讼程序作保障，程序的价值和社会主义核心价值观必须保持高度一致。因此，《指导意见》明确指出：“严格落实罪刑法定、疑罪从无、非法证据排除等法律原则和制度，建立健全纠错机制，有效防范冤假错案。坚持以公开促公正、以透明保廉洁，严格落实司法责任制，建立健全司法人员履行法定职责保护机制，推进审判公开、检务公开、警务公开、狱务公开，严禁领导干部干预司法活动、插手具体案件处理，加强对司法活动的监督，让司法在阳光下运行。”

笔者认为，刑事诉讼融入社会主义核心价值观的应然性，以及如何融入，是一项巨大的系统工程，它包括立法、司法、执法以及守法等各个环节。就刑事诉讼制度的改革而言，涉及侦查、起诉、辩护、审判、执行各个环节的体制机制程序的改革和完善。这一系统工程的关键在于，刑事诉讼要用社会主义核心价值观关于“自由、平等、公正、法治”的思维作指导，即法哲学的思维使诉讼行为和程序更加自觉，更加理性，更加公平！

二、刑事诉讼的目的与社会主义核心价值观①

党的十八大以来，中央高度重视培育和践行社会主义核心价值观。习近平总

① 本部分内容由两篇文章整合而成，分别是“刑事诉讼的目的与社会主义核心价值观”（《人民法治》2017 年第 3 期）和“社会主义核心价值观与刑事诉讼”（《检察日报》2017 年 8 月 8 日），内容有删减。

书记多次作出重要论述，提出明确要求。中央政治局为弘扬中华传统美德进行集体学习。中共中央办公厅、国务院办公厅印发了《关于进一步把社会主义核心价值观融入法治建设的指导意见》（以下简称《意见》），全面阐述了社会主义核心价值观与法治建设的内在逻辑关系，为我国法治建设深入发展指明了方向。

在社会主义核心价值观的基本内容中，“富强、民主、文明、和谐”是国家层面的价值目标，“自由、平等、公正、法治”是社会层面的价值取向，“爱国、敬业、诚信、友善”是公民个人层面的价值准则。社会主义核心价值观对我国依法治国的实践起着整体的和全面的引导作用。当然，刑事诉讼的全过程也不例外，在刑事诉讼的过程中，只有以社会主义核心价值观为指引，诉讼才能取得预期效果。应该说社会主义核心价值观是我国刑事诉讼的整体价值取向。

刑事诉讼的目的与社会主义核心价值观具有统一性。根据我国《刑事诉讼法》第 1 条和第 2 条的规定，刑事诉讼有惩罚犯罪和保障人权的双重目的。惩罚犯罪和保障人权是刑事诉讼目的不可分割的两个方面。除惩罚犯罪外，刑事诉讼还应以保障人权为目的。刑事诉讼中的人权保障内涵丰富，大体包括以下几个方面：第一，保护一般公民的合法权益，这是指通过打击犯罪来防止广大人民群众的利益受到犯罪的侵犯。第二，保障无罪的人不受刑事追究，即在打击犯罪的同时不能冤枉好人。第三，保障所有诉讼参与人，特别是被告人和被害人的诉讼权利得到充分行使。使有罪的人受到公正的惩罚，即做到程序合法、事实可靠、量刑适当。从刑事诉讼的目的可以看出，刑事诉讼的基本价值是社会秩序、公平、个人自由和效率，社会秩序是法治的基础，社会秩序陷入崩溃，法治也就无从谈起。但是，社会秩序并非刑事诉讼的唯一价值，个人的自由同样是刑事诉讼的重要价值，对人及其存在的价值和尊严的尊重是法治的最高价值追求，自由是人及其存在的价值和尊严的重要体现和保障，也是现代社会最重要的法治价值之一。

刑事诉讼的目的、价值与社会主义核心价值观是完全一致的，社会主义核心价值观是“富强、民主、文明、和谐、自由、平等、公正、法治、爱国、敬业、诚信、友善”，尤其是关于“自由、平等、公正、法治”，完全符合刑事诉讼目的的要求和价值追求。因此，《意见》明确指出要“用司法公正引导社会公平正义”，“司法是维护社会公平正义的最后一道防线，司法公正对社会公正具有重要引领作用。要全面深化司法体制改革，加快建立健全公正高效权威的社会主义司法制度，确保审判机关、检察机关依法独立公正行使审判权、检察权，提供优质高效的司法服务和保障，努力让人民群众在每一个司法案件中都感受到公平正义，推动社会主义核心价值观落地生根”。

通过刑事诉讼使社会主义核心价值观落地生根，引领社会公平正义，就必须严格、规范、公正、文明司法。一要明确和把握诉讼目的，正确处理惩罚犯罪和保障人权的辩证关系，坚决克服重打击轻保护的片面做法。二要树立严格依法履行职责、法律面前人人平等和尊重与保护人权三大观念。三要把建设优质、高效、权威的司法体制和机制的司法改革进行到底。当前，以审判为中心的刑事诉讼制度改革正在深入进行，这一改革关系到具有中国特色的社会主义刑事诉讼制度的科学化和民主化问题。公安、检察、人民法院及刑事辩护四大主体，以及各个诉讼环节，都要以庭审的标准和要求进行一系列改革，促使庭审实质化、辩护有效化，实现程序公正和实体公正，让人民群众在每一个刑事案件中都能感受到公平正义。四要严格落实罪刑法定、疑罪从无、非法证据排除等法律原则和制度，建立健全纠错机制，有效防范冤假错案，用公正司法培育和弘扬社会主义核心价值观。

结合司法实践和办案实际工作，在刑事诉讼的过程中，必须克服就事论事、机械司法、选择执法等错误倾向和做法，一定要用诉讼目的和诉讼价值追求作为指导，用刑事诉讼的逻辑关系，即“目的—任务—程序”统领办案过程，经办的每一个案件，经过的每个环节和程序，都在诉讼目的、任务的指导下，把公平正义的价值追求做到极致。在运作的手段和方法上，要用公开促公正，把审判公开、检务公开、警务公开、狱务公开贯彻到诉讼的每个环节，让诉讼在阳光下运行。只有这样，才能引领社会主义核心价值观在人民群众中落地、生根、开花。

第四章　刑事诉讼与人权司法保障制度

一、“尊重和保障人权”写入刑事诉讼法意义重大①

近十年来，我国司法制度的改革与进步成果显著，有目共睹，举世瞩目。2004 年，我国启动了统一规划部署和组织实施的大规模司法改革，从司法规律和特点出发，完善司法机关的机构设置、职权划分和管理制度，健全权责明确、相互配合、相互制约、高效运行的司法体制。2008 年，我国启动了新一轮司法改革，从优化司法职权配置、落实宽严相济刑事政策、加强司法队伍建设、加强司法经费保障等四个方面提出具体改革任务。两次司法改革取得了丰硕的成果，这些成果是人民群众看得见、摸得着，实实在在感受得到的，许多成果已经被国家立法所吸收，成为国家法律。

2003 年 7 月 28 日，胡锦涛同志提出“坚持以人为本，树立全面、协调、可持续的发展观，促进经济社会和人的全面发展”，这一重大战略思想在中国共产党第十七次全国代表大会上写入党章，成为中国共产党的指导思想之一。科学发展观的核心就是坚持以人为本，尤其在司法制度上提出以人为本这样一个总目标，我们政法工作，特别是在同犯罪作斗争的刑事诉讼领域，可以说发生了巨变。

过去司法机关的重点放在如何控制犯罪，保持“严打”态势。现在，我们是强调构建和谐社会，司法机关是为人民服务的，要贴近民生，解决社会矛盾和纠纷，实现以人为本，服务更加人性化，特别是注重对权利的保护。

---

① 原文发表于《法制日报》2012 年 11 月 20 日，内容有增减。

2004年3月14日，第十届全国人民代表大会第二次会议通过宪法修正案，首次将“人权”概念引入宪法，明确规定“国家尊重和保障人权”。2012年3月14日，刑事诉讼法将“尊重和保障人权”写入总则。有人说这是个口号，是个宣言，甚至有人说这只是一个空洞的纲领。笔者不这么看。就刑事诉讼法本身的概念和内涵来讲，它是限制和规范公权力的一部法律，同时它也是保障民生、保障公民基本权利的一部法律。刑事诉讼法之所以有“小宪法”的称谓，正是由于这是一部贯彻落实宪法的保权法。把“尊重和保障人权”写入刑事诉讼法，它既成为刑事诉讼的指导原则，也成为刑事诉讼的最基本任务，还意味着这一原则要贯彻到刑事诉讼的每一个阶段，体现在每一个环节。

刑事诉讼法实际上与每个人息息相关。如果刑事犯罪猖獗，老百姓没有安全感，便谈不上有幸福感。另外，刑事犯罪一旦发生，公民可能成为案件的被害人，可能成为证人，也可能成为鉴定人和见证人。刑事犯罪发生后，应当怎么做，不应当怎么做，这就涉及刑事诉讼法所规定的内容。这次刑事诉讼法的修改，实现了党的十七大所确定的如何在全社会实现公平正义这样一个法治目标。把尊重和保障人权贯彻在每个诉讼程序中，案件质量就提高了，所有利害关系人就会心服口服，实现社会和谐。

中国共产党是为人民为大众服务的，如果脱离了以人为本、脱离了民生，我们党就没有生存的基础。一个民族的进步，一个国家的进步，要不要把尊重和保障人权作为国家、民族的核心价值观呢？我认为这个问题很清楚：尊重和保障人权先写入宪法，再写入刑事诉讼法，这已经无可辩驳地表明，“尊重和保障人权”理所当然地成为中华民族的一个核心价值观。我们发展生产是为了什么，还不是为了人民生活得更加幸福，更加体面、有尊严。如果说满足是一种幸福，就刑事诉讼领域来说，所有利害关系人的权利得到保障和满足，就可以说是得到了幸福。

二、人权保障原则得到充分具体体现①

把“尊重和保障人权”写入刑事诉讼法，是我国人民政治生活中的一件大事，更是我国民主与法治进程的一个里程碑。自1999年以来，我国两次修宪，

① 原文发表于《检察日报》2012年5月9日。

1999 年将“依法治国，建设社会主义法治国家”作为治国的基本方略写进宪法，2004 年把“尊重和保障人权”写进宪法，把人权保障原则上升为宪法原则。按照刑事诉讼法是国家法律体系中基本法的定位，基于刑事诉讼法作为重要的部门法，必须贯彻落实宪法的规定，加大人权保障的力度，加强对公权力行使的制约和规范的考虑，因此，这一次将“尊重和保障人权”写进了刑事诉讼法。

“尊重和保障人权”在我国刑事诉讼法中主要体现在以下几个方面：

第一，2012 年《刑事诉讼法》第 2 条增加规定“尊重和保障人权”，把人权保障作为刑事诉讼法的一项重要任务规定下来，即“尊重和保障人权，保护公民的人身权利、财产权利、民主权利和其他权利，保障社会主义建设事业的顺利进行”。需要说明的是，人权保障原则不仅是刑事诉讼的一项重要任务，更是刑事诉讼的一项重要指导原则，刑事诉讼法的立法和执法都要以“人权保障原则”作为一项重要的指导原则。从这个意义上说，刑事诉讼法就是一部人权保障法。

第二，调整诉讼结构，改革刑事辩护制度，把人权保障原则落到实处。新刑事诉讼法把刑事诉讼中的控、辩、审三种基本职能进行调整和优化组合，解决了长期以来侦查阶段律师辩护缺位的问题，把律师介入刑事诉讼的时间从审查起诉阶段提前到侦查阶段，使我国刑事诉讼结构全面实现了控诉职能、辩护职能、审判职能的优化组合，达到了现代刑事诉讼结构的基本要求。2012 年《刑事诉讼法》第 33 条明确规定：“犯罪嫌疑人自被侦查机关第一次讯问或者采取强制措施之日起，有权委托辩护人；在侦查期间，只能委托律师作为辩护人。被告人有权随时委托辩护人。”

2012 年《刑事诉讼法》的修改，不仅提前了辩护律师介入诉讼的时间，而且还扩大了律师的辩护权，把律师参加刑事诉讼落实到诉讼的各个阶段，对我国刑事辩护制度作了重大改革。

——第 31 条规定了辩护律师有申请回避的权利，“辩护人、诉讼代理人可以依照本章的规定要求回避、申请复议”。

——第 47 条规定了律师的执业保障权。“辩护人、诉讼代理人认为公安机关、人民检察院、人民法院及其工作人员阻碍其依法行使诉讼权利的，有权向同级或者上一级人民检察院申诉或者控告。人民检察院对申诉或者控告应当及时进行审查，情况属实的，通知有关机关予以纠正。”并进一步在第 115 条规定：“当事人和辩护人、诉讼代理人、利害关系人对于司法机关及其工作人员有下列行为之一的，有权向该机关申诉或者控告：（一）采取强制措施法定期限届满，不予以释放、解除或者变更的；（二）应当退还取保候审保证金不退还的；（三）对与案件无关的财物采取查封、扣押、冻结措施的；（四）应当解除查封、扣押、冻结不解除的；（五）贪污、挪用、私分、调换、违反规定使用查封、扣押、冻结的财物的。”

——第 56 条规定，辩护律师有权申请对非法证据的排除。

——第 73 条规定，辩护律师对监视居住者，获得告知权并参与诉讼。

——第 95 条规定，辩护人有申请变更强制措施的权利。

——第 159 条规定，在案件侦查终结前，辩护律师提出要求的，侦查机关应当听取辩护律师的意见，并记录在案。辩护律师提出书面意见的，应当附卷。

——第 160 条规定，侦查机关侦查终结的案件，应当将案件移送情况告知犯罪嫌疑人及其辩护律师。

——第 170 条规定，检察机关审查案件应当听取辩护人意见，并记录在案。提出书面意见的，应当附卷。

——第 182 条规定，开庭前的准备工作，规定人民法院应当通知辩护人参与庭前准备工作，解决回避、出庭证人名单、非法证据排除等与审判相关的问题。

除上述规定外，2012 年《刑事诉讼法》保留和加强了辩护律师参加一审、二审、死刑复核和审判监督程序的规定。特别值得一提的是，第 226 条增加规定：“第二审人民法院发回原审人民法院重新审判的案件，除有新的犯罪事实，人民检察院补充起诉的以外，原审人民法院也不得加重被告人的刑罚。”进一步贯彻上诉不加刑的原则，以保障被告人的上诉权。以及第 240 条增加规定：“最高人民法院复核死刑案件，应当讯问被告人，辩护律师提出要求的，应当听取辩护律师的意见。”

从上述一系列规定可以明确看出，这次刑事诉讼法的修改，调整了诉讼结构，强化了辩护权，把律师参与和介入刑事诉讼贯穿于整个诉讼的过程中，使人权保障原则得以贯彻落实，这是我国民主与法治的一大进步。

第三，2012 年《刑事诉讼法》构建了一套严禁刑讯逼供的运作机制，为杜绝刑讯逼供行为的发生，保障人权设置程序制裁措施。这一机制包括：一是确立了“不得强迫自证其罪”的原则，其第 50 条增加规定：“审判人员、检察人员、侦查人员必须依照法定程序，收集能够证实犯罪嫌疑人、被告人有罪或者无罪、犯罪情节轻重的各种证据。严禁刑讯逼供和以威胁、引诱、欺骗以及其他非法方法收集证据，不得强迫任何人证实自己有罪”。二是确立了“非法证据排除规则”，第 54 条和第 58 条详细规定了非法证据排除的条件、范围、程序和方法。三是出台了一整套保障依法讯问和审讯的措施，包括第 121 条规定的侦查讯问中的全程录音录像措施，第 116 条规定的严格审讯场所，即拘捕后要立即送交看守所进行讯问，还有严格控制传唤和拘传的时间，每次不得超过 12 小时，特别重大的案件，传唤、拘传持续的时间也不得超过 24 小时，其中还要保障其必要的休息和饮食时间等。以上三个方面的规定，即“权利—规则—措施”，形成了一套完整的严禁刑讯逼供的科学机制，以解决长期以来禁而不止的问题。

第四，2012 年《刑事诉讼法》坚持“以人为本”，对诉讼中的特殊人群、弱势群体采用了人道主义的程序保护措施，以体现“尊重和保障人权”。

——强制措施中充分体现人文关怀。其第 65 条关于适用取保候审的规定：“（三）患有严重疾病、生活不能自理，怀孕或者正在哺乳自己婴儿的妇女，采取取保候审不致发生社会危险性的；（四）羁押期限届满，案件尚未办结，需要采取取保候审的。”第 72 条关于监视居住适用对象的规定：“人民法院、人民检察院和公安机关对符合逮捕条件，有下列情形之一的犯罪嫌疑人、被告人，可以监视居住：（一）患有严重疾病、生活不能自理的；（二）怀孕或者正在哺乳自己婴儿的妇女；（三）系生活不能自理的人的唯一扶养人；（四）因为案件的特殊情况或者办理案件的需要，采取监视居住措施更为适宜的；（五）羁押期限届满，案件尚未办结，需要采取监视居住措施的。对符合取保候审条件，但犯罪嫌疑人、被告人不能提出保证人，也不交纳保证金的，可以监视居住。”取保候审、监视居住措施，特别关注患病、生活不能自理的人，甚至系生活不能自理的人的唯一扶养人，怀孕或在哺乳自己婴儿的妇女等，它充分体现了法律的人文精神，体现了人文关怀，坚持以人为本，还有在各种强制措施执行中通知家属、听取辩方意见，以及不服申诉、控告等救济措施，都是人文精神在诉讼中的具体体现。

——把法律援助的范围进一步扩大到可能被判处无期徒刑、死刑的案件。2012 年《刑事诉讼法》第 34 条规定：“犯罪嫌疑人、被告人因经济困难或者其他原因没有委托辩护人的，本人及其近亲属可以向法律援助机构提出申请。对符合法律援助条件的，法律援助机构应当指派律师为其提供辩护。犯罪嫌疑人、被告人是盲、聋、哑人，或者是尚未完全丧失辨认或者控制自己行为能力的精神病人，没有委托辩护人的，人民法院、人民检察院和公安机关应当通知法律援助机构指派律师为其提供辩护。犯罪嫌疑人、被告人可能被判处无期徒刑、死刑，没有委托辩护人的，人民法院、人民检察院和公安机关应当通知法律援助机构指派律师为其提供辩护。”这一规定充分体现了诉讼中的人道主义和人权保障原则，彰显了我国刑事诉讼中的人文关怀精神。

——在第五篇专门设立特别程序，其中未成年人刑事案件诉讼程序、依法不负刑事责任的精神病人的强制医疗程序以及当事人和解的公诉案件诉讼程序中体现的人文关怀最为集中。在未成年人刑事案件诉讼程序中所规定的实行教育、感化、挽救的方针，坚持教育为主、惩罚为辅的工作原则，以及程序设计中的分管分押、指定辩护、犯罪原因调查、讯问时代理人到场、附条件不起诉、不公开审理、犯罪记录封存等措施，无不体现诉讼中人道、人本、人伦、人性的法律观和道德观。

——在执行程序中确立社区矫正制度，对执行程序中的人文、人伦精神的贯彻在我国是一个创新。其第 258 条规定：“对被判处管制、宣告缓刑、假释或者暂予监外执行的罪犯，依法实行社区矫正，由社区矫正机构负责执行。”这一规定不仅是我国刑罚执行机制的一项重大改革，更是我国执行程序中创设的一种非监禁方法的执行程序。从监狱大墙内走向大墙外，依靠人民群众自治的方法执行刑罚，这种执行机制的创新，不言自明，它是人权保障原则和人道主义在诉讼中的体现。它的出现把我国刑罚执行程序引领至人本主义的理性高度。

三、尊重和保障人权与诉讼法律监督①

2012 年《刑事诉讼法》把“尊重和保障人权”写入第 2 条，意味着“尊重和保障人权”已成为我国刑事诉讼的一项重要的法定任务，检察机关理所当然应按照这项法定任务对其法律监督职能进行调整。长期以来，一提起法律监督，无论是学界，还是实务界，都是从对公权力制约、制衡的角度来理解，也就是要求检察机关在诉讼活动中通过监督和制约侦查权、审判权、执行权来依法履行职责，很少有人从人权保障的角度来对待法律监督。这次刑事诉讼法修改后，如何

① 原文发表于《国家检察官学院学报》2013 年第 1 期。

界定法律监督与尊重和保障人权的关系，是当前检察机关在贯彻实施刑事诉讼法时所面临的一个新问题。

（一）法律监督理念的调整

法律监督理念是制定和执行刑事诉讼法的过程中，必须要首先解决的问题。制度改革，理念先行，这是人人皆知的道理。尊重和保障人权被写进法典后，无论是立法，还是执法的理念，都必须在原有认识的基础上做出新的调整。这主要包括：第一，把法律监督功能的单一性调整为多元性，不能只限于对公权力的制约、制衡和监督；第二，把法律监督的单向性调整为双向性，以往的法律监督只是单向进行的，如诉讼监督只能在事后提出建议，2012 年《刑事诉讼法》突破了这种单向监督的格局，即把诉讼救济制度引入监督过程；第三，把诉讼法律监督的对象从对公权力的制衡扩大到对私权的法律保障，尤其是把对所有诉讼利害关系人的权利保障都纳入法律监督的视野。由此可见，检察机关对诉讼中法律监督的理念一定要加以调整，否则，就无法适应刑事诉讼法贯彻实施的要求。

（二）法律监督任务的调整

1996 年《刑事诉讼法》第 2 条关于刑事诉讼的任务规定了三项：一是保障准确及时地惩罚犯罪；二是保障无罪的人不受刑事追究；三是教育公民自觉遵守法律。2012 年《刑事诉讼法》第 2 条又增加了“尊重和保障人权”。这一新增内容是理解为刑事诉讼任务的一项独立内容，还是理解为包含在原有的三项任务之中，要进行深入的理论探讨。笔者认为，这一次刑事诉讼法的修改，不仅是把尊重和保障人权写进法典，而且刑事诉讼的每一个阶段和每一个程序都体现了这一点，从而提升了刑事诉讼过程的民主和程序的公平、正义。另外，鉴于人权保障的时代意义和宪法原则的贯彻实现，应当把刑事诉讼的任务由三项调整为四项，即把“尊重和保障人权”列为刑事诉讼的一项独立的任务。

刑事诉讼任务的调整，意味着法律监督的对象和任务也要调整。如前所述，法律监督不仅是对侦查权、审判权、执行权等公权力的制衡和监督，还包括对私权的保障，即对所有利害关系人的权利加以保护。只有这样才能真正体现我国《宪法》第 129 条关于人民检察院是国家的法律监督机关的规定。

（三）法律监督手段的调整

关于诉讼法律监督的手段，长期以来，无论是理论界还是实务界都普遍认为“法律监督”只是抽象的提法，有人甚至认为这是“法律白条”，因为立法没有规定具体的监督手段和方法，法律监督的后果也只是“建议”，没有具体的措施。因此，很多人批评说诉讼法律监督是“软”监督、“豆腐监督”……这次刑事诉讼法的修改，充实了监督的内容，扩宽了监督的范围，完善了监督的方法，增强了监督的刚性，使法律监督从抽象走向具体。特别要指出的是，笔者认为，2012 年《刑事诉讼法》已经把诉讼监督的方式和手段上升为司法审查和司法救济，使我们看到了具有中国特色的司法审查和司法救济制度的萌芽。其具体表现为以下各个条款的规定：

第一，《刑事诉讼法》第 47 条规定：“辩护人、诉讼代理人认为公安机关、人民检察院、人民法院及其工作人员阻碍其依法行使诉讼权利的，有权向同级或者上一级人民检察院申诉或者控告。人民检察院对申诉或者控告应当及时进行审查，情况属实的，通知有关机关予以纠正。”

第二，《刑事诉讼法》第 93 条规定：“犯罪嫌疑人、被告人被逮捕后，人民检察院仍应当对羁押的必要性进行审查。对不需要继续羁押的，应当建议予以释放或者变更强制措施。有关机关应当在十日以内将处理情况通知人民检察院。”

第三，《刑事诉讼法》第 115 条规定：“当事人和辩护人、诉讼代理人、利害关系人对于司法机关及其工作人员有下列行为之一的，有权向该机关申诉或者控告：（一）采取强制措施法定期限届满，不予以释放、解除或者变更的；（二）应当退还取保候审保证金不退还的；（三）对与案件无关的财物采取查封、扣押、冻结措施的；（四）应当解除查封、扣押、冻结不解除的；（五）贪污、挪用、私分、调换、违反规定使用查封、扣押、冻结的财物的。受理申诉或者控告的机关应当及时处理。对处理不服的，可以向同级人民检察院申诉；人民检察院直接受理的案件，可以向上一级人民检察院申诉。人民检察院对申诉应当及时进行审查，情况属实的，通知有关机关予以纠正。”

上述各条款规定的内容，说明我国刑事诉讼中的法律监督已经从对公权力的制衡和监督转向了人权保障，即对诉讼中公民人身权利、财产权利、民主权利的保护和保障，检察机关要按照尊重和保障人权的要求，行使法律监督权。其具体体现在第 47 条关于公、检、法机关及其工作人员阻碍辩护人、诉讼代理人依法行使诉讼权利的法律监督的规定，第 93 条关于羁押必要性审查的规定，第 115 条关于当事人和辩护人、诉讼代理人、利害关系人对于司法机关及其工作人员侵犯其法定的人身权利、财产权利行为的法律监督的规定。

上述各条款规定的检察机关法律监督的程序，已经显现出具有中国特色的司法审查制度和司法救济制度。司法审查制度是一种国家权力对另一种国家权力的监督制约制度，即人民法院通过诉讼程序审查并纠正不法行为，以保护公民和组织的合法权益免受公权力侵害。西方的司法审查均由法院通过诉讼程序进行，而我国的权力结构模式与西方国家的三权分立不同，是具有中国特色的审查模式，不能照抄照搬西方国家的做法。考虑到我国人民检察院属于司法机关，享有批准逮捕权，2012 年《刑事诉讼法》第 93 条赋予人民检察院以羁押必要性的审查权，并规定，对不需要继续羁押的，应当建议予以释放或者变更强制措施，尤其还规定有关机关应当在十日以内将处理情况通知人民检察院。这些规定不仅有授权，而且有救济措施，更有比较刚性的监督结果，使我们比较明显地看到我国萌生司法审查制度和司法救济制度有了法律依据，也使法律监督的手段、方式更加规范化和法制化。第 47 条关于公、检、法机关阻碍辩护人、诉讼代理人依法行使诉讼权利的申诉、控告的规定，以及第 115 条关于当事人和辩护人、诉讼代理人、利害关系人对于司法机关及其工作人员侵犯其人身、财产等权利的申诉和控告的规定，详细地规定了人民检察院对申诉、控告的受理、审查、调查及纠正程序，并特别规定“情况属实的，通知有关机关纠正”。这些规定向我们昭示，人民检察院的法律监督已经被纳入正当法律程序的轨道，初步形成了法律救济体系。它不仅完善了我国刑事诉讼法在人权保障诉讼救济程序方面的空缺，更是检察机关法律监督程序的升位和提高，把法律监督提升到诉讼救济制度的位阶。

（四）法律监督机构设置和人员的调整

按照 2012 年《刑事诉讼法》的规定，法律监督的范围扩大了，任务加重了，内容增多了，手段、方式、结果更加规范了，尤其是由对公权力的监督和制约扩大到尊重和保障人权的监督。监督权的延伸和扩大，意味着各级人民检察院原有的履行监督职能的机构、人员以及监督模式可能不再适应刑事诉讼法的要求。特别是长期以来使用的混合式监督模式，由于既履行公诉职能，又履行监督职能，其科学性、正当性已引起多方质疑。因此，笔者主张诉、监分离，成立专门的监督机构、增加专门的监督人员来专门履行监督职责，做到机构设置、人员和监督程序三落实，只有这样才能把刑事诉讼法规定的监督任务落到实处。

关于法律监督的程序问题，笔者认为，当前要加强三个方面的建设：一是对申诉、控告等的受理程序；二是发现违法事实的调查程序；三是处理结果纠正违法的程序。

上述设想涉及监督体制和机制的改革问题，尤其关系到人员和机构编制问题，要在实践中落实可能会面临很多困难。对此，笔者认为要以党的十八大深化依法治国、推进社会主义民主与法治的精神为指导，解放思想，提高认识，从国家权力建设的高度来看待问题。改革势在必行，当前这种“软”监督的状况必须改变，如何由“软”变“硬”，势必要在机构设置和人员安排上作出回应。

四、实体真实与人权保障①

事实认定是法律适用的基础。如何认识和判断案件事实与各方利益休戚相关。在很多人看来，过于强调人权保障，难免会影响实体真实的发现，犯罪的惩治力度就不可避免地被削弱；要增强犯罪的惩治力度，就要更迅速有效地发现实体真实，那就必须以牺牲对个人权利的保障为代价。因此，有必要认真思忖一下，“尊重和保障人权”和实体真实的发现到底是怎样的关系？“尊重和保障人权”真的是阻碍了案件事实的发现吗？能否正视并回答这些问题，决定了刑事司法的发展方向。

（一）诉讼视域中的实体真实：“法律真实”

日本学者普遍认为实体真实主义包括积极和消极两个方面。积极的实体真实主义意指有罪者一定要受到惩罚。从正面而言，其强调犯罪一定能被发现并处罚；从反面而言，其旨在表明毫无遗漏地处罚犯罪。“宁可错杀一百，不能放过一个”就是积极的实体真实主义的写照。积极的实体真实主义是以必罚主义为哲学基础的刑事诉讼目的观。消极的实体真实主义则以确保无罪的人不受处罚为目的，其以不罚主义为基本出发点，更加注重程序规则的功能和作用。“宁可错放一百，也不错抓一个”体现的就是消极的实体真实主义。目前，对于实体真实主义的理解逐渐由积极的实体真实主义向消极的实体真实主义转变。

凸显消极实体真实主义的目的在于寻求个人利益和国家利益、发现真实与尊重和保障人权之间的平衡。现代刑事诉讼的基本理念在于经由正当程序实现个体及社会的公正。因此，对于刑事犯罪的追诉而言，以程序法所允许的方式发现真

① 原文发表于《检察日报》2013年7月9日，系与夏红合作撰写。

实是消极的实体真实主义最低限度的要求和内涵。

诉讼中的“实体真实”实质是“法律真实”，是诉讼认识的结果。从认识的主观性与客观性原理的角度来看，刑事诉讼中的认识，无法达到“绝对真实”的程度。诉讼中的“实体真实”不是“绝对真实”，而是“相对真实”。从认识的相对性和绝对性原理的角度来看，诉讼中“相对真实”的框架和内容是由法律规定的，法定的要求包括两个方面，实体法如刑法关于犯罪构成要件的规定，程序法关于证明标准的规定，是“法律真实”。从认识的真理性和正当性原理的角度来看，正当性是第一位的，真理性是第二位的，诉讼中的“实体真实”是兼具正当性和相对真理性的事实，是法律程序创造的“事实”（诉讼各方实际上都参与了事实的发现或者创造），是“法律事实”。

刑事诉讼中所追求的真实首先是“诉讼上的真实”，只有依据证据法所认定的“诉讼上”的事实，才是“真实”；其次是“实体上的真实”，是“尽可能接近于真相的事实”，而非绝对的真实，或者全部的真实。实体的真实是在必要限度内所追求的“法律真实”，是在法律空间内经由多方共同努力探明的“真实”，是受到法律规则约束和限制的“真实”，是在法律价值选择影响下的“事实”，是消极的实体真实主义。

（二）实体真实的实现前提：人权保障

积极的实体真实主义将落脚点放在发现“真实”上，而消极的实体真实主义则将重点放在发现真实的“方法”上。现代刑事诉讼要求协调发现真实和人权保障两个方面的目的指向。人权保障是宪法化权利在刑事诉讼中的具体体现，对于案件事实的发现，以及对于犯罪的惩罚均应当符合人权保障的精神和要求，按照正当程序进行，这一精神应渗透在刑事诉讼的各个程序中。

刑事诉讼中的人权保障首先体现在对追诉程序的规范上。历史告诉我们，不仅对于程序独立价值的尊重要求注重刑事诉讼中的人权保障，对于实体公正的追求同样要求认真践行人权保障的程序规则。毕竟，刑事裁决是经由刑事程序运行才得以产生的。

刑事诉讼中的人权保障也体现在对实体真实的探求上。以犯罪嫌疑人供述和辩解的获取为例。现行刑事诉讼法对原则、人员资格、数量、具体程序、提问问题的先后逻辑顺序、讯问笔录的制作、讯问时的录音录像制度（讯问记录），以及对特殊主体讯问的特殊要求（未成年人、聋哑人）等都进行了详尽规定，并有非法证据排除规则对非法取得的证据进行程序制裁。对于发现真实的方法的重视，正是消极的实体真实主义的旨趣所在。

实体真实的实现要以人权保障为前提。以人权保障为前提，就能够克服积极的实体真实主义中过度必罚主义倾向，在促进对实体真实追求的同时，不损逆法治的精髓。消极的实体真实主义体现了人权保障和实体真实主义两个方面的价值需求，调和了二者之间的对立和冲突。在尊重和保障人权的基础上发现的实体真实就是法律真实。

（三）实体真实的相对性

在刑事诉讼中，实体真实或者说法律真实也并不总是以一成不变的面目示人，其具有相对性。

首先，实体真实的探求要受到追诉意愿的局限。现行刑事诉讼法确定了对未成年犯罪嫌疑人的附条件不起诉制度。未成年人即使符合法定条件，最后检察机关也可能决定不起诉。此时，检察机关放弃追诉意愿，使得追诉在程序上成为不可能。这是实体真实相对性的客观方面。

其次，实体真实要受到主体判断的影响。诉讼的进程是个动态的连续锁链系统，程序之间彼此相连，一个程序即为前一程序的结果，同时又是后续程序的基础和前提。在这一连续的过程中，相关主体的判断是至关重要的环节，虽然所做的判断是以案件事实为指向，以证据为基础的，但是这些对于案件事实的判断都只具有程序意义，只有裁判者依法进行的事实判断才能成为具有法律意义的实体裁决的基础。这是实体真实主义相对性的主观方面。

最后，实体真实主义在刑事诉讼过程的不同阶段、不同种类的刑事诉讼程序中也存在差异性。

实体真实主义是刑事领域特别是刑事公诉案件中的主流理论。在刑事公诉案件的第一审普通程序案件中，被告人认罪案件的审理程序对定罪事实部分探明有所简化，该类型案件的实体真实程度显然要逊色于不认罪的案件审理程序。适用简易程序审理的案件，只要没有异议，与定罪和量刑有关的事实及证据的调查及辩论均可以省略，是更加省略式的实体真实。

我国第二审程序和再审程序均实行全面审查原则，允许提出新的证据和新的事实，因此，可以认为是在原有一审的基础上，对案件事实探明的进一步深化和确认。近年来，伴随着对个体生命的尊重，我国对死刑案件的证明有更加严格的规定，死刑案件对于实体真实的要求远高于非死刑案件，从与绝对真实的接近程度上而言，我国的刑事诉讼程序则没有出死刑裁判之右者。

传统的诉讼目的观决定着积极的实体真实主义的追求。修改后的刑事诉讼法关于证明标准的规定，已经从积极的实体真实转向了消极的实体真实，或相对的实体真实。这一变化，要求实体真实与人权保障协调一致。

在我国，经过多年对客观真实主义的反思，对重实体、轻程序惯性思维的纠偏，法律真实已经成为理论界和实务界认同的概念。法律真实是大陆法系的消极的实体真实主义和英美法系的正当程序的中国式表达，是解决和克服绝对实体真实关键的核心。只有坚持法律真实才能达到实体真实与人权保障的完美融合，完成刑事诉讼任务，实现刑事法治。

五、人权司法保障春天的来临①

人权问题对 20 世纪末的中国来说还是一个敏感的话题，党的十八届三中、四中、五中全会以来，尤其是党的十八届四中全会关于“依法治国决定”发表以来，我国宏伟的法治蓝图已经铺开，中国人权司法保障制度的春天已经来临。中国对于世界人权理论和实践的重大贡献就是提出了“生存权”和“发展权”是人类首要的人权，中国的发展让数亿人脱离了贫困，全球贫困人口数量减少这一成就主要来自中国。与此同时，中国又适时地提出了人权司法保障制度的构建，党的十八届三中、四中全会关于人权司法保障制度的要求和内容标志着我国人权事业的新发展。

我国人权司法保障制度的发展与建设有目共睹。1997 年 3 月，国务院新闻办公室发表的《1996 年中国人权事业的进展》白皮书首次提到了“人权的司法保障”这一概念。1997 年 9 月，党的十五大报告首次将“人权”概念写入党的全国代表大会主题报告。2002 年 11 月，党的十六大再次在主题报告中将“尊重和保障人权”确定为新世纪新阶段党和国家发展的重要目标。2004 年 3 月 14 日，宪法修正案在十届全国人大二次会议上高票通过。“国家尊重和保障人权”成为重要的宪法原则，开创了我国人权司法保障的新时代。

① 原文发表于《人民法治》2016 年第 3 期。

2012年3月，十一届全国人大五次会议通过了关于修改《刑事诉讼法》的决定。“尊重和保障人权”作为刑事诉讼一项独立的任务载入我国刑事诉讼法典。同时，2012年《刑事诉讼法》改革完善辩护制度、完善证据制度、确立“不得强迫自证其罪”原则、确立非法证据排除规则、完善强制措施制度、完善侦查阶段讯问犯罪嫌疑人程序、构建了严禁刑讯逼供的机制、完善以庭前会议为主要内容的第一审程序、扩大适用简易程序案件范围、改革死刑复核程序、完善审判监督程序、增设当事人和解的公诉案件诉讼程序等四大特别程序等。

2013年11月，党的十八届三中全会通过的《中共中央关于全面深化改革若干重大问题的决定》(以下简称《决定》)明确提出了“推进法治中国建设”的目标总要求。《决定》强调，要深化司法体制改革，加快建设公正高效权威的社会主义司法制度，维护人民权益，让人民群众在每一个司法案件中都感受到公平正义。《决定》关于“人权司法保障制度”的构建还提出了几项具体措施，包括“国家尊重和保障人权”宪法性原则的确立，在刑事司法领域进一步规范查封、扣押、冻结、处理涉案财物司法程序；顺应民众的司法期待、回应社会热点，下大力气纠正冤假错案，健全错案防止、纠正、责任追究机制；切实解决司法顽疾，严禁刑讯逼供、体罚虐待，严格实行非法证据排除规则；逐步减少适用死刑罪名；解决劳动教养制度异化问题，果断废止实施56年的劳教制度；健全社区矫正制度；在对弱势群体的司法救助上，健全国家司法救助制度，完善法律援助制度；强化律师队伍建设，完善律师执业权利保障机制，发挥律师在依法维护公民和法人合法权益方面的重要作用。

2014年10月23日，党的十八届四中全会通过的《中共中央关于全面推进依法治国若干重大问题的决定》在十八届三中全会《决定》的基础上，为人权司法保障制度的构建和完善进一步细化了要求。十八届四中全会的《决定》指出，要“强化诉讼过程中当事人和其他诉讼参与人的知情权、陈述权、辩护辩论权、申请权、申诉权的制度保障。健全落实罪刑法定、疑罪从无、非法证据排除等法律原则的法律制度。完善对限制人身自由司法措施和侦查手段的司法监督，加强对刑讯逼供和非法取证的源头预防，健全冤假错案有效防范、及时纠正机制。切实解决执行难，制定强制执行法，规范查封、扣押、冻结、处理涉案财物的司法程序。对不服司法机关生效裁判、决定的申诉，逐步实行律师代理制度。对聘不起律师的申诉人，纳入法律援助范围”。

为了更好地防止和纠正冤假错案，2013 年 8 月以来，中央政法委及最高人民法院、最高人民检察院、公安部分别颁布了切实防止冤假错案的指导性意见。在这一背景下，我国多起重大刑事冤假错案根据疑罪从无原则得到纠正。

与此同时，犯罪嫌疑人、被告人和被羁押者的各项权利也得到更好保障。2013 年，公安部制定《公安机关执法办案场所办案区使用管理规定》，规范办案区的使用和管理，严格实行讯问询问过程录音录像制度；实施新的《看守所建设标准》，深入推行看守所医疗卫生社会化，要求所有看守所都要向社会开放，提高执法工作透明度。人民检察院按照“全面、全程、全部”原则，进一步完善了同步录音录像制度，切实保障犯罪嫌疑人的合法权利。2014 年，公安部制定《公安机关讯问犯罪嫌疑人录音录像工作规定》、最高人民检察院修订完善《人民检察院讯问职务犯罪嫌疑人实行全程同步录音录像的规定》，严格落实讯问犯罪嫌疑人录音录像工作，对全程同步录音录像的录制原则、录制方式、录制程序、录音录像资料的管理和使用等方面作出详细规定。各级公安部门、司法行政部门共同推进看守所法律援助工作站建设，法律援助机构在看守所派驻值班律师提供法律咨询等帮助，切实保障被追诉人、被羁押者的合法权利。截至 2014 年年底，法律援助机构在看守所设立了近 1700 个法律援助工作站，上海、安徽、江西、湖南、重庆、贵州等省（市）看守所实现法律援助工作站全覆盖。公安部开展专项整顿活动，全面提升看守所安全规范管理水平；深入推进监所医疗卫生专业化工作，确保患病在押人员得到及时、有效治疗。最高人民法院、最高人民检察院、公安部、司法部、国家卫生和计划生育委员会联合发布《暂予监外执行规定》，司法部发布《关于加强监狱生活卫生管理工作的若干规定》等规范性文件，严格公正文明执法水平得到进一步提升。国家赔偿和司法救助工作进一步加强，明确国家赔偿案件适用精神损害赔偿的原则和条件，推动建立国家赔偿联动机制，有效保障赔偿请求人的合法权益。2014 年，各级人民法院审结国家赔偿案件 2708 件，决定赔偿金额 1.1 亿元。完善刑事被害人救助制度，为当事人减免诉讼费 1.8 亿元，保障生活困难的群众获得诉讼救济的权利。

辩护律师的各项权利也得到充分落实。2014 年最高人民法院印发《关于办理死刑复核案件听取辩护律师意见的办法》，保障律师查询立案信息、查阅案卷材料等权利，律师可直接向最高人民法院法官当面陈述辩护意见。2015 年 9 月最高人民法院、最高人民检察院、公安部、国家安全部、司法部印发《关于依法保障律师执业权利的规定》的通知。该规定分别就保障律师知情权、申请权、申诉权，以及会见、阅卷、收集证据和发问、质证、辩论辩护等方面的权利作出了规定。

司法公开与司法监督的形式创新较多。最高人民法院全面推进审判流程公开、裁判文书公开、执行信息公开三大平台建设，增进公众对司法裁判的了解。2014 年 1 月 1 日，《最高人民法院关于人民法院在互联网公布裁判文书的规定》正式实施。截至目前，中国裁判文书网已公布裁判文书 1165 万份，总访问量达到 3.4 亿人次，已经成为全球最大的裁判文书网。2014 年 10 月 1 日，《人民检察院案件信息公开工作规定（试行）》开始实施，工作目标是全面建成全国检察机关统一的案件信息公开系统，正式运行案件程序性信息查询、法律文书公开、重要案件信息发布和辩护与代理预约申请四大平台。

在中央全面深化改革领导小组的领导下，各地也正在积极探索开展新一轮司法改革项目试点。按照中央关于重大改革要先行试点的要求，中央政法委有关部门和地方于 2014 年 6 月在上海、广东等 7 个省（市）启动第一批试点。一年多来，中央有关部门根据试点实践需要，及时出台关于司法责任制、法官检察官职务序列及配套工资制度、省以下地方人民法院人民检察院编制管理等方面的改革意见，明确改革方向和政策导向。2015 年 6 月，又在江苏、安徽等 11 个省（区、市）启动第二批试点。12 月 4 日，北京、河北等 14 个省（区、市）作为第三批司法体制改革试点地区已向中央提交试点方案，即将开展司法体制改革试点工作。2014 年以来，中央深改组审议通过了 33 个司法改革文件，其中 2015 年就有 22 个，中央政法委、中央政法单位出台的司法改革文件数量已经达到了 157 件。根据《最高人民法院关于全面深化人民法院改革的意见》，我国探索设立跨行政区划人民法院，在北京、上海组建跨行政区划人民中级法院，办理跨地区重大刑事、民事、行政案件；在北京、上海探索设立跨行政区划人民检察院，重点办理跨地区的行政诉讼监督案件、重大民商事监督案件、重大职务犯罪案件、重大环境资源保护和重大食品药品安全刑事案件，保证国家法律正确统一实施。司法改革试点为我国的司法改革积累了有益经验，也创造性地为我国人权司法保障制度的构建作出了重要贡献。

人权是一项带有普世性的权利。尊重和保障人权是世界法治国家的正义追求，也是中国司法制度发展的目的和归宿。从 20 世纪末到 21 世纪初，我国人权事业有了重大发展和进步！中国的人权司法保障制度正在日益完善，如何充分地保障当事人尤其是被追诉人的诉讼权利正在成为我国法律制度设计的重要指标，也正是我国当前司法改革顶层设计和司法实践的结构内容。公平正义已成为中华民族的价值选择，方向和目标已定，我们一定要坚持“三个自信”，即道路自信、理论自信和制度自信，构建和实施具有中国特色的人权司法保障制度！

六、从“人权保障”到“人权司法保障制度”①

中国共产党第十八届中央委员会第三次全体会议公报明确指出：“建设法治中国，必须深化司法体制改革……健全司法权力运行机制，完善人权司法保护制度。”2012 年 3 月 14 日，全国人大十一届五次会议通过的《关于修改〈中华人民共和国刑事诉讼法〉的决定》第一项，把“尊重和保障人权”写进《刑事诉讼法》第 2 条。从“尊重和保障人权”写进《刑事诉讼法》到党的十八届三中全会提出“完善人权司法保障制度”，这一历史性的变化彰显了中华民族人权事业的跨越式变化与发展，促使国家的立法和人们的思想、观念、认识必须做出相应的调整。诸如，“人权保障”为什么要写进法典，如何理解“人权”，“人权”在中国、在世界范围内的发展与变化，如何构建和完善人权司法保障制度，等等。尤其是在我国特定的历史时期对人权保障的定位与正确实施，会遇到种种问题与阻力，必须要有一个清醒的认识，才能找出有针对性的解决方法，在这方面我们必须付出努力。

（一）人权是历史的产物

迄今为止，在西方资本主义的人权理论中，主导的、具有代表性的观点是“天赋人权论”或者“自然权利论”，它们都主张人权是上帝、造物主或大自然给予人的，在人类产生之日就存在了，是永恒不变的。马克思则在历史唯物主义的基础上吸取了黑格尔的合理思想，认为人权是一种社会现象，是历史的产物，是不断发展的。人类在原始社会没有现代意义的人权，因为原始社会习俗的基础是氏族内部所有成员利害一致和一律平等的社会关系，同现代社会人权的基础是根本不同的。随着人类社会由野蛮时代向文明时代过渡，由于生产力的发展，社

① 原文发表于《中国党政干部论坛》2014 年第 8 期。

会财富的积累和增长，生产资料私有制和阶级的产生，人们之间开始产生利益上的矛盾和对立。在古代奴隶制社会，人们在反抗奴役和暴政的过程中，逐渐产生了追求平等、自由的观念，这是朴素的处于萌芽状态的人权思想。之后漫长的封建社会是君权、神权、贵族及各种封建特权统治的社会，人们在黑暗中挣扎，从怀疑、不满到反抗，产生过很多强烈的要求推翻统治、摆脱压迫、享受尊严、过自由平等生活的思想和行动，其中就包含了人权因素。这些人权因素为近代人权理论的产生奠定了基础和做了准备。人类进入近代社会，从欧洲文艺复兴开始，经过几个世纪的斗争与实践，逐步形成了以反封建特权、主张资本主义自由平等为核心的人权理论。

近二百多年来，人权观念和实践经历了三次重大变化和发展。第一次是资本主义的人权理论和实践，主要代表和标志是1776年美国《独立宣言》和1789年法国《人权和公民权宣言》。第二次是社会主义的人权理论和实践，其中重点内容是主张社会主义的人权。1917年俄国十月革命的胜利，消灭了剥削和封建专制，建立社会主义，其思想基础是马列主义的人权观。其中，包括我国社会主义的革命、建设与实践。第三次是国际人权的理论与实践。其标志是1948年发表的《世界人权宣言》，它标志着人权开始超越国家的范围，成为国际政治的重大问题。

马克思说："权利决不能超越社会的经济结构以及由经济结构制约的社会的文化发展。"对照二百多年来世界各国的人权状况，可以说实践证明了马克思这一论断的客观真理性。新中国成立五十多年来，由于实行社会主义制度，经济和文化建设取得了举世瞩目的伟大成就，广大人民群众享受各项人权的水平在不断提高，新中国的人权状况与旧中国相比可以说是发生了翻天覆地的变化。特别是近二十多年来，由于建设具有中国特色的社会主义，中国的人权状况进一步得到了较大的改善，日益显示出社会主义人权的优越性。但是，中国是拥有13亿多人口的大国，人均资源大多不足，经济文化状况比较落后，各地区发展极不平衡，因此将长期处于社会主义的初级阶段，这一基本国情决定了人们之间不可避免地会存在着许多事实上的不平等。在人权的规定、实施和保障方面，它的进步速度也不可能超越社会经济文化发展总的水平，只能是一个随着社会主义事业的发展，从不完善到逐步完善、不断提高和发展的过程。

（二）人权入宪

根据我国社会发展进步的需要，适应国家社会、经济、文化的进展状况，我国从宪法到司法制度的改革，适时地确立了尊重和保障人权宪法原则，并逐步完善人权司法保障制度，将人权保障原则落到实处。其演变过程如下：

1997 年 9 月，党的十五大首次将“人权”概念写入党的全国代表大会主题报告。

2002 年 11 月，党的十六大再次在主题报告中将“尊重和保障人权”确立为新世纪新阶段党和国家发展的重要目标。

2004 年 3 月 14 日，宪法修正案在十届全国人大二次会议上高票通过。“国家尊重和保障人权”写入宪法，成为重要的宪法原则。首次将“人权”由一个政治概念提升为法律概念，将尊重和保障人权的主体由党和政府提升为“国家”，开创了我国人权法制保障的新时代。

2012 年 3 月，十一届全国人大五次会议通过了关于修改《刑事诉讼法》的决定。修改后的《刑事诉讼法》将“尊重和保障人权”写入总则。

2013 年 11 月 12 日，党的十八届三中全会将“人权的司法保障”写入《中共中央关于全面深化改革若干重大问题的决定》（以下简称《决定》），这意味着，我国将充分发挥司法制度在保障人权过程中的重要作用，并建立和完善相关审判机制。同时，明确提出要维护宪法法律权威，深化行政执法体制改革，确保依法独立公正行使审判权、检察权，健全司法权力运行机制，完善人权司法保障制度。

（三）人权的含义

人权的本质是对人的社会活动和社会关系规范的总称。首先必须认定的事实是，人权所讲的人，不是脱离现实社会之外而孤立存在的抽象的个人，也不只是生物学意义上的自然存在物，而是生活在现实社会之中，在历史中行动着的所有的个人。人权是一个多层次、多方面的复杂系统，包括一系列具体的范畴和规定。因为人权的主体是人，而人的社会活动和社会实践是各种各样的，人的社会关系也是多层次、多方面的。其人权体系的结构也是由多种人权所构成。人权的客体由国内人权和国际人权两部分组成。

国内人权包括人的基本权利、公民权和人所应该具有的一切权利。人的基本权利是指生存权、发展权和基本自由权；公民权是人作为一个国家的公民才具有的权利，除了基本权利外，主要是指政治自由民主权利；人所应该具有的一切权利，即除了基本权利和公民权利，还包括其他各种政治、经济、文化和社会福利权利，如知识产权、就业和失业保护权、休息权、娱乐权以及各种特殊个人和群体的权利等。

国际人权，主要是指国家主权、民族自由权、和平权、发展权、自然资源权、环保权等。

纵览以上各种权利，其中生存权和发展权是人权体系中的基本人权。因为既然人权的本质是对现实社会实践和社会关系的规定，而在人的全部社会实践和社会关系中，满足人的生存和发展需要的物质生产实践和经济关系是基础。因此，在整个人权系统中，生存权和发展权是首要的基本人权，居于基础地位。

在学习和把握人权理论的过程中，在刑事诉讼领域必须回答和解决的一个基本问题是，在诉讼过程中，对犯罪嫌疑人、被告人、被判刑人要不要讲人权保障，这些人是否享有基本人权。在特权盛行的封建体制下，虽然这些人被视作诉讼的主体，但他们更是诉讼的客体，即被追究刑事责任的对象，可以依法对其进行刑讯，剥夺了他们的基本人权；在极“左”思想横行之时，这些人的人权同样得不到保障，在“左”的思想指导下，人们不敢讲人权，其诉讼权利更无法提起，尤其是辩解辩护的权利被剥夺了，所以冤假错案丛生。按照人权的科学含义，我们认为，刑事诉讼的各种利害关系人，包括犯罪嫌疑人、被告人乃至被判了刑的罪犯，他们都是人，虽然出了问题犯了罪，但其作为人的主体资格依然存在，尤其在诉讼中还要贯彻“无罪推定”原则，他们作为权利主体的资格并未被剥夺，应享有基本权利和公民权利，甚至应当享有其他一切权利，不能随意剥夺。特别是在刑事诉讼中的辩解辩护的权利和不受虐待的权利。因此，我国2012年《刑事诉讼法》构建了严禁刑讯逼供的机制，包括不得强迫自证其罪的权利、非法证据排除规则、侦查讯问全程录音录像等，就是要把尊重和保障人的基本人权落实到诉讼的全过程中。

（四）人权司法保障制度的构建和内容

《决定》明确提出了“推进法治中国建设”的目标总要求，为我国人权司法保障制度建设阐明了基调，也树立了信心。《决定》强调“国家尊重和保障人权”，要“完善人权司法保障制度。进一步规范查封、扣押、冻结、处理涉案财物的司法程序。健全错案防止、纠正、责任追究机制，严禁刑讯逼供、体罚虐待，严格实行非法证据排除规则。逐步减少适用死刑罪名”。《决定》为把尊重和保障人权这一宪法原则落到实处，第一次提出了“人权司法保障制度”的新概念。

人权司法保障制度是指国家，尤其是司法机关执行的，有关支持或确保直接关系到人的生存、发展以及从事社会活动所不可缺少的最基本权利得以实现的，共同遵守的规程或行为准则。

人权司法保障制度具有以下特点：

第一，完善人权司法保障制度的主体是国家。《决定》明确指出“国家要尊重和保障人权”。尊重和保障人权不仅是国家司法机关的事，其行为的主体是整个国家机关。按照我国宪法的规定，国家的含义是指所有管理国家事务的机关，包括国家的权力机关、行政机关、审判机关、检察机关和军队等。《决定》把尊重和保障人权作为依法治国的重要内容，作为整个国家机关的一项重要任务，这是我国在人权事业进程中的一个重大的突破与发展。

第二，完善人权司法保障制度是司法机关最直接、最核心的一项任务。司法的人权保障主要包括：一是作为前设人权的“司法请求权”，即参与司法过程的个体享有对主持司法的人民法院、法官或其他司法主体的请求权；二是作为基本人权的“公正审判权”，即公民获得人民法院公正审判的权利；三是作为新兴人权的“获得司法帮助权”，主要是指对贫困者的法律援助和公益诉讼等制度。作为法律运行四个环节“立法、执法、司法、守法”的一部分，人权司法保障制度的最大特点就在于其鲜明的司法性。这一特点要求人权司法保障制度务必遵循司法活动的基本规律、遵守现代司法理念，顺应现代法学思维回应型司法的基本特点。

第三，设计人权司法保障制度的目的就是切实维护和保障人权。为实现此目的，人权司法保障制度的设计会遵循一系列最基本的法律公正法则，诸如权力兼抑原则、权利救济原则、人道主义原则、司法最终裁判原则等基本要求，同时也会建立诸如非法证据排除等一系列程序性制裁措施，通过对一些侵犯人权的违法行为进行程序性制裁来否定其正当性，从而维护和保障人权。

第四，人权司法保障制度是一个综合的、立体的网状格局。鉴于人权含义的复杂性，我们无法通过一个或数个简单的国际公约、刑事司法准则等其他国际性法律文件或国内法律法规就予以完整的概括和引用。人权司法保障制度的完善，涉及宪法、行政法、刑事诉讼法、行政诉讼法、民事诉讼法、民法等诸多部门法，而且随着国际人权事业的不断进步与发展，随着人类社会文明的积累、财富的不断集聚，人权的种类与形式也在不断更新和补充。因此，在这个体系和内容极为丰富的知识结构中，人权司法保障制度也会不断处于稳定与发展的动态平衡之中。

当前，我国人权司法保障制度的构建和完善主要包括两大类：第一类是在刑事诉讼领域内，包括五个方面的内容。一是把“尊重和保障人权”作为刑事诉讼的一项独立的任务。我国2012年《刑事诉讼法》的修改，已经把这项重要的任务写进《刑事诉讼法》的第2条。这就表明，我国刑事诉讼的任务已经从一元化转向二元化，即从单纯的打击和惩罚犯罪转向既要惩罚犯罪又要保障人权。“保权”是刑事诉讼的一项独立的任务。二是在刑事诉讼中对证据的收集要遵守“不得强迫自证其罪”原则。2012年《刑事诉讼法》第50条明确规定：“审判人员、检察人员、侦查人员必须依照法定程序，收集能够证实犯罪嫌疑人、被告人有罪或者无罪、犯罪情节轻重的各种证据。严禁刑讯逼供和以威胁、引诱、欺骗以及其他非法方法收集证据。不得强迫任何人证实自己有罪。”第49条还明确规定：“公诉案件中被告人有罪的举证责任由人民检察院承担。”这些规定明确了案件的举证责任，不得把举证责任转移到被告一方，更不得强迫任何人自己证实自己有罪。应当说，这些法律规定的内容，是把人权保障实实在在地落实到司法的全过程中。因此，它应该是人权司法保障制度的一项核心内容。三是在刑事诉讼中要严禁刑讯逼供。2012年《刑事诉讼法》构建了一个严密的严禁刑讯逼供的机制，它包括赋予犯罪嫌疑人、被告人“不得强迫其自证其罪”的权利，立法还确立了非法证据排除规则，以及侦查讯问要全程录音录像，即一项权利、一个规则和一项重大举措，此三项内容是一个完整的严禁刑讯逼供的程序机制，这一机制落实得好，刑讯问题就可以得到遏制，保障犯罪嫌疑人、被告人在诉讼过程中的基本人权。四是非法证据排除规则的确立和实施，从司法程序上为人权司法保障出台了一项具有历史意义的司法救济程序，即凡是刑讯逼供所取得的证据不得作为定案的依据，需排除在定案证据之外。五是改革辩护制度。2012年《刑事诉讼法》为了把人权保障制度落到实处，对刑事辩护制度进行了重大改革，提前了律师介入诉讼的时间。将原《刑事诉讼法》规定的在侦查阶段的帮助权明确为提前介入诉讼的实实在在的辩护权，还将律师辩护参与诉讼的权利落实到审查批捕、侦查终结、审查起诉、一审、二审等各个诉讼程序中。应该说这是人权司法保障制度完善和改革的重大举措。尤其是通过立法还解决了律师在刑事诉讼中的会见难、阅卷难和调查难等问题。

第二类是《决定》还明确指出了人权司法保障制度要进行改革的新内容，包括七个方面：一是强调国家要尊重和保障人权，把人权保障作为整个国家的一项基本任务确立下来；二是保障公民的财产权，明确规定了规范查封、扣押、冻结及处理涉案财物的司法程序问题；三是逐步减少适用死刑的罪名，以示国家对公民生命权的保障；四是逐步完善和构建司法救助和司法援助制度；五是完善律师执业保障制度；六是废除劳教制度；七是健全错案防止、纠正和责任追究制。

笔者认为，人权是一个涉及多学科的综合性社会科学范畴。从狭义方面讲，是指那些直接关系到人在现代社会中得以维持生存、过正常生活、能独立自主地掌握自己命运所不可缺少的最基本的权利；从广义方面讲，则可以说是权利的一般表现形式，即人在社会生活中享有的各项政治、经济、文化和社会福利权利的总称。作为理想人权是人们对未来社会关系的追求。作为现实，则是社会对现存社会关系的规定。不同的人权观念则是人们在意识中根据各自的立场和世界观、价值观对现实社会关系的正确的或者片面的甚至歪曲的反映。由此可见，人权司法保障制度的构建和内容，要经历一个认识、理解和发展的过程，只有运用历史唯物主义的方法论和认识论，才能正确地认识人权，才能更好地不断完善人权司法保障制度。

七、从遏制刑讯逼供看我国人权保障事业的新发展[①]

自改革开放以来，我国以遏制刑讯逼供为重点的人权保障事业取得了可喜的进步与发展。关于“尊重和保障人权”入宪，严禁刑讯逼供的人权行动计划，2012 年《刑事诉讼法》构建了严禁刑讯逼供的机制，人权司法保障制度的设计与建立，在刑事诉讼中的无罪推定、疑罪从无、非法证据排除规则、证据裁判原则等都取得了可喜的进步与发展。不仅刑讯逼供得到了遏制，同时还纠正了一大批冤假错案，公平正义的刑事司法已经开创了一个新局面。

---

① 原文发表于《人民法治》2017 年第 4 期。

立法的进步与发展。人权保障是法治社会的重要标志，而严禁刑讯逼供是人权保障的一项重要内容。在立法及相关层面，我国自改革开放以来，不断地发展民主、法治、人本和人权事业。1991 年 11 月 1 日，国务院新闻办发布了第一份以人权为主题的《中国的人权状况》白皮书，该文件强调了将实现充分的人权“是中国人民和政府的一项长期的历史任务”；1997 年 3 月，国务院新闻办公室发表的《1996 年中国人权事业的进展》白皮书首次提到了“人权的司法保障”这一概念；1997 年 9 月，党的十五大报告首次将“人权”概念写入党的全国代表大会主题报告；2002 年 11 月，党的十六大再次在主题报告中将“尊重和保障人权”确定为新世纪新阶段党和国家发展的重要目标；2004 年，我国宪法修正案明确增加了“国家尊重和保障人权”的规定；2009 年 4 月，国务院新闻办发布了我国第一份以人权为主题的国家规划《国家人权行动计划（2009—2010年)》，为我国政府在尊重和保障人权方面提出了具体的工作目标和行动举措；2012 年 3 月，十一届全国人大五次会议通过了关于修改刑事诉讼法的决定，“尊重和保障人权”作为刑事诉讼一项独立的任务载入我国刑事诉讼法典，从刑事诉讼的角度强调了人权保障的重要性。与此同时，我国在遏制刑讯逼供方面也取得了不断的进步。国务院发布的《2003 年中国人权事业的进展》白皮书、《国家人权行动计划（2009—2010)》、《国家人权行动计划（2012—2015)》、《中国的司法改革》白皮书等，多次将防范和遏制刑讯逼供作为人权保障的主题予以明确。通过《公安机关办理刑事案件程序规定》明确禁止了刑讯逼供和非法取证等行为，依据此规定，公安部门每年都会对刑讯逼供的问题进行专项整治或集中治理，如在实践中建立的“刑讯逼供致人死亡案件的汇报检讨制度”，同时也完善了责任追究制度，加大了对刑讯逼供者以及领导的责任追究力度。2014 年，公安部制定《公安机关讯问犯罪嫌疑人录音录像工作规定》、最高人民检察院修订完善《人民检察院讯问职务犯罪嫌疑人实行全程同步录音录像的规定》，严格落实讯问犯罪嫌疑人录音录像工作，对全程同步录音录像的录制原则、录制方式、录制程序、录音录像资料的管理和使用等方面作出详细规定。

严禁刑讯逼供机制的构建。以 2010 年的“两高三部”联合颁布的《关于办理死刑案件审查判断证据若干问题的规定》《关于办理刑事案件排除非法证据若干问题的规定》和 2012 年《刑事诉讼法》的修改为标志，我国遏制刑讯逼供的完整机制已经基本建立。我国在 1996 年《刑事诉讼法》中就明确规定，严禁刑讯逼供和以非法方法收集证据；2012 年《刑事诉讼法》的修改增加了“不得强迫任何人证实自己有罪”的规定，这也是我国在吸收了国际人权规则后对我国刑事诉讼进行的重大改革，为遏制刑讯逼供提供了法律依据。2012 年《刑事诉讼法》的修改还通过了五条八款的规定，在我国正式确立了非法证据排除规则，对于采用刑讯逼供等手段获取的非法证据，一方面应当通过杜绝非法手段进行遏制，另一方面则需要排除非法证据切断刑讯逼供的动力源。刑讯逼供的目的是获取犯罪嫌疑人、被告人认罪的口供，将刑讯逼供获取的非法证据排除在可采证据范围之外，不仅是告知办案人员应当如何收集证据，也是对非法取证行为的一种程序性制裁。2013 年最高人民法院发布的《关于建立健全防范刑事冤假错案工作机制的意见》进一步规定，由刑讯逼供获取的非法证据，包括冻、饿、晒、烤、疲劳审讯获取的证据，也属于非法证据排除的范畴。2012 年《刑事诉讼法》还进一步扩大落实了律师的权利，规定从侦查阶段开始犯罪嫌疑人就可以委托辩护律师提供帮助，与律师法相衔接，基本解决了律师的会见难、阅卷难、调查取证难等“老三难”问题。犯罪嫌疑人、被告人的基本人权的保障，一方面需要国家机关和办案人员不断提高意识，将人权保障工作贯彻落实到位；另一方面则需要充实辩方力量，实现控辩平衡，而辩护律师的介入无疑能够为犯罪嫌疑人、被告人提供及时、有效的帮助，对于发现的刑讯逼供等非法取证行为，也可以代替犯罪嫌疑人、被告人进行申诉和控告。讯问过程中采用录音、录像等现代技术手段进行监督，是世界各国的通行做法，我国 2012 年《刑事诉讼法》确立了侦查讯问时同步录音录像制度。同步录音录像制度可以反映侦查讯问过程中的客观情况，若发现刑讯逼供等非法取证行为，录音录像可以作为问责、追责的证据，若没有发生非法取证行为，录音录像还可以成为侦查人员合法、文明办案的佐证。因此，这一制度对于防范刑讯逼供、约束侦查人员的讯问行为发挥着重要的作用。此外，2012 年《刑事诉讼法》强化了检察机关监督的权利，对于已经逮捕的犯罪嫌疑人，还可以由检察机关对其继续羁押有无必要性进行审查，在这个过程中要听取犯罪嫌疑人、被告人的意见，对于发现有刑讯逼供情况的，应当及时处理。

八、非法证据排除规则与人本主义①

我国2012年《刑事诉讼法》第54条确立了非法证据排除规则，规定："采用刑讯逼供等非法方法收集的犯罪嫌疑人、被告人供述和采用暴力、威胁等非法方法收集的证人证言、被害人陈述，应当予以排除。收集物证、书证不符合法定程序，可能严重影响司法公正的，应当予以补正或者作出合理解释；不能补正或者作出合理解释的，对该证据应当予以排除。在侦查、审查起诉、审判时发现有应当排除的证据的，应当依法予以排除，不得作为起诉意见、起诉决定和判决的依据。"党的十八届三中全会《中共中央关于全面深化改革若干重大问题的决定》中，为防范冤假错案发生，进一步提出要严格实行非法证据排除规则，明确指出："健全错案防止、纠正、责任追究机制，严禁刑讯逼供、体罚虐待，严格实行非法证据排除规则。"党的十八届四中全会的《中共中央关于全面推进依法治国若干重大问题的决定》中，把非法证据排除规则列为人权司法保障制度的一项重要内容，明确指出："要健全落实罪刑法定、疑罪从无、非法证据排除等法律原则的法律制度。"以加强人权司法保障，对刑讯逼供和非法取证从源头上加以预防。2017年4月18日，中央全面深化改革领导小组第三十四次会议审议通过《关于办理刑事案件严格排除非法证据若干问题的规定》（以下简称《严格排除非法证据规定》），"两高三部"于2017年6月27日联合印发了该规定，分为"一般规定""侦查""审查逮捕、审查起诉""辩护""审判"五个部分，共42条。该规定细化了非法证据的范围和认定标准，明确了刑事诉讼各个阶段排除非法证据的职责和程序，对非法证据排除规则作了系统性规定，在完善非法证据排除制度方面迈出了新的步伐，是我国刑事司法改革的又一重大突破。

综上所述，关于非法证据排除规则的确立和贯彻实施，就顶层设计而言，党中央给予高度重视。其原因有二，一是2004年"尊重和保障人权"入宪，作为依宪治国的基本国策之一，2012年《刑事诉讼法》又把"尊重和保障人权"确定为刑事诉讼的目的和任务，并明确规定诉讼中对证据的收集必须坚持"不得强迫自证其罪"原则；二是从已经纠正的冤假错案中得出，必须严禁刑讯逼供，必

① 原文发表于《人民法院报》2017年8月16日。

须严格排除非法证据，才能从源头防范冤假错案发生。笔者认为，党和国家如此高度重视非法证据排除规则的确立和实施，除以上两个方面的直接原因外，其根本原因在于建设具有中国特色的法治国家必须坚持“以人为本”，即人本主义法律观是当代中国司法的基本出发点和立足点，坚持非法证据排除规则是人本主义的具体体现。长期以来，“我们把司法看成一种专政活动，犯罪嫌疑人、被告人是专政的对象，在这样一种政治话语中，犯罪嫌疑人和被告人是被彻底否定的对象，因此，他们的人格也同时被否定，致使其权利被漠视。如果强调对他们的权利保障，就会被认为是打击不力，心慈手软，同情敌人，成为一个立场问题。人本法律观要求，在民主与法治的理念之下，犯罪人虽然要受到法律的制裁，但他作为一个人应有的尊严还是应受到法律保护。并非一个人犯了罪，就失去了所有权利。作为一个公民，虽然有的权利被剥夺，有的权利被限制，但他仍然享有其他一些未被剥夺和限制的权利。更为重要的是，犯罪嫌疑人、被告人作为一个人，其基本的人权、人格和尊严，是法律无法剥夺，不能剥夺，而且也不应该剥夺的，这正是以人为本司法理念的体现，也是我国司法改革与发展要解决的问题之一”。①

人本法律观是以人为本的科学发展观在法律领域的体现与运用。它有着丰富的科学内涵：“其一，在法律活动的各个环节，都必须以人的全面发展和人民的根本利益为出发点和落脚点，并贯彻于全过程；其二，强调法律同经济社会的协调、和谐、可持续发展；其三，要求国家机关和公务人员的活动必须合乎人性、尊重人格、体恤人情、讲究人道、保障人权；其四，从理论与实践相结合的角度弘扬人文精神，树立法律权威，完善法规制度。”②

人本法律观突出了一条重要原理——人是法律之本。如果没有人，任何法律都无存在的必要，也无存在的可能。法律源于人这一道理，很多学者的看法是一致的。台湾学者杨奕华教授说：“法之生成与消亡，系于人，因于人，由于人，法律以人为本源。”西方学者也有同样的观点，金杰特教授指出：“人对其生存的自觉，与其生活的关切，对未来的不确定性，对生与死、幸与不幸、权力与冲

① 李龙：《人本法律观研究》，中国社会科学出版社 2006 年版，第 162 页。

② 李龙：《人本法律观研究》，中国社会科学出版社 2006 年版，第 162 页。

动等不安全感，使人创造了法律。”①

在刑事诉讼中采用刑讯逼供等非法的方法，施与犯罪嫌疑人、被告人，乃至证人、被害人等，其问题的核心就是违背了人是法律之本的基本原理。大家知道，封建专制的刑事诉讼法的一个显著特点，就是视被告人不是人，把被告人当作刑事诉讼的客体和追究、刑讯的对象。近现代的刑事诉讼，以人本法律观为指导，犯罪嫌疑人、被告人的诉讼地位从客体转向了主体，具有中国特色的社会主义刑事诉讼法，根据犯罪嫌疑人、被告人的主体地位赋予其一系列诉讼权利，刑事诉讼法设置一系列制度、程序，保证其诉讼主体地位和诉讼权利，尤其坚持“刑事责任要追究，人格不可辱”的原则。非法证据排除规则的确立和实施，其根本原理就坚持“以人为本的人本主义法律观”。

坚持人本主义的法律观，贯彻和实施严格排除非法证据的规定，公安司法机关的办案人员必须以“人文关怀”的精神和理念指导办案活动。“人文关怀来自于人文精神，它是一种以人为主体、以人为对象的思想和观念的体现，其本质在于以人为中心，以人性为基础，时刻关注人的合理需要。所以，人文关怀表达了这样一种观念，即对真实的个人的价值与尊严、人格和精神、生存与生活、现实与理想、命运与前途的真情关切。”② 一个办案人员所具备的人文关怀就是遵循个人优位观念，通过司法判断表达对当事人的关注，让当事人真正地作为一个有价值、有人格、有尊严的人，不再把当事人看作司法权运行过程中的一个消极的、被动的客体，进而充分维护和保障当事人所享有的诉讼权利。

当前，在深入进行司法改革的进程中，摆在公安司法干警面前的一项重要的任务，就是在人本法律观的指引下，把中央关于“严格排除非法证据的规定”贯彻好、实施好。我们应该看到，在《严格排除非法证据规定》中关于排除非法证据的范围和列举的排除对象在司法实践中还仍然存在，刑讯逼供时有发生，侦查中的违法现象丛生，非法证据在法庭上常常出现，导致错案仍有发生。“严格排除非法证据”可谓三令五申，为何仍禁而不止?！笔者认为，还是“以人为本的人本法律观”尚未确立，或者是立而不牢，真正令行禁止还要从人本法律观的培育上下功夫！

---

① 李龙：《人本法律观研究》，中国社会科学出版社 2006 年版，第 17 页。

② 李龙：《人本法律观研究》，中国社会科学出版社 2006 年版，第 159 页。

第五章　检察职能哲理之思

一、法律监督职能哲理论纲①

许多文章在论证检察机关法律监督职能的正当性、科学性、必要性时，一个重要的理由或者论据是我国《宪法》第129条规定："中华人民共和国人民检察院是国家的法律监督机关。"这种实然性的回答，并不能令人彻底信服。我国宪法为什么要这么规定呢？其应然性何在？回应对检察机关法律监督职能的质疑，必须从实然走向应然，亦即从法哲学的高度（或深度），立足于应然性范畴，对实然作出理性阐述，从哲理的高度进行哲理性说明才能做到有针对性，才能解决根本性问题并令人信服。为了解决这一关系法哲学的问题，笔者现把近期的一些研究和思考提供给大家，以期指教。

关于"法律监督"的哲理基础研究，早在20世纪80年代初期王桂五同志就指出："各种类型的检察制度都有各自的理论基础，不过理论认识的自觉程度有所不同，在理论形态的系统化和完备程度方面也有差别。封建主义的检察制度是以封建的中央集权主义作为理论基础的。资本主义的检察制度是以分权学说作为理论基础的。列宁领导创建的社会主义检察制度，则具有更加明确的指导思想，即法制统一的思想。我国检察制度是自觉地建立在马克思列宁主义、毛泽东思想的基础上的。具体地说，有以下几个方面：

在政治理论方面，是以人民民主专政即无产阶级专政的理论为指导思想的。人民民主专政的国体决定检察机关的性质和任务，基于民主集中制原则的人民代

① 原文发表于《人民检察》2010年第1期。

表大会制度决定检察机关在国家机构中的地位和职能，人民民主专政的理论指导检察机关的实践活动。

在法学理论方面，是把列宁关于法律监督的理论和中国的实际相结合，坚持法制统一的原则，并有所发展，显示出中国检察制度的特色。

在哲学思想方面，是把唯物辩证法和认识论应用于检察活动，从对立面的斗争（在哲学意义上说，法律监督就是对立面的斗争）中实现法律的要求，正确办理案件，并且形成‘公、检、法’在办理刑事案件中的分工负责、互相配合、互相制约的制度。”①

对检察学研究造诣颇深的王洪俊教授也指出：公、检、法三机关分工负责、互相配合、互相制约制度的制定，是把辩证唯物主义的认识论原理运用于办理刑事案件的过程。检察机关在刑事诉讼活动中，通过运用法律监督职能，与公安机关、人民法院互相配合、互相制约，就是为了发现矛盾、解决矛盾，以消除办案人员的主观随意性和片面性，排除各种客观障碍，逐步深化对案件事实的认识，最后发现案件的客观真实。检察学必须自觉运用矛盾学说和认识论的基本观点，深入分析检察人员在诉讼过程中发现和解决矛盾的特点，揭示出检察机关法律监督的客观规律。由此可见，如何从马克思主义哲学原理方面阐释我国检察机关法律监督职能的科学性和正当性，早已为理论界权威人士所重视，他们在 20 世纪 80 年代就提出唯物辩证法和认识论是揭示检察机关法律监督的理论武器，马列主义辩证唯物主义的认识论和方法论更是我国《宪法》第 129 条的理论根据。但是，对于这一哲理根据的具体内容是什么，深入探讨的文章并不多见。近一个时期，笔者把“法律监督”“诉讼规律”“有中国特色的检察制度原理”等命题联系起来进行了哲理思考，认为关于检察机关法律监督职能的科学性和必然性有以下四个方面的对立论。

（一）一元分立论

从具有中国特色的检察机关法律监督职能的生成来看，有其深刻的宪政基础，笔者将这种宪政基础概括为“权力结构模式原理”。在现代国家普遍化的分权体制下，检察权作为国家权力的一部分，必然会处于一种权力结构之中，与国

① 王桂五：“关于检察学研究的几个问题”，载《检察学研究论文集》，沈阳市检察学会编 1986 年，第 7 页。

家权力的其他组成部分产生各种各样的联系，从而构成一种体现检察权不同地位和作用的国家权力架构形式，即权力结构模式。不同国家的权力结构模式，决定着检察权的地位和作用，决定着检察职能分工。

我国《宪法》第2条规定："中华人民共和国的一切权力属于人民。人民行使国家权力的机关是全国人民代表大会和地方各级人民代表大会。"第3条进一步规定："国家行政机关、审判机关、检察机关都由人民代表大会产生，对它负责，受它监督。"这表明，人民代表大会制度是我国的根本政治制度，人民代表大会拥有一切国家权力，国家行政机关、审判机关和检察机关都是由人民代表大会产生并对人民代表大会负责的国家机关，是根据人民代表大会的授权行使部分国家权力。这样一种宪政制度就决定了法律监督机关存在的必然性。[①] 因为作为国家的权力机关，全国人民代表大会和地方各级人民代表大会享有最高的和广泛的职能，虽然对各级行政机关、检察机关和审判机关有广泛的监督权，但这种监督职能是宏观的，只能针对具有影响的重大事项，不可能对遵守和执行法律进行经常性的监督，按照国家权力的制约、制衡原则，防止违法犯罪情况发生，防止权力走向腐败，理所当然要在一元化的人民代表大会之下设立一个专门的法律监督机关。所以，对人民检察院的法律监督职责的授权，是我国人民代表大会的宪政制度所决定的。另外，在我国这种宪政体制下，隶属于人民代表大会的各个国家机关之间互不隶属，各自独立行使人民代表大会授予的权力，在权力运行的过程中，特别是对法律的统一实施和执行，也必然需要一个专门的法律监督机关履行监督制约、制衡职能，以防止权力腐败，保证其正常的运行。

我国宪政体制中的权力结构模式不同于西方国家。西方国家的权力结构模式主要有两种：一是以美国为代表的平面结构模式。这种权力结构模式是洛克和孟德斯鸠等人的分权制衡理论的典型实践。该理论认为，国家权力应当分为三种，即立法权、行政权和司法权，并分别由不同的人或机关掌握，否则公民的自由便没有保障。在这种权力结构模式下，三种权力是不分层级而平行的，在同一个权力平台上，不同的权力主体各自行使法律规定的权力，在各自的领域内具有最终的权威，同时各种权力主体之间形成法律上的牵制关系，消灭独尊的、绝对的权力。这种权力结构的特点在于根据权力在规范运作中的作用将权力予以分割，但

① 孙谦：《中国检察制度论纲》，人民出版社2004年版，第77页。

这种权力分割又不是绝对的，在每一种权力有一个中心的同时，规定其他权力的适当介入，以防止在一个领域中出现一个独裁式的权力。另外，就是辅之以复杂的制约平衡技术，使各种权力之间形成互相牵制的平衡关系，防止一种权力占有压倒性的优势，以阻止权力的集中。①

二是以英国与法国为代表的半平面化权力结构模式。这种模式主要是为了强调它们在权力结构上既有类似于美国平面化权力结构模式的地方，也有不同于后者的地方，即使在这种模式内部，英国与法国也并不完全相同。在英国，虽然也实行三权分立，强调立法权、行政权和司法权的相互分立与制约，但这种分权是在形式上维护代议制机关的最高权威的基础上实行的分权。也就是说，在权力平台上，各种权力并不完全处在同一个平面上，立法权高于其他权力，只是立法权在运作时又参与到同其他权力的制约中，因此与美国权力结构模式相比，只能称之为半平面化的权力结构模式。具体来讲，英国议会的立法权代表国家最高的权力，不受任何其他权力的控制，可以形成对行政权和司法权的权力制约。首先，内阁和首相虽然具有强大的施政权力，但下议院可以通过质询、辩论、批准条约、立法和倒阁等手段对内阁进行制约，下议院若通过对内阁的不信任案或否决政府的重要法案，内阁必须集体辞职。如果内阁不愿意辞职，就由首相提请英王宣布解散议会并进行重新选举，新当选的议会下议院决定原内阁的去留。其次，法院可以通过对于控告行政当局的讼案进行救济的方式对行政权进行制约。另外，英国上议院掌握国家最高司法权，又制约着司法权的行使。在法国，根据1958年制定的法兰西宪法，国家权力分为立法权、行政权、司法权等权力，但行使这些权力的主体都可以同时行使其中两项或两项以上的权力，特别是行政权表现得十分强大，行政权优位表现明显。在法国，一方面，总统的产生和权限类似美国总统，但权力更大，他有解散议会的特殊权力，以及提请再议议会提出的法律的权力。但政府要对议会负责，议会通过信任投票、弹劾等方式监督政府。当议会通过对内阁的不信任投票案、否决政府的总政策声明和施政纲领时，总理必须向总统提出政府总辞职或提请总统解散议会，进行大选。另一方面，法院可以通过司法审查权来对议会的立法权和政府的行政权进行平衡、制约，以防止立法权和行政权的膨胀、扩张或滥用。前者是由宪法法院来实施的，而后者则是由

① 周永坤：“权力结构模式与宪政”，载《中国法学》2005年第6期。

行政法院来实现的。当然，法国总统也有一定的司法制约权，总统可以通过其所担任主席的最高司法会议对高等法院法官的任命及上诉法院首席法官的任命提出建议，对法官的违法乱纪行为进行检查。

不管是平面化权力结构模式，还是半平面化权力结构模式，都是三权分立体制的不同表现，可统称为三权分立的权力结构，我国的则可称为一元分立的权力结构。虽然不同权力结构的分权目的都在于对国家权力予以有效制约，但不同的权力结构下产生了不同的法律监督需求，从而出现不同的检察权。监督者，监视与督促也。法律监督其实也就是通过一定的程序监视法律的遵守情况并促使相关人员遵守法律。如果说中国古代的监督权即监察权已经包含了一种实体处理权，那么在现代防止权力过度集中的分权体制下，监督权也只是一种程序性的权力，因为监督权作为一种权力，也有被滥用的可能。从这点来看，不管是我国的还是西方国家的检察权都是一种监督权，只是在不同的权力结构下权力范围有大有小而已。在三权分立的权力结构之下，出于人性恶的伦理假设，认为任何不受制约的权力都有可能被滥用，最好的办法就是将权力分割成相互制约的立法权、行政权、司法权并交由不同的机构来行使，通过权力的相互制约来防止权力滥用。由于监督的目的在于对权力实施制约，既然通过这种权力分立已经对国家权力形成了很大制约，或者说，权力监督的需求已经通过权力分立得到了基本的满足，另外设置专门的法律监督机关已没有必要，有必要的只是在这三种权力之下设立一些有监督性的机构。在国家权力之中，对公民最具现实威胁性的是国家的惩罚权，也正是为了制约这种惩罚权，西方国家通过诉讼模式改革，将掌握在法官手中的惩罚权分成裁判权与控告权，并将后者交由属于行政机关的检察机关来行使，从而形成行政权对司法权的制约。为此，在西方国家三权分立权力结构模式下，检察机关只是公诉机关，行使的是具有控告性质的公诉权，检察机关的其他权力都是在此权力基础上衍生的一些附属权力。但是，由于公诉权作为一种控告权是从惩罚权中分立出来的，具有不同于行政权的司法性质，从而导致后来就检察权性质长期不休的争论。从某种程度上看，这种争论其实是一种权力制约与权力性质相矛盾的体现，即一方面需要对审判权进行制约，另一方面公诉权本质上又不同于行政权。导致这种矛盾的根源在于三权分立权力架构没有检察权应有位置的有限容纳性，是检察权本身要求与立法权、行政权、司法权相并立的体现，只要这种权力结构没有改变，这种矛盾也就不可能得到解决。

其实，在一元分立的权力结构之下，在权力运行的基本逻辑起点上与三权分立结构一样，都是以权力与规范间的关系为依据所作的划分，即制定规范的权力是立法权，执行法律的权力是行政权，对行为是否合法作出规范性判断的权力是审判权。不同的是，在马克思主义人民主权的国家学说之下，人民是国家权力的拥有者，代表人民行使国家权力的人民代表大会在理论上拥有所有的国家权力，但由于执行法律的行政权与对行为合法与否进行规范性判断的审判权是一种经常性的权力，而人民代表大会只是一种定期性的机构，为了解决这种矛盾，只能由代表人民行使国家权力的人民代表大会产生行政机关与审判机关来行使行政权与审判权，而人民代表大会本身只行使非经常性的立法权。在此种情况下，权力机关——人民代表大会虽然是行政权与审判权的来源，行政机关与审判机关要对权力机关负责和受它监督，但由于人民代表大会作为一个定期性的议事机构，很难对经常性的、大量的行政活动与审判活动进行动态的有效监督与制约。为了弥补这种监督与制约的不足，就需要由人民代表大会在行政权与审判权之外设置一个经常性的法律监督权，使之与人民代表大会的定期性监督权构成一个对行政与审判活动的监督与制约网络。而且，虽然对公民违法行为的监督在理论上可通过行政执法与审判机关的审判活动实现，但因为审判机关的被动性和行政机关难以避免的、较强的地方性，在实践中很难保证法律得以统一执行，这也需要一个独立于行政机关和审判机关的法律监督机关来保证法律的统一性。因此，可以说，在行政权与审判权之外另设专门的法律监督权，是一元分立权力架构下对权力运行和制约的必然选择，没有这种法律监督权的存在，一元分立的权力架构就必然难以维持。

（二）对立控制论

辩证唯物主义揭示，一切事物的发展都是矛盾对立运动的过程，对立与统一是事物发展动力的根本原因。运用对立统一的世界观、方法论来观察和研究我国一元分立的权力结构模式，就不难看出检察机关的法律监督职能就是把辩证唯物主义关于对立统一的规律运用于国家权力机关的运行过程中，尤其是在公、检、法三机关之间分工负责、互相配合、互相制约的办案过程中，以保证权力正常运行和科学、健康的发展。

同时，权力的对立制衡理论是任何一种形式的国家权力结构模式的普遍规律。我国不实行三权分立，但是，权力制衡理论却有普适性，这是由于权力作为一种社会关系，是一种有目的地支配他人的力量，这种支配往往能给权力拥有者带来物质和精神利益。“人们追求权力不仅是因为权力能满足个人的利益、价值和社会观念，而且还有权力自身的缘故，因为精神和物质的报酬存在于权力的所有和使用之中。”① 正因如此，权力不仅容易成为人们追求的对象，而且也往往容易被滥用而成为权力拥有者谋取私利的工具，所以，孟德斯鸠指出：“从事物的性质来说，要防止滥用权力，就必须以权力约束权力。”② 正是因为国家权力的这些本质特征，资产阶级国家从产生到其发展，运用制衡理论，形成三权分立的国家权力结构模式；在我国一元分立的权力结构模式下，作为国家权力的行政权、司法权毫不例外，同样离不开监督和制约。否则，必然导致权力的滥用和腐败，这是不以人的主观意志为转移的客观规律，是由权力的本质特征所决定的。

当然，对于权力制衡原理的运用，在我国一元分立模式下的对立与制衡和三权分立模式下的对立与制衡有着本质的不同。一是我国是人民当家做主的国家，这种对立和制衡是代表广大人民群众的根本利益而行使法律监督职能，它的正当性和必然性不言自明。二是我国对制衡原理的具体运用的内容和方法都是与西方国家三权分立的制衡过程完全不同的，特别是检察机关法律监督的地位，以及进行监督的内容、形式和法律后果，更有其特殊性。在西方国家，由于检察权被定位于一种行政权，检察权的制衡范围总体上是有限的，虽然有些国家可能在民事领域有一定的制衡作用，但主要还是限制于刑事司法领域，即一方面作为行政权的代表，通过行使公诉权对司法权进行制衡；另一方面在行政机关内部，通过公诉权对侦查权形成制衡。但在具体细节上，大陆法系国家与英美法系国家又有所不同。在对司法权的制衡上，虽然两大法系国家都主要通过诉审分离与不告不理的原则，由检察机关行使公诉权而防止司法权独断专行，但检察机关公诉权的范围是不一样的，大陆法系国家检察机关的公诉权除了包括审判启动权与在法庭支持控诉权以外，还包括对法院未生效判决与已生效判决的抗诉权，不论是否有利于被告人。而英美法系国家的公诉权主要是审判启动权与支持控诉权，对于法院未生效判决中，无罪判决一般不能上诉，而对于生效判决，检察机关不能提出再

① ［美］约翰·加尔布雷恩：《权力的分析》，陶远华、苏世军译，河北人民出版社 1988 年版，第 7～8 页。

② ［法］孟德斯鸠：《论法的精神》，张雁深译，商务印书馆 1961 年版，第 154 页。

审申请。因此，相比较而言，大陆法系国家检察权对司法权的制衡力度要强于英美法系国家。在对侦查权的制衡上，大陆法系国家的制衡力度也要强于英美法系国家。在大陆法系国家公诉权与侦查权的关系上，一般认为侦查权从属于公诉权，侦查只是公诉的准备阶段，创设检察官的根本目的之一就是“以一个严格受法律训练及拘束的公正客观官署，控制警察活动的合法性，避免法治国沦为警察国”。[①] 因此，检察权对侦查权具有很强的制衡作用。例如，在德国，警察虽然在组织上隶属于各邦的内政部，而不是隶属于检察机关，但在功能上法律将其列于检察机关之下，属于检察院辅助机构。[②] 警察在侦查程序中的活动一般要按检察机关的指示进行，这种指示如果是对一般警察适用则称为“嘱托”，如果只对作为检察机关辅助人员的警察适用则称为“委托”。侦查的指挥权一般属于检察官，只有在检察机关委托侦查的情况下，警察机关才有侦查的指挥权。[③] 而在英美法系国家，由于检察机关与从事侦查的警察机关是相互独立的，检察机关一般只能通过不起诉这一消极的措施来对侦查权进行制衡，对侦查权制衡主要是通过司法权进行。例如，在英国，检察官与警察也只是一种建议与合作的关系，虽然1985年的《犯罪起诉法》第3条规定，检察长在认为适当的范围内，可以就所有与刑事犯罪有关的事宜向警察提出建议。但是，这种建议并不具有当然的法律效力，如果检察官认为警察移送的案件证据不足，可以要求警察补充侦查，但警察没有服从的义务，检察官唯一的制裁手段就是对案件作不起诉处理。造成这种差异的原因，有传统的因素，也有诉讼模式的因素。

在我国，由于检察权被定位于一种独立于行政权与审判权的法律监督权，检察权对审判权与侦查权具有较西方国家更广泛的制衡作用，尤其在对审判权的制衡上，不仅仅限于刑事司法领域，还包括民事与行政诉讼领域。在对审判权的制衡上，根据我国相关法律的规定，一是通过公诉权中的审判启动权，防止人民法院主动追诉和无诉而判；二是通过起诉书来限制人民法院的审判范围，防止人民法院扩大审判范围；三是通过对有错误的未生效判决、裁定提出抗诉来防止人民法院枉法裁判；四是通过对有错误的生效判决提出抗诉来保证人民法院依法裁

① 林钰雄：《刑事诉讼法》，中国人民大学出版社2005年版，第120页。

② ［德］克劳斯·罗科信：《刑事诉讼法》，吴丽琪译，法律出版社2003年版，第69～70页。

③ ［德］克劳斯·罗科信：《刑事诉讼法》，吴丽琪译，法律出版社2003年版，第79～80页。

判；五是通过审判监督权来防止人民法院审判程序违法；六是通过判决执行监督权来保证人民法院依法进行刑罚的减免与假释。在对侦查权的制衡上，目前主要通过两方面进行制衡：一方面是通过侦查监督权（包括批捕权），促使侦查机关依法立案与遵守侦查程序；另一方面是通过行使起诉与不起诉权，促使侦查机关依法办案。另外，根据我国《监狱法》等法律的规定，检察机关还可以通过刑事判决执行监督权，制衡司法行政机关的行政执法权。

（三）存在决定论

恩格斯指出："全部哲学，特别是近代哲学的重大的基本问题，是思维和存在的关系问题。"① 这是我们观察认识世界的一个基本立场和基本方法。关于检察机关法律监督职能的科学性、正当性和必然性问题，亦即为什么要赋予检察机关法律监督职权，除了上述权力结构模式和权力对立制衡原理以外，另一个重要的理由就是回归现实，回归客观存在，回归司法现状。笔者认为，法律监督是客观存在之必须，客观要求之势在必行，我们可以把这一思维和认识概括为存在决定论。

什么是"存在"？什么是"现实"？

首先，我国当前正处在社会主义社会发展的初级阶段，目前中国社会显现的阶段性特征在于呼唤法治，要求法制的统一，专门的法律监督必须加强而不能削弱。"从国内看，我国正处在改革和发展的关键阶段，经济体制深刻变革，社会结构深刻变动，利益格局深刻调整，思想观念深刻变化，社会建设和管理面临许多新课题，维护社会和谐稳定的压力加大；从国际上看，西方反华势力仍在加紧对我国实施西化、分化战略，一些境外非政府组织加紧对我国进行渗透破坏活动，对维护国家安全、维护社会和谐稳定构成了严峻挑战。这些复杂的国际国内因素，使我国社会在总体稳定中呈现出人民内部矛盾凸显、刑事犯罪高发、对敌斗争复杂的特点。在这种形势下，只有坚定不移地推进依法治国的进程，才能保证国家长治久安；只有坚持和完善中国特色社会主义检察制度，发挥社会主义司法制度的优越性，才能有效地保障法制统一和司法公正。"② 同时，构建社会主

① ［德］恩格斯："路德维希·费尔巴哈和德国古典哲学的终结"，载《马克思恩格斯选集》（第四卷），人民出版社1972年版，第219页。

② 孙谦：《中国特色社会主义检察制度》，中国检察出版社2009年版，第35页。

义和谐社会，实现民主政治、公平正义、诚信友爱、充满活力、安定有序、人与自然和谐相处的社会，检察机关的法律监督职责直接肩负着维护社会稳定、实现社会公平正义的重大责任，尤其是在惩治犯罪、保障人权、化解矛盾、调节社会关系、维护社会稳定、实现法制的统一等方面所发挥的作用，是任何一个国家权力机关都无法替代的。

其次，在转型时期的中国，腐败现象的存在，使得作为惩治腐败的法律监督职能只能加强而不能削弱，对于这个问题的认识，笔者用党的十七届四中全会的《中共中央关于加强和改进新形势下党的建设若干重大问题的决定》中所指出的关于“加快推进惩治和预防腐败体系建设，深入开展反腐败斗争”的论述来回答这一问题。当今中国所显现的一个重大特征就是腐败现象还严重存在，该决定明确告诉我们：“坚决反对腐败，是党必须始终抓好的重大政治任务，必须充分认识反腐斗争的长期性、复杂性、艰巨性，把反腐倡廉建设放在更加突出的位置。”[①] 同时指出，要“加大查办违纪违法案件的工作力度。保持惩治腐败高压态势，坚决遏制一些领域腐败现象易发、多发势头。决不让任何腐败分子逃脱党纪国法惩处。严肃查办发生在领导机关和领导干部中滥用职权、贪污贿赂、腐化堕落、失职渎职案件，严肃查办商业贿赂案件和严重侵害群众利益案件，严肃查办群体性事件和重大责任事故背后的腐败案件。加强工程建设、房地产开发、土地管理和矿产资源开发、国有资产管理、金融、司法等领域专项治理。健全反腐败协调工作机制，加强查办大案要案组织协调，形成整体合力。健全反腐倡廉网络举报和受理机制、网络信息收集和处置机制。坚持依纪依法办案，完善举报人和证人保护制度，保障被调查人合法权益，依法追究诬告陷害行为。完善重大案件剖析制度和通报制度，发挥查办案件惩戒功能和治本功能”。[②]

司法领域中的腐败现象的易发多发势头已经成为一个不容回避的客观事实。发生在司法领域中的腐败大案要案，笔者没必要在文中一一列举，这一客观存在的严重性已经成为人民群众反映强烈的问题，司法腐败的矛头所向，不仅仅是利用手中的司法大权攫取私利，更重要的是司法不公，“这既影响了法律在人民群

① “中共中央关于加强和改进新形势下党的建设若干重大问题的决定”，载《检察日报》2009 年 9 月 28 日。

② “中共中央关于加强和改进新形势下党的建设若干重大问题的决定”，载《检察日报》2009 年 9 月 28 日。

众心目中的形象和审判权威，也妨碍了司法活动的目标即公平和正义在全社会的实现。这种客观现实，要求在诉讼程序中必须有一种有效的救济途径，使不公的裁判得以纠正。而检察机关通过提起抗诉的程序比其他任何程序都更有效。因此，加强对审判活动的法律监督，是保证裁判公正从而维护司法权威的客观需要，也是防止审判权滥用的现实需要"。①

司法权是国家权力的一部分，审判权是实现社会公平正义的最后一道屏障，其性质和地位的重要性，更显现其必须接受监督的必要性。因为"权力使人腐化，绝对权力，绝对腐化"。② 权力的易腐性和寻租性是权力的固有属性。审判权的重要性，以及在司法实践中出现的问题，这一客观存在就是监督职能正当性的科学根据。至于为什么由人民检察院来行使这一职权，它的必要性和可行性是由我国权力结构模式的宪政制度决定的，前文已作论述。至于法律监督职能与公诉职能的关系，出现的矛盾与冲突如何处置，将在下文论述。

（四）职权二元论

检察机关的职权，是指为了实现检察职能，国家法律赋予检察机关的各项权能。关于检察机关的职权问题，我国宪法、人民检察院组织法，以及刑事诉讼法虽然都作了明确的规定，但是对其各项职权的归类、定位、关系等方面的认识和运行，从理论界到实际工作部门均有不同的理解，尤其是关于法律监督和公诉两项职能的关系，众说纷纭，归纳起来也就是"职权一元论"与"职权二元论"之争。有观点认为，"法律监督方式和手段的多样性、多元化与法律监督本质和职能的唯一性、统一性并不矛盾。各种检察职能包括诉讼职能和非诉讼职能统一于法律监督，都是法律监督的实现方式和途径。法律监督方式和手段的多样性与法律监督性质的唯一性是统一的，共性寓于个性之中，个体体现共性。检察机关不具有与法律监督平行或并列的其他职能。我们反对检察定位和性质的多元论，即反对把公诉职能和侦查职能与法律监督职能并列，或者把检察机关定位为公诉和法律监督机关。正是在这种意义上，我们坚持法律监督一元论，因为只有一元论才符合我国宪法和法律关于人民检察院是国家的法律监督机关的规定，才具有理论上的彻底性，才能理解各种检察职能之间的内在联系，发挥检察职能的整体

---

① 孙谦：《中国检察制度论纲》，人民出版社 2004 年版，第 94 页。

② 俞荣根：《文化与法文化》，法律出版社 2003 年版，第 172 页。

效能，坚持检察改革的正确方向”。①

检察职能一元化的论点有一定的道理。特别是从广义上理解法律监督职能，法律赋予检察机关的公诉职能、侦查职能，以及其他职能，无可非议，都可以囊括在法律监督职能之中。但是，真正从理论研究和实际工作的运作过程分析，法律监督职能与公诉职能虽有联系，但两者之间仍有相当差异。笔者认为这种差异存在实质性的问题，如果不加以区分，直接影响两种职能的运作效果。出于这种考虑，笔者坚持“职权二元论”的观点，理由如下：

第一，法律授权检察机关的法律监督职权和公诉职权，两项权力的授予目的不同，法律监督的目的是以权力制衡权力，解决国家权力的滥用，以实现法制的统一；公诉职能则是一种诉讼职能、诉讼分工，它是按照诉讼的运行，对侦查、审判的制约，奉行“分工负责，互相配合，互相制约”的原则，其目的是共同完成诉讼任务。

第二，监督和制约的概念和内涵不同。所谓监督是指“察看并督促”②，从旁边察看、监视；而“制约”则是“甲事物本身的存在与变化，以乙事物的存在和变化为条件，则甲事物为乙事物所制约，互相制约”③。刑事诉讼的公诉职能以侦查职能的存在和变化为条件，公诉与侦查之间相互制约，公诉的存在与变化又是审判的前提和条件，公诉与审判之间形成相互制约的关系。整个诉讼的进程，前者是后者存在的前提条件，后者是前者发展的必然结果，形成了一种结构严密的诉讼法律关系。检察机关的法律监督职能则不然，它与侦查、审判等各个诉讼阶段没有相互依存、互为条件的法律关系，它只是察看和督促，或程序的启动和建议。当然，在目前的司法改革中，不少学者建议，要强化法律监督，对法律监督的启动权和建议权进一步强化，提出了三项建议，“一是把法律监督权仅仅定位为法律程序启动的建议权，则法律监督权的地位或效力应当低于被监督的权力，即法律监督权的全部内涵只能提出纠正建议，不能停止决定的执行。在监督与被监督的关系中，被监督者居于主导地位，法律监督者居于次要地位，建议提出了，被监督者是否接受，是否按照建议的内容变更决定，则是被监督者的

---

① 孙谦：《中国特色社会主义检察制度》，中国检察出版社 2009 年版，第 42 页。

② 中国社会科学院语言所词典编辑室编：《现代汉语词典》，商务印书馆 1983 年版，第 490 页。

③ 中国社会科学院语言所词典编辑室编：《现代汉语词典》，商务印书馆 1983 年版，第 490 页。

事，法律监督者无权干预。二是把法律监督权定位为法律实施的督促权，则法律监督者与被监督者的地位应当是对等的，在监督与被监督的关系中，监督者与被监督者居于平等的地位，监督者和被监督者可以有效交换意见，发现被监督者在适用法律和认定事实存在问题时，可以督促被监督者采取措施予以变更。三是把法律监督权定位为纠正权，则法律监督者的地位高于被监督者，法律监督者认为被监督者违法执法时，有权停止被监督者的执法行为并向违法者提出纠正，被监督者应当执行监督者的纠正决定。在监督与被监督关系中，监督者居于主导地位"①。这些建议，提高建议权的法律效力，提高法律监督者的地位，赋予监督者纠正权等。笔者认为，这不仅涉及对"监督"一词的理解问题，更重要的是涉及一个立法问题，关系到法律的修改和应否修改的问题，尤其是关于监督者和被监督者的法律地位问题，监督者的地位要高于被监督者，并有权停止被监督者的执法行为并向其提出纠正意见，被监督者应当无条件执行监督者的纠正决定。这些强化手段和措施需要立法的授权。同时，这些授权同诉讼的规则和规律如何协调一致是值得进一步研究的。

第三，出于尊重和遵循诉讼规则和规律的需要，不能把诉讼中的法律监督职能与公诉职能合二为一。在刑事诉讼中，从立案侦查到刑罚的执行，它完全是平等主体，按照平衡、对等、公开、透明等原则，依照法定的程序，有步骤、按次序，一步一步往前运行；在程序的设计上，检察机关通过公诉求刑，各方参与人参加人民法院审判；一审宣判后当事人不服有权上诉，公诉机关有权抗诉，案件进入第二审程序；判决生效后，当事人不服还可申诉，检察机关可以通过审判监督程序进行抗诉，履行其法律监督职责等。这些设计严密科学的程序，从启动到交付执行，从求刑到判决生效，有其自身运转的规律，笔者认为，这种诉讼规律不容违背。正因如此，一些学者提出质疑，公诉加监督，既是运动员，又当裁判员，以此为借口来反对或取消法律监督职能是不对的。但把两种职权合二为一，职能一元化的提法和做法，笔者也认为这样做既有违诉讼规律，又不利于强化诉讼中的法律监督。笔者主张，以职权二元化为指导，公诉与法律监督分离，检察机关借司法体制改革之机，设置专门的法律监督机构，以履行法律监督职责，对于诉讼中违法乱纪、滥用职权和大搞关系案、人情案、金钱案、权钱交易的腐败

① 向泽选：《法律监督原理》，群众出版社 2006 年版，第 5 ~ 6 页。

问题，加大惩处力度。这样做可以避免集“运动员与裁判员”于一身的弊端，既尊重了诉讼运动规律，又强化了法律监督的职责。

第四，从公诉权的产生、发展来看，公诉一直是检察机关的基本职能，我们不能在“职权一元化”的命题下，轻易地把提起公诉并于法律监督之中。纵观世界两大法系国家检察制度的发展史，包括苏联、俄罗斯，以及中国的检察制度的生成和发展，世界各国无不把公诉职能作为检察制度的一项重要的基本职能，尤其是近代和现代检察制度的发展变化，其公诉职能都在不断地加强，大陆法系国家的代表德国和法国是这样，英美法系国家更是这样，根据英国《犯罪起诉法》的规定，自1986年在英格兰和威尔士建立了由总检察长领导的全国性的起诉机构，加强了对公诉权的控制，扩大了检察机关的职权，突出了国家追诉的重要性。[①] 就对我国检察制度影响较大的苏联和俄罗斯的检察制度而言，也并没有奉行职权一元化的理论设计，在倡导和奉行法制统一，强化法律监督的同时，将公诉职能作为检察机关一项重要的基本职能在不断加强。笔者认为，在刑事犯罪不断攀升的今天，检察机关的公诉权，即对刑事犯罪的追诉权及提起公诉、支持公诉等一系列诉讼活动，不要轻易地纳入法律监督职能之内，当然广义的理解，也可以说得过去；真正从检察职责和权力而言，将公诉职能独立于法律监督，纳入诉讼的轨道，遵循诉讼的规律，有其独立的功能和价值，即可以保证诉讼渠道通畅，实现公诉职能专业化，保证公诉的质量，回应对检察权的各种质疑，对最终实现检察机关法律监督职能更具特殊的意义。

综上，笔者认为，检察职权二元论比一元论更为合理，按照二元论理论设计检察机构的设置，理顺诉讼渠道、遵循诉讼规律、保证公诉质量、强化法律监督更具科学性。当然，我们在进行职权二元论的哲理思考时，也决不能削弱法律监督的职能。法律监督与公诉是辩证的统一，都是我国检察权不可偏废、不可忽视的两个重要组成部分和两种基本职能，公诉职能加强了，法律监督的效果必然显现出来；公诉是手段，法律监督是目的，实现法制的统一是效果。我们要用马列主义辩证统一的世界观和方法论，正确审视“职权二元论”。

① 孙谦：《中国特色社会主义检察制度》，中国检察出版社2009年版，第72～73页。

二、一元分立权力结构模式下的中国检察权[①]

通常，一个国家权力结构形成的理论预设是将权力置于规范的权威之下，显示了对权力的基本配置与制约取向。分权理论是在西方政治实践中逐步产生发展的，由于各国资本主义生产力发展水平不同，资产阶级在政治上的诉求也不尽相同。相应地，分权制约在西方各国就表现为不同的结构模式，各具特色。

以美国为代表的平面化权力结构模式，将三权置于同一层级进行规范制约。在这个平台上，不同的权力主体各自行使法律规定的权力。在某种意义上，他们在各自的领域内具有最终的权威，三权不存在谁高谁低的问题，实现动态平衡制约。美国政治学家亨廷顿曾经指出，“美国始终存在着职能联合而权力分立的状况，而欧洲却发展为职能分化而权力集中的格局”[②]。英国立法和行政之间的分立原则体现得极为有限，甚至在形式上还带有一些议行合一的色彩。而法国职能分化的前提预设是总统的绝对权威。这些不同的权力结构模式都产生于各国迥然不同的具体国情、文化传统甚至人口地理方面的差异。可见，即使是资本主义国家，在采用立法权、行政权、司法权分立制约并进行具体的制度构架时，也并不是不顾国情地照抄照搬、千篇一律，而是根据本国和本民族的历史与现实国情，灵活多样地加以运用和变通，使之真正为本国资产阶级的统治服务。所以，虽然我们指出分权理论是资产阶级治国理政的基本精神，但是其具体运用仍是各国不同的社会历史条件的产物。在一元分立的权力架构下，一国专司法律监督的权能通常赋予检察机关行使，这是权力行使与运行的必然要求，也是各国综合多种因素选择的必然结果。

（一）一元分立权力结构模式下的检察权

一元分立权力架构下的检察权，其本质属性就是进行法律监督。在分设的权力体系中，检察权并不依附于任何一种权力，而是作为独立的法律监督权，参与保障权力的有效运行。这种独立的法律监督权力的存在及对检察属性的预设，其突出的特点在于解决了在不实行三权分立的社会主义国家如何实现权力制约问题。三权分立的权力架构为各种权力运行设置了结构的最终边界，分权运行下的

---

① 原文发表于《人民检察》2009 年第 3 期。

② ［美］塞缪尔·亨廷顿：《变革社会中的政治秩序》，华夏出版社 1988 年版，第 108～109 页。

检察权，无论法律属性最终如何界定，也无论这一权力具有怎样的特殊性，检察权都在其权力结构边界之内，实现对其他权力的制约。可见，三权分立下的监督与制约是任何一种权力存续的根本，检察权亦不例外。不同于西方的三权分立，一元分立权力架构下的各种权力不具有制约与监督的属性，在彼此缺少权力关联链条，权力难以动态守恒的前提下，单设一种独立的法律监督权力，有利于权力的良性运行，是科学分权的必然要求。因此，在一元分立权力架构体系下，对检察权的正确理解必须明确以下几点：

首先，一元分立的层级化权力结构要求检察机关行使法律监督的职权，以保障国家法律的统一正确实施；其次，检察机关的性质和职权具有特殊性、专门性和独立性，它既不属于行政权，也不属于司法权，它活动的根本宗旨就是维护法制；再次，检察机关的法律监督范围应当与国家法制的发展状况相适应，即检察机关应当全面承担起保障法律实施的责任，而不是仅保障某一方面的法律的实施；最后，国家检察制度的确立和检察机关的设置要从本国国情出发，根据国家的体制特点、历史传统和法制状况来学习和借鉴外国经验，而不能机械地照搬。如同社会主义国家没有固定的模式一样，社会主义国家的检察制度也不存在固定的模式。只有把检察制度的基本规律同具体国情相结合，才能充分发挥检察制度在国家活动中的法律监督职能。

（二）我国检察机关的法律监督权

在我国，人民检察院的职权通常被称为检察权，以此与检察机关的名称相对应。对于人民法院作为国家司法机关行使司法权，理论界争议较少，而对于人民检察院的职权属性则存有较大的争议。笔者认为，有关我国检察权的内在属性，检察机关的宪法定位，检察人员的宪政职责，甚至对具有中国特色的检察制度的正确理解，必须坚持在我国国体与政体框架下，对国家权力结构的正确理解之上，做到既关注中国特殊的历史发展，尤其是检察制度自身的历史发展，又要结合现行的检察工作现状。我国检察制度的宪法定位应是法律监督制度，检察人员的最根本的宪政职责应是强调对法律的强势监督，其他职责只是根本职责的派生，而对于检察权，既不是完全意义上的行政权，也不是通常意义上的司法权，而是被强化与保障的法律监督权。

我国的权力结构模式不同于西方，新中国成立后，我国没有采取西方国家三权分立的权力架构，而是根据本国的实际情况，建立了自己的宪政制度和国家权力体系，其制度安排是：将权力进行职能分工，并以人民当家作主的制度形式来监督其所分工的各项权力，即在国家权力机关——人民代表大会下，设置三个机关——行政机关、审判机关和检察机关。从检察权的宪法属性看，权力的应然性应当来自检察权所赖以存在的宪法确认的根本政治制度，宪政制度不同则权力性质的应然性不同。在这种国家权力结构模式中，检察机关作为由人民代表大会产生并向人民代表大会负责的一个独立的国家法律监督机关，专门行使检察权，履行法律监督职能。

应当承认以法律监督为内容的检察权是一个从内容到形式都十分中国化的概念。但重要的不是概念本身，而是这一概念所反映的内容是否具有正当性。在一元分立的权力架构下定位检察权的性质，我国议行合一的人民代表大会制度中以法律监督为使命的检察权独立存在，有其客观必要性和现实性。人民代表大会制度赖以建立的理论基础即人民民主专政理论是研究我国宪政问题的现实合理性的分析工具。这种政治理论决定了我国的政治制度具有权力一元化的价值倾向。正如英国的宪政排斥分权一样，我国的体制也因为本国的特殊国情而排斥分权。但是，对权力进行适度的分离设置和建立制约机制始终是现代法治的共同精神。于是有了人民代表大会之下的分权形式，即检察权作为二级国家权力与国家的行政权、审判权平行设置且相互独立。这种体制决定了我国的分权机制特有的禀赋，权力一元之下的分权和受限制的分权。[①] 由此可见，我国宪政过程是落实检察机关法律监督职能的过程，也是明确或落实检察权的过程。为了加强对权力的制约和监督，这一过程既吸收了权力分配与制约的精髓，又保持了我国的文化传统。

将检察权确定为法律监督权，这样的权力定位不仅符合检察权本身具有的多重属性，也是我国社会主义国家权力制约机制内在规律的必然选择，是国家权力分配和有效控制的重要保障。毕竟权力分立与制衡理论是权力协调的一种精神，而不是作为一种模式存在，其真正目的在于保证国家权力的和谐与有效运行。我国检察机关的法律监督职能具有运用程序权力的特征，通过科学分解，希望建立一种具有中国特色的检察权来制约审判权与行政权，同时确保司法公正与行政高效。虽然目前这种监督属性存在被弱化和空置的现象，但这应该作为我们改革这一具体法律制度的出发点，而不能作为我们质疑检察权就是法律监督权这一本质

① 孙谦：《检察：理念、制度与改革》，法律出版社 2004 年版，第 31 页。

属性的理由。

我们从二级权力的内容可以看到，在行政权与审判权之外，我国多了一个平行的权力，即法律监督权。法律监督可以通过追究行政官员的职务犯罪行为来实现对行政权行使的积极的、间接的干预；法律监督权是在传统的西方语境中的起诉权之外，可以通过对审判行为违反程序法进行事后的督察，可以通过民事、行政、刑事的抗诉权等实现对错误审判的纠正程序。因此，人民代表大会制度之下的监督机制的设置有自己的特点：实施一种积极的、源自一元权力的、集中的控制机制。这种控制机制的特点也具有人民代表大会制度的权力特征，即排斥分权，强调权力集中。这种控制机制是在权力一元化之下，建立适当的职能分离和中央控制系统。这种中央控制系统就是检察机关的法律监督，也是法律监督的法治化定位。在另一个层面，即在权力的运行实践中，我们看到，这种权力制约机制对维护我国的法律秩序和确保法制统一发挥着不可替代的法治化功能。法律监督的实践运作表明，这项制度是我国法治化进程中的一项实在的权力，是一种实然的制度设置，是我国法治化进程的重要保障制度。

以权力架构的不同样态作为对检察权研究的出发点与落脚点，意味着我国检察权应当用人民代表大会制度来解释权力的性质，不能以西方法理学说作为应然性的依据来给我国检察权定性。所以，西方理论预设的“三权”中的司法权是不能完全适用于我国的。从三权分立的角度来看，司法权是相对于立法权、行政权的第三种国家权力。与立法权和行政权相比，司法权的性质或许是不言自明的。立法机构的使命主要是创制法律，也就是制定带有普遍适用效力的法律规范。而司法机构的使命则在于对具体案件进行裁判，并通过将一般的法律规则适用到个案之中，解决业已发生的利益争端。相对于立法权而言，司法权是一种裁判权，并且是通过将一般的法律规则适用于具体案件，来发挥其裁判案件这一功能。

但是，这样的解释总让人感到三权分立的权力架构与宪政体制在限制着分析者的思路。法律监督的概念及法律监督权力，因为超出了西方传统政治理论的分析术语范围而出现了分析工具方面的危机——它究竟是立法权、司法权还是行政权？位列于“三权”中的哪一部分？这样的疑虑与矛盾成为我国检察改革乃至司法改革的知识性挑战。因为，对于检察改革的评价是建立在一定的权力定位的逻辑前提之下的。而我国由于一元分立的权力架构在根本上有别于三权分立，在历史上亦不存在与近代意义上的立法、行政相对应的司法概念。在我国的权力结构模式下，司法权的概念必然不同于西方国家，检察权既不位于行政权之中，也不包含于司法权之内，而是独立为集中了二者某些性质的法律监督权。这种权力并不具有超越行政权和审判权的地位，而是与行政权、审判权处于同一权力层级，以最终维护国家权力和谐有效的运行。由此，在我国一元分立的权力架构下，各种权力分设为立法权、行政权、审判权和法律监督权，执行这些权能的机关分别是权力机关、行政机关、审判机关和检察机关。检察机关行使法律监督权，检察权在权力本位上应是法律监督权。

（三）制约我国检察权职能作用充分发挥的因素分析

根据我国宪法和有关法律的规定，检察机关拥有法律监督权，有权监督法律的统一实施。目前，检察机关的这种法律监督主要体现在诉讼领域。在评价、分析、论述检察机关的属性和权能问题上，争议观点众多。笔者认为，我国检察机关的法律监督职能是我国一元分立权力架构与宪政发展的必然要求，我国无论是重视权力监督的立法建设，是建立多途径、多环节的整体监督机制，还是建立极具特色的检察制度，就目前司法实践现状而言，监督职能并没有得到有效的发挥，这表现为具有法律监督权能的检察权不仅没有超强势化，反而在法律监督的各个方面都存在诸多亟待解决的问题，或是法律规范欠缺，或是保障措施不完整，或是各个权能的运作机制不协调。

从总体上讲，我国检察机关的法律监督呈现弱势状态。从权力结构层面分析，这种现状是由历史和现实多种原因合力的结果。

1. 从历史传统上分析，在我国，由行政权力以外的权力主体来承担监督职能缺少强势基础。作为监督体系的重要一环，我国检察机关的法律监督主要体现在对诉讼的监督。从权力角度看待检察机关的这一监督职能，其产生与发展缺少强势权力支撑。因为，从一定意义上讲，监督是政治的本能，权力与监督总是相伴而生。虽然我国检察机关的建立相对较晚，承担监督职能也是近几十年的事情，但有关权力监督与制约问题的理论探讨从西周时期就已经开始，并有了权力监督制度建设的尝试，随着朝代的更换，这一制度也在不断地充实、发展、完善。但是，“大行政”是中国传统政治的基本特征，专制主义集权政治的本质决定在那个时期根本不可能存在横向的权力监督。历代统治者在行政的各个环节建立相应的监督机制，强化自上而下的控制与管理，法律监督只是行政内部监督的一种。在我国传统权力监督体系中，监察制度是最具延续性、完整性和权威性的一种权力监督制度。历代统治者为了树立监察官职的权威形象，保证监察权力的有效行使，都极力抬高监察官的地位，赋予其特殊的礼遇。监察官之监察权，上起朝廷下至地方，上至公卿百官下到地方小吏，都在监察视野之内，言谏制度的对象则直指皇帝。

监察官所监察的内容也是无所不至，官吏的行政违法失职固在纠劾之列，甚至公务之外的个人行为也在监督范围之内。透过监督体系的历史发展可以看出，我国传统意义上所谓的监督不是基于民主和分权产生的横向权力制约，尽管有相对独立的司法系统和监察体制，但没有形成任何独立于行政之外的权力机关行使监督权。自上而下的统一行政管理触及社会生活的各个领域，所有权力都来自于行政权或受制于行政权，传统法律没有同位制约的生存土壤。这些使得在分权层面获得独立的监督职能难以有效地发挥作用，由检察机关承担法律监督职能的定位与建设缺少传统力量的支持，加上"大行政"的惯性遗传，"小权力"面对"大权力"必然导致检察机关的法律监督在诉讼过程的任何环节都容易被弱化、虚置。

2. 过分强调沿循国外的模式进行变革，缺少对我国一元分立权力模式下特有结构的分析。毋庸讳言，我国现今的各种法律改革都是在批判和借鉴的基础上进行的，批判更多的是我国的传统和现状，而借鉴更多的是国外的思想和制度。与西方视传统为动力相反，在我们前进的道路上有的人将历史与传统视为包袱。基于传统和国情建设的制度，往往因不符合西方所谓的"标准"，不仅被西学批判得体无完肤，更被一些简单的"比较"割裂得支离破碎，这些同样表现在对检察权属性的认知和权能的确立上。以俄罗斯检察改革为例，之所以要研究俄罗斯检察权改革的原因、背景、内容、过程和实施结果，是因为我国的检察制度就是依照列宁的法律监督理论，仿效苏联检察制度建立的。俄罗斯检察制度淡化监督职能的发展趋势，亦被作为质疑我国检察机关法律监督属性的一个方面，这种质疑甚至扩大到法律监督职能最初设立的合理性和有效性。笔者认为，俄罗斯检察权的改革发展进程，从一定意义上，更加说明一元分立权力架构下的我国检察机关只能以法律监督为其本质属性并确立具体权能。

首先，俄罗斯检察机关弱化监督职能，最主要的原因是其"三权分立"宪政体制的改变。在俄罗斯联邦确立了"三权分立"的权力组织方式之后，权力的制约方式如果仍旧保持原来的“议行合一”制模式下的单设监督机关的方式，显然是不妥的，不符合“三权分立”的内在要求。从上述分析可知，在“三权分立”模式下，法律监督权的存在失去了理论基础，也就是失去了其存在的前提和存在的合理性。而我国是坚持中国共产党的领导，在社会主义公有制的基础上进行改革，旨在建设有中国特色的社会主义，坚持“议行合一”的政体。就我国检察权设置的目的而言，它明显具有分权与制衡性质，无论是职务犯罪侦查权还是公诉权、抗诉权、刑罚监督权等，作为专门法律监督机关的人民检察院，由于与政府机关彻底分离，体制上已不存在检察权附属行政权的问题，同时又与审判权相分离，使得其从外部制约行政权、审判权成为可能，进而实现既能有效保护国家与社会公共利益，又能保障国家法制统一，监督法律实施的目标。所以，在我国的社会政治经济条件下，检察权的监督属性不仅不能弱化，反而应当予以加强和完善。

其次，刑事诉讼的改革方式不同，对检察权的影响也不同。我国 1996 年修订后的刑事诉讼法颁布后，对于如何构建我国刑事诉讼模式的研究非常多，可以说我国是从积极引入某些对抗制诉讼制度、证据制度入手进行的改革。但是，我们没有实行陪审制，仍然坚持人民陪审制与合议制、独任制的审判方式；而俄罗斯的司法改革是建立在陪审制为其核心制度的基础上，来引入对抗制的诉讼模式。从建立对抗制诉讼模式的角度观之，俄罗斯的改革似乎更触及诉讼模式改革的根本，而我国则是对原有诉讼模式的完善，只能是对对抗制诉讼模式的一种借鉴。这样，对于改革控辩双方地位的迫切性要求不同，检察权具体职能的设立和发挥也就不同。

最后，从法律监督权产生之初，在当时那种特定的历史背景下，由于社会制度与信仰上的契合，新生的社会主义中国在社会制度及司法制度上以苏联的制度为样板是历史做出的现实选择。但是，经过几十年的发展，我国的检察制度较之苏联的检察制度已有许多发展，是适应我国具体国情的检察制度。

由此，我们不能简单地以其他国家检察机关没有我国检察机关所属权能为理由，对中国检察权进行重新定位和分配，甚至从传统和根本上否定这一制度。值得注意的是，检察机关的监督权力，并不是我国所独有的，其他国家检察机关除了诉讼上的权限外，还具有其他的一些权限，这些权限往往具有监督权的性质。例如，法国的检察官对下列各事项也有干预监督职权：对司法辅助人员之监督；

对书记科之监督、检查；监视司法救助制度的营运；对户政官员之监督……[①]应该说，检察院的这些权限在本质上也是监督权。因此，我们应该理性、正确地看待我国的检察属性与权能，它是特色化的制度，而不是边缘化的产物。

3. 检察机关各种职能各自为战，没有形成统一协调的体系，制约了法律监督职能的发挥。这一问题同样反映在检察机关法律监督职能体系中。检察权作为国家公权力，其职权必须由宪法、法律规定并授予，我国检察机关自产生之日起就被赋予了全面的法律监督职能。自新中国成立以来，尽管检察机关在国家机构中的地位和法律监督职能的范围以及实施监督的程序等有过多次变更，但是，人民检察院作为国家法律监督机关的性质或提法始终没有变化。新中国成立之初，检察机关除参与刑事、民事诉讼外，还有对政府、公务人员和其他人员是否遵守法律的一般监督权。

1954 年的《宪法》《检察院组织法》明确规定，最高人民检察院对于国务院所属各部门、地方各级国家机关、国家机关工作人员和公民是否遵守法律，行使检察权。

1978 年《宪法》沿袭了这一规定，并规定最高人民检察院对“违宪行为”行使监督权。1979 年《检察院组织法》根据我国法制发展的实际，确定了我国检察制度的发展方向，取消了一般监督的职权，将检察机关的职权主要限定在司法领域和诉讼活动之中，明确了检察机关主要在诉讼活动中通过诉讼方式行使法律监督职能这一基本格局。从我国宪法和法律关于检察机关职能调整的过程可以看出，在一定意义上，我国检察制度最初的设计者的确显现了“大检察”的立法思路，要设立一个对所有立法、执法、司法实施全面监督的机构——人民检察院来担负这一职责。但这一构想与我国法制实践相去甚远，一直没有通过具体制度全面加以落实。自 1979 年《检察院组织法》及 1982 年《宪法》修改后，我国检察机关法律监督的范围逐渐通过有关法律具体化为诉讼监督及司法监督方面，民事诉讼法和行政诉讼法将检察机关法律监督职能体现为按照再审程序提出抗诉，取消了民事案件的起诉权。

从诉讼职能来看，我国检察机关拥有的权力是多元化的，既有侦查权、批准逮捕权、起诉权，还有对诉讼活动的监督权。检察机关多项权力之间，涉及不同

① 黄东熊：《中外检察制度之比较》，中央文物供应社 1986 年版，第 151 页。

诉讼主体之间的权能冲突问题，始终是学术界探讨的热点，而且至今也没有形成一个相对统一的意见，这些都阻碍了法律监督职能的发挥。例如，对公诉权和监督权主体内部的冲突问题，检察机关的自我监督问题，以及“大检察”导致的“小审判”问题等。

（四）正确认识检察权与相关权能之间的关系，强化法律监督

近几年，司法机关为回应实践要求，在现行法律框架内，正在进行一系列司法改革，但是，笔者认为，司法体制改革必须正确认识和调整公安机关、检察机关和人民法院之间的权力关系以及它们与其他权力主体之间的权力关系。其中，检察机关的法律监督权因牵连的权力最多，争议的内容也最庞杂，尤其是几种为不同主体拥有的权力共同联结到一种法律职能时，其间的关系就显得尤为重要。这是各种权力在本质上绝对冲突而不可调和，还是欠缺协调机制而表象冲突，对这个问题的正确理解与把握关系着我国法律监督职能改革的基本方向和具体权力设置。

首先，就检察机关的公诉职能和法律监督职能而言，公诉权的职能属性本身就反映了法律监督的性质。在刑事诉讼中检察机关进行法律监督的主要方式是以公诉人的身份出庭控诉犯罪，实现刑事追诉并监督法院的审判活动，公诉权的法律监督性质是其内在属性，并不是和法律监督权并列的一种职能。公诉权在与侦查权、审判权相互作用的过程中，具有控制侦查程序和审查侦查结果、启动审判程序和限定刑事审判范围的作用。这种作用从法治建设的角度看，就是维护法律的统一正确实施，具有法律监督的性质。[①] 例如，法官基于不告不理原则，必须在检察官提起公诉后才能进行审理，这本身是对法官审判的一种制约，是法官独立、中立、公正的保证。公诉权的法治价值也在于由独立、公正、客观的检察官通过实行公诉维护有关法律的正确实施，站在国家和社会公共利益的角度保证审判机关依法独立行使审判权。这不会导致检察机关凌驾于审判机关之上，也没有违背审判中心和司法最终裁决原理，更不会形成检察权大于审判权的法律体制。

强调检察官实行公诉，监督法院审判的主要任务不仅不是妨碍司法独立，反而是维护司法独立的一个重要方面。检察机关的这种控诉作用可以有效防止审判权超越法定范围任意扩张侵犯公民的合法权利，从而体现法律监督的职能。

---

① 孙谦：《检察：理念、制度与改革》，法律出版社 2004 年版，第 433 页。

其次，就检察机关的公诉权、抗诉权与法院的审判权而言，不因法律监督关系的产生而存在实质冲突。许多学者对审判监督尤其是检察机关的审判监督权提出质疑，具体理由是：一是法院的审判具有司法的终局性，如果对法院审判的结果进行监督，就会破坏司法的终局性。二是强化对法院审判活动的监督，其结果必然是弱化法院审判权行使的独立性，从而损害法院审判权的权威性，危及司法公正和社会正义。三是在诉讼结构上，检察机关与被告人是诉讼的控辩双方，法院是居中的裁判者。如果认为检察机关是法律监督机关，兼具公诉人和监督者的双重身份，在诉讼中具有高于被告方的地位和权力，就会破坏控辩平等的现代司法理念，使控辩审三方的诉讼关系失去平衡，等等。[①] 对此，笔者认为，检察机关在履行审判监督职责时，要妥善处理作为监督者和检控者的角色定位问题，应当完全站在法律的立场，客观公正地处理检法关系，使检控机关和监督机关的角色获得统一，而不能单纯地从代表国家的刑事原告角度履行职责。检察院在行使公诉权时对法院的审判监督，应当严格按照法律规定的范围、程序和方式进行，这种监督并不是凌驾于法院之上，直接或者间接对法院的活动进行干涉，而是通过诉讼方式对法院审判中出现的违法行为和错误裁判提出意见，请求上级法院予以纠正。此外，通过起诉或者抗诉来强化法律监督，注重庭审中对证据的收集与认定，推动现有的发现案件真实模式向证明案件真实模式转变，有利于控辩双方展开真正的庭审对抗，从而有利于实现法官中立裁判，摆脱传统法官过于积极主动掌控案件的局面，建立真正的控辩对抗、居中裁判的诉讼格局。从这个意义上讲，发挥法律监督职能最直接和最有效的途径就是实现对审判的监督。司法权威不是司法强权，强调审判独立并不意味着对审判权进行监督就会影响其公正与权威，相反权威与监督具有较强的同质性。作为权威的主体，体现意志的内容既要符合自身利益，又要符合权威受体利益。如果只体现权威主体的利益和目标，就不是现代意义上的司法权威，而是一种司法强权；如果只体现权威受体的利益和目标，就会使权威走向原始，从而丧失权威，造成社会无序。只有充分体现权威关系各方的利益和目标，接受监督而树立起来的权威才具有令人信服的威望和公信力，才能使权威受体自愿认同，进而推动权威受体理智地行动，以致真正实现司法权威。

---

① 谢佑平："检察监督原则另论"，载《政治与法律》2002 年第 5 期。

最后，在检察机关的监督权与法院的审判权之间不存在实质性冲突的前提下，监督过程就是各种职权协调与不断调整、改进的过程。检察机关的宪法地位已经非常明确，各项具体的检察职能要落到实处就需要完善立法，进一步健全检察机关在刑事诉讼、民事诉讼、行政诉讼以及有关执行程序中的具体监督程序，保证检察机关的一切监督活动都在法律规定的范围内进行，增强法律监督的可操作性。同时，对于实施法律监督重要手段的各项具体职能自身运作有问题的要进行及时修改，与其他职能冲突的要注意总体协调。例如，1996 年《刑事诉讼法》修改前规定，人民检察院认为需要自己直接受理的其他案件可决定立案侦查。针对检察机关自侦案件范围过宽的问题，1996 年《刑事诉讼法》第 18 条规定，对于国家机关工作人员利用职权实施的其他重大犯罪案件，需由人民检察院直接受理的，经省级以上人民检察院决定，可由人民检察院立案侦查。从而限定了检察机关立案侦查的范围，有利于从总体上发挥优势，进行强势法律监督。适应实践发展需要和职权自身运作规律进行适当调整和改进，如进一步严格明确检察机关直接侦查的案件范围，在侦查监督中除了对可能侵犯嫌疑人权利方面的侦查措施加强监督外，对诸如黑社会犯罪等个别特殊案件实行检察院引导侦查的监督方法，可以较好地发挥监督效能，从而使检察监督良性运转。

有权力就必然有监督，监督功能一定要作为独立的权力规范并保障。目前，我国没有通过明确分权的权力架构和宪政体制来强调权力制约，专门的法律监督权只能由检察机关行使，并通过各项权力的良性运转或实至名归而予以强化。针对审判权，在刑事诉讼运行中，能以权力制约权力的最常态和最有效的制约方式就是对检察权的配置。检察权自身具有的非实质意义上实体处分权的程序性特征，普遍诉讼监督对权力行使主体专业素质的要求等，使得经常性具体监督任务的承担，只有检察机关最适宜，也最符合法治国家法律职业化的要求。同时，作为前连侦查、后接审判的诉讼中间环节，检察机关行使法律监督权，有利于及时发现侦查中可能出现的违法行为，并及时加以纠正，同时对法庭审判可能产生的错误，通过强有力的抗诉最终促使其纠正。

需要强调的是，检察机关作为我国宪法明确规定的法律监督机关，行使法律监督职能。但“专门”不代表“全部”，检察机关进行的法律监督不是我国法律监督的全部，也不是刑事诉讼活动监督的全部。我国的法律监督有着庞大的监督体系，网状的监督结构既强调监督的普适性，也强调监督的专门性；既强调监督的常态性，也强调监督的特殊性；既强调监督的单向性，也强调监督的双向性。检察机关的法律监督只是也只能是我国权力监督体系中至关重要的一支，监督者本身也受到其他权力机构与权利个体的监督。我们不能不切实际地要求专门的法律监督机关完成全面的监督任务，同时也要厘清一些基本误区，通过完善、加强、协调检察机关的各项职能以保障其监督职能的发挥。我国设立法律监督机关，并由检察机关行使法律监督职能，是一元分立权力架构的产物，是由国体、政体、国情及制度决定的。我国检察机关法律监督职能之所以难以有效发挥，不是我国对检察权或者检察机关的职能属性的“监督”定位所造成，而恰恰是对这一职能过于多样化认知的结果，是对检察制度的宪政地位和法治价值等重大问题难以达成基本共识的结果，是对制度构建的历史合理性和发展的内在逻辑缺乏理性思考的结果。层级化的权力结构模式，必然体现为一元分立的权力架构，这种权力土壤下生成的检察权在本质上应是法律监督权，应当予以完善和强化。

三、关于当前检察改革的五个基本理论问题[①]

“十三五”时期是我国发展的重要历史时期，检察工作面临着机遇和挑战并存的情况。在这种情况下，以下几个基本理论和原则应当在继续坚持的同时进一步创新发展。

（一）坚持职权原则

当前，科学技术信息在诉讼活动中广泛应用，但在适用时不可突破、超越或削弱职权原则，更不能违背司法规律。例如，利用微信开庭、公诉连线出庭、刑事案件速裁程序试点公检法联合无缝对接，还有捕诉合一、侦捕诉合一等，这些做法与司法的判断性、直接性、言词原则之属性相违背，值得研究和警惕。运用现代化手段，使司法迈向公开、透明、方便群众是值得提倡的，但相悖于司法规律的做法必须禁止。

当前，发挥好检察职权，坚持职权原则，应当既强调科技强检，又不能违背司法规律。特别是要将“互联网＋检察工作”作为推动检察工作的着力点，强化检察工作与信息化的深度融合，实施“互联网＋检察工作”专项行动。第一，

① 原文发表于《人民检察》2016 年第 11 期。

在职务犯罪侦查上，全面提升电子证据意识，全面构建电子证据思维。第二，在检察管理上，运用统一软件对办案业务进行管理。第三，运用网络对接公安、人民法院、纪检监察、工商、银行、税务等部门，实现资源共享。第四，构建检务公开网络平台，保障群众的知情权、表达权等。

（二）全面贯彻人权保障原则

2012 年《刑事诉讼法》的修改实现了诉讼目的的转型，即由一元化的查清事实、惩罚犯罪，转向既打击和惩治犯罪，又尊重和保障人权的二元化的目的。但是，如何适应诉讼目的的转型，尤其是如何贯彻人权保障原则，应当从两个方面着力：

一是完善人权保障制度架构。从司法方面来讲，十八届三中全会提出了关于人权保障的九项措施，十八届四中全会提出了十项措施，我们应当按照这些措施构建人权司法保障制度。二是从法律监督属性出发，既要监督、制约公权，又要保护私权。作为国家法律监督机关，检察机关既要加强对公权的监督，特别是诉讼中的法律监督，还要加强对私权的保护。在保护私权上，目前可从两个方面着手：一是保护犯罪嫌疑人、被告人的辩护权。在我国刑事诉讼中，大量案件的辩护仍未到位，应当引起法律监督机关的高度重视。二是保护非公有制经济的发展，营造公平公正的法治环境。

（三）正确认识检察权的三种属性

检察权具有法律监督属性、司法属性和行政属性。三种属性存在如下关系：法律监督属性是检察职能的根本和核心；司法属性是检察的本体职能；行政属性是主体，主要指检察主体的内部管理、上下级关系、检察一体以及司法责任制等。如何把握好检察权的三种属性，应当注意以下几点：首先，法律监督属性应当包括诉讼监督和非诉讼监督，当前应当根据我国的现实需要，大力探索非诉讼监督。其次，关于司法责任制的问题。检察主体的行政属性决定了检察机关要集体办案，这与审判人员可以独立审理案件不同，因此，检察机关实行的办案责任制要区别于人民法院的司法责任制。最后，可以实行公诉职能和法律监督职能相分离。在法律监督的属性下，检察机关的职权可实行二元论，即公诉与监督相分离。这有助于检察人员准确把握好职能定位，有助于在庭审中实现真正的控辩平等。

（四）以审判为中心诉讼制度改革的基本理论问题

当前，在以审判为中心诉讼制度改革中，如何理解诉讼中的分工、制约，以审判为中心不仅是个技术问题，还是一项重大的系统工程。

首先，应破解审判中心论和阶段论的分歧、冲突。以审判为中心诉讼制度改革的主体包括公安机关、检察机关、人民法院、刑事辩护律师四大主体，它是控诉、辩护、审判三大诉讼职能的综合发挥和联动。“侦查是基础，公诉是主导，辩护是必须，审判是关键，监督是保障”，这是对以审判为中心诉讼制度改革的较为全面的理解。

其次，应当以权力制衡原理为指导，强化侦查监督，夯实基础，建立中国特色司法审查制度。在以审判为中心的诉讼制度改革的运行机制中，我们反对侦查中心主义，但并非是削弱和藐视侦查，侦查仍然是以审判为中心诉讼制度体系中的首要环节和基础环节。但是，侦查权的行政属性和运行中的基本特征，决定了必须对其进行监督、制约和司法改造。侦查权有以下特征：国家权力的垄断性；实施中暴力的强制性；秘密的封闭性；追诉的倾向性；诉讼的积极主动性；行使部分诉讼职能的程序性。这些基本特征在实践中暴露的问题也比较突出，如权力的膨胀和滥用，刑讯逼供屡禁不止，错案时有发生，等等。

就我国刑事诉讼立法和实践而言，公安机关可以独立决定通过行政手段剥夺公民人身自由权；独立适用限制、搜查、扣押公民人身、住宅和财产权；独立决定拘留等剥夺公民人身自由权；独立决定适用取保候审、监视居住等强制措施；独立决定适用秘侦手段等。我们认为，凡是涉及人权和财产权的强制措施，统统都要受到监督、制约和法律的限制，均不得自己立案、自己侦查、自行决定，这也是多数国家的经验。因此，以审判为中心诉讼制度的改革必须坚持权力制衡原理，对侦查权的行政属性进行司法改造，构建具有中国特色的司法审查制度。比如，对侦查中的各种限制人身自由、财产权的强制手段，均要求报经检察机关批准，接受检察机关的法律监督、制约，以防止权力滥用，确保收集、扣押的各种证据的质量，夯实诉讼的基础。具体而言，按照权力制衡原理，可从以下三个方面构建具有中国特色的司法审查制度：一是凡是限制人身自由的各种强制措施均由检察机关审查批准；二是物权限制要实行由检察机关批准的令状主义；三是自侦案件的强制措施和带有强制性的措施，要报经同级人民法院批准。

最后，适应庭审实质化，实现有效公诉。为此，检察机关应做好四点：一是积极改革审前程序，创新侦查监督，构建大控诉的格局，指导侦查、引导侦查，打好基础。二是针对庭审实质化和有效辩护制度，制作公诉实质化和有效化标准。三是采取措施克服庭审虚化、质证形式化。四是正确处理庭审中控、辩、审三者之间的关系。

（五）坚持证据裁判规则，提高运用证据的能力和水平

第一，正确把握证据裁判规则与以审判为中心诉讼制度改革的关系。证据是以审判为中心诉讼制度的核心；证据的运用是庭审实质化的标准；证据是防范和纠正冤假错案的基础。

第二，正确把握证据裁判规则。证据规则是对证据能力规则和证据证明力规则的规范。证据能力规则包括相关性规则、非法证据排除规则、传闻证据排除规则、意见证据排除规则。证据证明力规则包括自白规则、补强证据规则等。

第三，贯彻证据裁判规则。就检察实务工作而言，首先，要认真总结已经纠正的错案产生的原因，有针对性地采取有力措施，加以防范。从“以口供为本”转向“以实物证据运用为本”；实行诉讼分流，对大要案必须坚持直接言词原则，提高证人、鉴定人出庭率，保障控辩双方的质证权，完善质证规则等。其次，在实际操作和运用证据的各个环节上，一要紧紧围绕证明对象、定罪量刑两个环节，进行证据裁判；二要紧紧抓住收集—固定—保管—移送—返还—出示—辨认—质证—认证九个环节，审查阐述证据的合法性；三要坚持非法证据排除规则的贯彻与落实，特别要解决“不能排、不想排、不敢排和不会排”的问题；四要解决大要案中的证人、鉴定人到庭接受质证的问题；五要学会正确处理在卷证据和在案证据的关系，要坚持以庭审为标准，学会运用在案证据，适应庭审的变化和要求；六要正确理解和运用“排除合理怀疑”的证明标准，学会处理在案证据与个人的经验判断、逻辑判断和自由裁量的关系，不滥用自由裁量权。

四、论刑事检控思维①

2012年3月14日，第十一届全国人民代表大会第五次会议审议通过了《关于修改〈中华人民共和国刑事诉讼法〉的决定》，对我国刑事诉讼法做出了重要

① 原文发表于《中国刑事法杂志》2015年第4期。

修改。修改后的《刑事诉讼法》已正式实施两年多了，在这期间，我国刑事法治已出现了可喜的局面，无论是在打击惩罚犯罪，还是在诉讼中的人权保障，尤其是案件的质量方面和司法的公信力的提高，所取得成绩举世瞩目。但是，在贯彻实施《刑事诉讼法》的过程中所暴露出来的问题也不容忽视。刑事诉讼法的重大修改，必然要引起诉讼理念、诉讼理论的重大变化，法律的修改，诉讼制度的变革，必然要求人们的世界观和方法论的转变，对于检察人员而言，检察的法治思维是问题之所在。党的十八大报告明确指出："提高领导干部运用法治思维和法治方式深化改革、推动发展、化解矛盾、维护稳定能力。"2012 年《刑事诉讼法》的贯彻实施，广大检察人员同样要用法治思维和法治方式学习、理解和实施《刑事诉讼法》关于诉讼制度和程序的改革措施。笔者把检察人员参与刑事诉讼的法治思维和法治方式概括为检察思维。对其内容及内涵作如下解读。

（一）用"民主、文明、进步"的思维和方法看待刑事诉讼法的进步与发展

改革开放三十多年来，我国刑事诉讼法的产生和修改迈出了三大步：第一步，针对"文化大革命"中的混乱情况，全国人大五届二次会议制定了我国第一部刑事诉讼法典，这部法典主要是解决"无法无天、有法可依"的问题，结束了"文化大革命"中乱抓、乱捕的局面。第二步，1996 年《刑事诉讼法》的第一次大修提出了 110 个修正案，把原刑事诉讼法典从 164 条增至 225 条。这一次大修针对我国变化的现实情况和依法治国的进程，主要是解决刑事诉讼活动中长期存在的"有罪推定"问题，在修改后的《刑事诉讼法》中增加规定"未经人民法院依法判决，对任何人都不得确定有罪"。从三个方面吸收了"无罪推定"的合理因素，一是改变了刑事被告人的称谓，把传统的"人犯""犯人"这种有罪推定称谓，在交付法庭审判之前，统称为"犯罪嫌疑人"；二是按照无罪推定关于举证责任的原理要求，诉讼中的举证责任一律由担负控诉职能的人民检察院承担。三是对举证达不到"确实、充分"的证明标准而形成的疑案，按照"疑罪从无"判决无罪的方法做出处理。对 1996 年《刑事诉讼法》的大修，其历史性的进步是毫无疑问的。与此同时，庭审方式也进行了重大改革，吸收了"对抗制"的做法。即"法官居中、控辩双方平等"，通过法庭调查、质证、辩论，查明案件事实，改变了传统的职权主义的做法，吸收了当事人主义诉讼模式关于对抗、辩论的诉讼程序。第三步，是 2012 年 3 月 14 日第十一届全国人民代表大会第五次会议审议通过的《刑事诉讼法》，对我国 1996 年《刑事诉讼法》

又进行了大修，把《刑事诉讼法》从225条增加到290条。这一次修改又使我国的刑事诉讼制度的发展向前迈了一大步，其亮点多多。例如，把“尊重和保障人权”作为刑事诉讼的任务和指导思想写进了法典，引进了国际通行的“不得强迫任何人证实自己有罪”的诉讼准则，确立了非法证据排除规则，建立了严禁刑讯逼供的机制，出台了侦查讯问全程同步录音、录像的侦查措施，改革了证人、鉴定人、侦查人员出庭作证、接受质证的作证机制，强化了人民检察院的法律监督，等等。总之，从十一届三中全会以来刑事诉讼法的产生和两次大修，可以看出我国刑事诉讼制度的进步与发展，这种进步是一步一步地走上民主、文明、进步之路，一步一步地使我国的刑事诉讼活动在程序设计上更加科学、正当、民主、文明，这是符合民主与法治进程的。我们一定要坚定信念，按照党的十八大所指出的“道路自信，理论自信，制度自信”，不动摇、不懈怠，把刑事诉讼法贯彻好、实施好。

（二）用比例原则、平衡思维理解和把握《刑事诉讼法》

关于惩罚犯罪与保障人权的关系。2012年《刑事诉讼法》坚持打击、惩罚犯罪与保障人权的辩证统一，既讲保障人权又讲打击，实现惩罚犯罪与保障人权的平衡。在强调尊重和保障人权的同时，从三个方面加大了打击惩罚犯罪的力度。

1. 加大了对普通刑事犯罪的打击力度

一是《刑事诉讼法》第148条至152条增加规定了技术侦查、有关人员隐匿身份的侦查和控制下的交付，《刑事诉讼法》对这三种手段运用的范围、批准的手续，及适用中对国家秘密、商业秘密和个人隐私等应当遵守保密原则，以及所收集到的材料的证据价值等均作了规定。这些规定完全是出于当前我国刑事犯罪变化的情况，有针对性地采用技术手段，以提升打击和惩罚犯罪的力度。二是对于人身检查，增加规定了可以采集指纹、血液、尿液等生物样本（见《刑事诉讼法》第130条）。三是扩大了扣押的范围，对1996年《刑事诉讼法》把扣押的范围限制在“物品”这一规定，修改成“财物”（见《刑事诉讼法》第139条）。四是扩大了侦查中的查询、冻结范围，债券、股票、基金份额等财产均被列入其中（见《刑事诉讼法》第142条）。五是改革和完善了强制措施，取保候审增加了强制执行令，监视居住增加了指定居所监视，逮捕条件细化了，解决了“有逮捕必要”和“社会危险性”这些含糊不清的条件，规定了具备什么条件可捕、什么情况下不予逮捕。这些措施的出台，其目的就是为了加大对普通刑事犯罪的打击力度，尤其是将“危害国家安全的犯罪、恐怖活动犯罪、黑社会性质的组织犯罪、重大的毒品犯罪和其他严重危害社会的犯罪案件”作为打击与惩罚的重点。

2. 加大了反恐的打击力度

《刑事诉讼法》共有 7 个条款对反恐程序作了规定：一是第 20 条规定将反恐案件的管辖提升为中级人民法院一审。二是第 37 条规定了律师会见的例外，对于恐怖活动案件，律师会见犯罪嫌疑人需经侦查人员允许。三是第 73 条强制措施的规定中对恐怖活动犯罪案件的嫌疑人可以指定居所监视居住。四是第 83 条规定了拘留后 24 小时内通知家属制度，但是对恐怖活动犯罪案件的嫌疑人，如果通知有碍侦查的，可以不通知家属。五是第 148 条增加规定对恐怖活动犯罪案件可以适用技术侦查措施。六是第 280 条规定了对恐怖活动犯罪违法所得财产的没收程序。七是第 62 条规定证人出庭作证时，对证人的安全保护问题作了特别规定，以保证恐怖活动犯罪案件的证据质量，有利于对恐怖分子的打击。

3. 刑事诉讼法还加大了反腐的力度，对腐败分子的打击与惩罚采取了有力的措施

一是对特别重大贿赂犯罪，《刑事诉讼法》第 37 条规定了律师会见的例外，即“应当经侦查机关许可”。二是《刑事诉讼法》第 73 条规定，对于特别重大的贿赂犯罪，在其住处执行监视居住可能有碍侦查的，经上一级人民检察院或公安机关批准，可以在指定居所执行。三是延长了拘传和传唤的时间，《刑事诉讼法》第 117 条规定，“传唤、拘传的时间不得超过十二小时；案情特别重大、复杂，需要采取拘留、逮捕措施的，传唤、拘传的时间不得超过二十四小时”。四是《刑事诉讼法》第 148 条至第 152 条规定了技术侦查、侦查人员隐匿身份的侦查、控制下的交付等重要侦查措施适用于重大的贪污、贿赂案件。五是《刑事诉讼法》第 280 条至第 283 条特别规定了对于贪污、贿赂犯罪的违法所得没收程序。

由上可以看出，2012 年《刑事诉讼法》不仅仅规定了“尊重和保障人权”“不得强迫任何人证实自己有罪”“严禁刑讯逼供”“改革律师辩护制度”等，而且采用了比例原则、平衡原则，加大了对各类刑事犯罪的打击和惩处的力度。我们必须采用平衡思维的方法，全面理解和把握刑事诉讼法的这些重大修改。

另外，在正确处理“打击与保障人权”的辩证统一的关系中，还必须正确

理解与把握“尊重与保障人权”的科学内涵。人权保障原则是在刑事诉讼过程中，在打击犯罪时要求办案人员做到两条：一是要保障犯罪嫌疑人、被告人的生命权、生存权、生活权，不许虐待行为发生；二是要保障犯罪嫌疑人、被告人的辩解、辩护的权利，要认真冷静地听取犯罪嫌疑人、被告人的辩解、辩护的意见，要让他把话讲完，他讲不了，则要帮助他聘请律师为其辩解和辩护。不是一讲保障人权就放弃打击，是在打击中具备人文精神，要坚持“以人为本”，要严格规范依法办案，特别要坚持“刑事责任要追究，人格不可辱”的原则，要深入细致地做好思想发动，晓之以理，动之以情，做好世界观、人生观的转变工作，坚持以教育为主。

（三）用“规则、规范”的行为准则思维，对待侦查程序的改革

根据“规则、规范”的行为准则和司法文明、公平正义的科学内涵，在修改后的 2012 年《刑事诉讼法》中，关于侦查程序的改革有六大亮点。

1. 规范侦查讯问的时间

《刑事诉讼法》第 117 条第 2 款、第 3 款分别规定：“传唤、拘传持续的时间不得超过十二小时；案情特别重大、复杂，需要采取拘留、逮捕措施的，传唤、拘传持续的时间不得超过二十四小时。”“不得以连续传唤、拘传的形式变相拘禁犯罪嫌疑人。传唤、拘传犯罪嫌疑人，应当保证犯罪嫌疑人的饮食和必要的休息时间。”这些规定是针对当前存在的疲劳审讯、连续审讯、剥夺犯罪嫌疑人的休息权和生活权的做法，采用“尊重与保障人权”法律措施，以规范侦查讯问的时间。

2. 规范侦查讯问的地点

《刑事诉讼法》第 116 条第 2 款规定：“犯罪嫌疑人被送交看守所羁押以后，侦查人员对其进行讯问，应当在看守所内进行。”《刑事诉讼法》第 83 条和第 91 条还分别规定，拘留和逮捕以后，应当立即将被拘捕的犯罪嫌疑人送看守所羁押。这些规定是规范侦查行为的强制性要求，其原因是看守所以外的羁押、审讯出现的非正常死亡案件屡屡发生，违法讯问、刑讯逼供和变相刑讯的事件也时有发生，为了保证口供的质量，严格讯问依法进行，这次刑事诉讼法的修改特地增加了上述规定。当然，当前我国对看守所等监管场所也进行了重大改革，采取了更为严格的措施，如监管、讯问全程录音、录像等，为规范侦查讯问行为作了坚强保障。

3. 构建了一个比较科学的严禁刑讯逼供的机制

这一机制包括：一是赋予了犯罪嫌疑人一项重要的权利，在《刑事诉讼法》第50条明确规定，“不得强迫任何人证实自己有罪”；二是确立了非法证据排除规则，《刑事诉讼法》第54条至第58条比较完整地规定了排除非法证据的概念、范围、阶段、程序等；三是出台了侦查讯问全程录音、录像的措施。《刑事诉讼法》第121条规定：“侦查人员在讯问犯罪嫌疑人的时候，可以对讯问过程进行录音或者录像；对于可能判处无期徒刑、死刑的案件或者其他重大犯罪案件，应当对讯问过程进行录音或者录像。” “录音或者录像应当全程进行，保持完整性。”实证研究已经证明，这一举措对遏制刑讯逼供的发生发挥了重要的作用。当前，侦查人员急需转变观念，规范行为，以适应对侦查行为的制约、监督的方法和措施，要学会并适应“镜头下的讯问” 方法。

4. 证据规则的确立

《刑事诉讼法》以及公、检、法各部门关于实施刑事诉讼法的解释，都将证据规则的确立作为重要内容，以规范侦查行为，规范侦查人员的自由裁量权，保障证据的证明力和证明的功能和作用，以确保案件的质量。这些证据规则包括证据裁判原则、程序法定原则、质证规则、非法证据排除规则、证据关联性规则、意见证据排除规则、原始证据优先规则、瑕疵证据补正规则、口供的补强规则、有限的直接言词原则等。《刑事诉讼法》虽然对这些内容还没有作出全面系统的规定，但是《最高人民法院关于适用〈中华人民共和国刑事诉讼法〉的解释》中，已在“两个证据规则” 规定的基础上，进行了比较系统完整的规定。我国刑事证据规则的形成和构建正在进行中，在证据规则的定型过程中，侦查人员的证据意识、证据观念、证据思维是极为重要的，尤其是证据问题也是程序问题，要充分认识证据的程序价值功能，只有认识到位、思维到位，才能指导侦查行为正确地进行。当前急需改变的是收集证据无规则、适用证据无规则、自由裁量无限制和证据运用上的随意性。

5. 完善了当事人和辩护人等利害关系人的申诉或者控告规定，以确保侦查行为的规范性

《刑事诉讼法》第115条规定：“当事人和辩护人、诉讼代理人、利害关系人对于司法机关及其工作人员有下列行为之一的，有权向该机关申诉或者控告：（一）采取强制措施法定期限届满，不予以释放、解除或者变更的；（二）应当

退还取保候审保证金不退还的；（三）对与案件无关的财物采取查封、扣押、冻结措施的；（四）应当解除查封、扣押、冻结不解除的；（五）贪污、挪用、私分、调换、违反规定使用查封、扣押、冻结的财物的。受理申诉或者控告的机关应当及时处理。对处理不服的，可以向同级人民检察院申诉；人民检察院直接受理的案件，可以向上一级人民检察院申诉。人民检察院对申诉应当及时进行审查，情况属实的，通知有关机关予以纠正。”《刑事诉讼法》第 47 条还规定："辩护人、诉讼代理人认为公安机关、人民检察院、人民法院及其工作人员阻碍其依法行使诉讼权利的，有权向同级或者上一级人民检察院申诉或者控告。人民检察院对申诉或者控告应当及时进行审查，情况属实的，通知有关机关予以纠正。”这些规定对规范侦查行为都起到了重要的制约、监督作用。

6. 强化人民检察院的侦查监督

《刑事诉讼法》的修改，在原第 8 条关于“人民检察院依法对刑事诉讼实行法律监督”的基础上，变抽象监督为具体监督，尤其是对侦查行为的监督。例如，《刑事诉讼法》第 55 条规定：“人民检察院接到报案、控告、举报或者发现侦查人员以非法方法收集证据的，应当进行调查核实。对于确有以非法方法收集证据情形的，应当提出纠正意见；构成犯罪的，依法追究刑事责任。”《刑事诉讼法》第 57 条规定：“现有证据材料不能证明证据收集的合法性的，人民检察院可以提请人民法院通知有关侦查人员或者其他人员出庭说明情况；人民法院可以通知有关侦查人员或者其他人员出庭说明情况。有关侦查人员或者其他人员也可以要求出庭说明情况。经人民法院通知，有关人员应当出庭。”《刑事诉讼法》第 73 条关于对适用指定居所监视居住合法性的监督。《刑事诉讼法》第 86 条和第 93 条规定了关于审查批捕和捕后羁押的必要性审查的法律监督，等等。这次《刑事诉讼法》的修改强化了检察权对侦查权的监督和制约。作为行使权力的公安机关一定要有接受监督的法律意识和法律思维，这是由“有权力必然要存在监督”的基本理论决定的，也是行使侦查权的科学性、正当性的必备条件，依法接受监督和制约更是由刑事诉讼的规律决定的。

（四）用与时俱进的思维推进刑事诉讼目的的转型

刑事诉讼的目的，是解决整个诉讼程序的基本立场和问题。因为刑事诉讼的目的是指国家进行刑事诉讼活动所要预期达到的理想目标。由于“刑事诉讼是控、辩、审三方共同活动的过程，各方在诉讼中有不同的利益追求，国家根据占社会主导地位的价值观念对诉讼各方的直接利益及其所反映的潜在利益的权衡使各方在诉讼中的活动受到统一的目的制约，任何一方都不得毫无限制地追求本方的利益，为自己的诉讼需要而不择手段。因此，刑事诉讼目的与控、辩、审中某一方参加刑事诉讼的目的是不同的”。[①] 目的不同，表明在刑事诉讼中保护的利益侧重点不同，体现出国家与个人之间法律关系的不同。因此，刑事诉讼的目的是整个刑事诉讼程序的灵魂。

不同的社会形态下的刑事诉讼又有着不同的刑事诉讼目的。人类社会早期的刑事诉讼是以被害人的意志决定是否起诉，以被害人利益是否得以补偿为唯一目的。“在封建专制制度下，以君主为核心的国家利益占据绝对优势，其他所有社会成员在与国家的关系上都是君主的臣民和奴仆。任何触犯君主利益的行为，必然要受到严惩。处于这种价值观念支配之下的纠问式刑事诉讼自然以惩罚犯罪为唯一目的，诉讼中被告人只是被追究、被拷问的对象，谈不上什么权利。”[②] 资产阶级革命胜利以后，由于国家的宪政体制发生了根本变化，刑事诉讼的目的由纠问式刑事诉讼惩罚犯罪的单一目的，转变为惩罚犯罪和人权保障的双重目的。以德国为例，德国的刑事诉讼目的经历了一个从古典的、传统的刑事诉讼目的向现代的刑事诉讼目的的转型。“德国刑事诉讼法学的传统观点认为，刑事诉讼的目的是发现实体真实（diemateriells Wahrheit）。E. 施密特的观点代表以前的通说，他认为‘判决是基于法官通过司法的形式获得的确定判决对象事实的［真实（Wahrheit）］，同时也是基于无论在方法还是在法学上都没有异议的法律发现来确定正当性的’。德国联邦宪法法院也认为，追求实体真实是刑事程序的中心任务。”[③] “实体真实追求说与实体刑法实现说是表里关系。即通说把追求实体真实作为诉讼目的，并由此可能‘根据真实获得正确的判决’，因此这里所说的‘正确判决’就是指实现实体刑法。E. 施密特明确地指出，刑事诉讼法是为实体刑法服务的。这种理解可以说是德国刑事诉讼法传统的观点。”[④] 近年来，德国刑事诉讼法学的研究和诉讼实务，区分了古典传统的真实观和现代的真实观，实现了刑事诉讼目的的转型。施坦普教授区分了古典的（klassisch）真实观和现

① 樊崇义：《刑事诉讼法学》（第三版），法律出版社 2013 年版，第 26 页。

② 樊崇义：《刑事诉讼法学》（第三版），法律出版社 2013 年版，第 26 页。

③ ［日］田口守一：《刑事诉讼的目的》，中国政法大学出版社 2011 年版，第 30 页。

④ ［日］田口守一：《刑事诉讼的目的》，中国政法大学出版社 2011 年版，第 70 页。

代的（modern）真实观，认为“当今，发现真实的要求是相对的”。也就是说，不仅有“由真实实现正当化（Legitimation durch Wahrheit）”，也可以有“用规范实现正当化（normative Legitimation）”或者“通过有效解决纠纷实现正当化（Legitimation durch effective Konfliktbewa ltigung）”。他还认为，“已经明确的问题是，刑事程序仅仅具有实现实体刑法的机能这种观点值得怀疑。正义不仅在于以认定真实的事实关系为基础来实现实体法，在固有的程序正义的意义上也可以实现。也就是说，并不是只有探求真实的事实关系才有助于正确的裁判，保护犯罪嫌疑人、被告人，取代权威的纠问（Inguisition）而考虑意思疏通（Kommunikation）和合意（Konsens）的公正程序（faires Verfahren）也有助于正确的裁判”。[①] 由诉讼中真实观的转变导致刑事诉讼目的转型，即从古典传统的实现刑法转向相对的实体真实与程序正义（或曰人权保障）相结合，德国“魏根特教授把社会的平和（Sozialer Frieden）作为诉讼目的，他认为‘查明真实本身并不是目的，而必须从恢复社会平和这一刑事程序的机能来理解诉讼目的’。查明实体真实只不过是诉讼的中间目的而已。但既然查明真相是中间目的，那么查明嫌疑应当理解为尽可能地重现接近真实的状况，而不是从正面探讨真实这一概念本身的性质。但是，既然把查明真实作为中间目的，当然不可避免地与传统上理解的查明真实会有一些差异”。[②]

关于刑事诉讼的目的转型问题，不仅仅在德国，在法国、日本乃至美国，关于近现代的刑事诉讼目的都是紧紧围绕着如何实现“发现真实和保障人权”两个价值的选择而展开的。当前我国2012年《刑事诉讼法》的颁布和实施，关于诉讼目的的问题也正处于转型期。1996年《刑事诉讼法》第1条明确规定：“为了保证刑法的正确实施，惩罚犯罪，保护人民，保障国家安全和社会公共安全，维护社会主义社会秩序，根据宪法，制定本法。”对于立法宗旨的学习、理解和运用，我们长期以来，把刑事诉讼的目的定位于服务刑法，亦即“查明事实，惩罚犯罪”。2012年《刑事诉讼法》引入“尊重和保障人权”，并在第2条中加以规定，笔者认为，这是历史性进步，遗憾的是只是把人权保障作为刑事诉讼的任务，而没有把它作为刑事诉讼的宗旨放在第1条。不过，笔者认为它既然是任务

① ［日］田口守一：《刑事诉讼的目的》，中国政法大学出版社2011年版，第69页。

② ［日］田口守一：《刑事诉讼的目的》，中国政法大学出版社2011年版，第69页。

又是宗旨，我国刑事诉讼追寻的目的应当包括人权保障。当前我国社会、经济、文化的发展，民主与法治的进程，把一元化的诉讼目的（惩罚犯罪）转向二元化的诉讼目的（既惩罚犯罪又保障人权）的时机、条件已经具备，作为侦查人员，应当用与时俱进的思维推进刑事诉讼目的的转型，只有实现了这一转变，对2012年《刑事诉讼法》的理解和执行才能表现出自觉性、主动性和积极性。否则，就会呈现被动无为的状态。

（五）用“次优选择”的思维看待纠正冤假错案问题

2012年《刑事诉讼法》在实施过程中，媒体陆续报道了一些纠正错案的新闻。包括河南平顶山李怀亮被关押12年后被判无罪释放案，浙江张辉、张高平叔侄从死缓、有期徒刑5年改判无罪释放案，浙江陈建阳等5人服刑17年的错案得以纠正，杀人真凶项生源受审案，等等。这些案件的纠正引发了一个重要命题，就是“宁可错放，也不可错判”，尤其是最高人民法院常务副院长沈德咏在“我们应当如何防范冤假错案”一文中提出，必须坚持贯彻无罪推定原则，并形象地指出：“错放一个真正的罪犯，天塌不下来，错判一个无辜的公民，特别是错杀了一个人，天就塌下来了。”笔者认为，“宁可错放，也不可错判”的实质是在刑事诉讼中对公权力的制约。它是贯彻实施《刑事诉讼法》关于“无罪推定”“疑罪从无”的最佳选择。但是，在网上，在实务部门，甚至理论界，近一段时间以来认识不一、议论纷纷。有人认为杀人真凶是谁，案件未破就纠正，这种做法是错误的；有人认为不能用今天的标准去判断过去的行为，长期以来我们是按照“疑罪从轻”处理的，用“疑罪从无”去纠正过去的做法于情理和政策都不符；还有人担忧将来出现了新证据，真凶还是原犯罪嫌疑人，该如何处理。如此等等，不一而足。笔者认为，这些看法集中到一点，就是如何看待1996年《刑事诉讼法》和2012年《刑事诉讼法》所确立的“刑事案件证明标准”问题。尤其是2012年《刑事诉讼法》在总结1996年《刑事诉讼法》的实施经验的基础上，对我国刑事案件的证明标准，即证据必须达到“确实、充分”作了详细规定（见2012年《刑事诉讼法》第53条）。并在2012年《刑事诉讼法》第195条重申经过庭审“证据不足，不能认定被告人有罪，应当作出证据不足、指控的犯罪不能成立的无罪判决”。从1996年以来，我国刑事诉讼法的立法一直是坚持“无罪推定”原则关于“疑罪从无”的处理方法。即达不到证明标准，就不能再实行“疑罪从有”“疑罪从轻”“疑罪从挂”的有罪推定的做法。1996年《刑事诉讼法》第12条规定："未经人民法院依法判决，对任何人都不得确定有罪。"以及第162条关于"疑罪从无"的处理方法，已经取得举世瞩目的进步与发展，根本不存在用新标准去纠正旧做法的问题。同时，诉讼中达不到证明标准判决无罪，将来出现了新证据证明就是原犯罪嫌疑人，再予以纠正，也是于情、于理、于法相一致的，这是预防错案的最佳选择。

"宁可错放，也不可错判"的正确思维是以"次优选择"的理论为基础的。所谓次优选择理论是指1956年经济学家理查德·李普西（R. G. Lipsey）和凯尔文·兰卡斯特（K. Lancaster）创立的次优理论。这一理论起源于1897年的"帕累托最优标准"。1897年，意大利经济学家帕累托在研究资源配置时，提出了一个最优状态标准，人们称为"帕累托最优（效率）"。主要内容是，在某种既定的资源配置状态，任何改变都不可能使至少一个人的状况变好，而又不使任何人状况变坏，否则就不是帕累托最优，而是帕累托改进，这就是次优选择理论的产生。这种经济学的理论，笔者认为也适用于刑事司法领域。"侦查、起诉、审判案件必然受到种种客观因素的制约。面对关键证据灭失、补充证据客观条件丧失的案件，主动放弃对准确定罪量刑的最优目标的追求，冷静地选择'宁可错放，也不可错判'的次优标准。"[①] 这是完全符合诉讼规律的，更符合实事求是的精神。因为确实"有部分犯罪真相在短期内未被揭露是我们不得不承认的客观事实。客观事物的暴露有一个过程，剥去犯罪人的伪装也难免遭到挫折。如果掌握的证据不足，就只能暂时'放过'嫌疑者，而不是用超期关押或用刑讯之类的非法手段获取口供"。[②] 所谓命案必破，笔者认为是不符合实际的做法。对嫌疑人采用超期羁押，或用刑讯的方法强迫其承认有罪，甚至造成严重后果，可以设想这种做法的后果导致了错案，与"错放"相比，只能用"两害相较择其轻"的次优理论来处理这种状况。因为将"错放"与"错判"各自形成的危害结果作一比较和权衡，当然要选择危害较轻的做法。显而易见，以侵犯人权作为追究犯罪的代价是得不偿失的。"次优"是相对于"最优"而言的，选择"次优"是无可奈何、迫不得已的做法。因为，既不能"错判"又不能"错放"，不使任何一个人"变好"，也不使任何一个人"变坏"的两全其美的最优选择理想标准，

① 汤啸天："'错放'与'错判'的风险评估"，载《人民法院报》2013年5月26日第5版。

② 汤啸天："'错放'与'错判'的风险评估"，载《人民法院报》2013年5月26日第5版。

是不可能实现的，也是不能实现的。尤其考虑到刑事犯罪的复杂性，以及办案人员的有限的认识能力，我们只能用“次优选择”的思维模式，做出“宁可错放，也不可错判”的决定。

五、刑事诉讼目的转型与诉讼法律监督①

诉讼目的决定着法律监督的任务、范围和方法。因此，做好刑事诉讼中的法律监督，首先要明确刑事诉讼中的目的。

人权保障问题已经成为世界各国刑事诉讼目的的转型与变迁的核心问题。无论是大陆法系的德国、日本，还是英美法系的美国、英国，关于刑事诉讼目的的确立和变化历程，无不在惩罚犯罪发现真实的基本目的上，增加或者加强人权保障这一目的。

长期以来，我国无论从理论研究，还是从司法实务，均把刑事诉讼的目的定位于查明事实真相，惩罚犯罪。刑事诉讼倾向于“严打”，但随着我国民主与法制的进步与发展，我们认识到，尊重和保障人权是法治国家依法治国的重要内容和显著特征。修改后的 2012 年《刑事诉讼法》把“尊重和保障人权”写进第 2 条。立法的这一项历史性变化，对刑事诉讼的理论和诉讼实务而言，必然带来诉讼目的的转型。即从单一的“惩罚犯罪”转向双重的“惩罚犯罪与保障人权”，在诉讼活动中，不能为了“维稳”而一味地注重惩罚犯罪。这一变化和世界各国刑事诉讼目的的变迁与发展是完全一致的。

刑事诉讼目的发生了这一转型与变化，促使我们思考，检察机关在刑事诉讼中的法律监督应该如何应对，这是我国检察机关在履行职权中必须回答的一个问题。因为长期以来，我们把诉讼中的法律监督习惯地理解为对公权力的制约、制衡，即通过制约和监督侦查权、审判权、执行权来履行法律监督的职责，很少有人从人权保障的角度来看待法律监督。围绕人权保障，各级检察机关应在刑事诉讼中采用什么样的措施和方法，是摆在检察机关面前必须进行认真探讨的问题。

（一）解放思想，充分认识和估计在人权保障问题上的难度和阻力

“在人权保障问题上，我们主要受两方面的制约：一方面受传统特权思想影

① 原文发表于《检察日报》2013 年 9 月 3 日。

响，轻视、漠视人权；另一方面受‘左’的思想束缚，怀疑、抵触人权。由于种种原因，在过去很长一段时间里，人们不敢讲、不愿讲人权。直到 20 世纪 90 年代，这种状况才发生根本性改变。”尤其是在刑事诉讼中，更是难上加难，仅一个辩护权，直到今天在诉讼中任意被剥夺的案例还在发生。除了历史原因还有我国社会传统的“差序格局”所形成的社会伦理关系还在禁锢着人们的思想。“在这种社会中，一切普遍标准并不发生作用，一定要问清了，对象是谁，和自己是什么关系之后，才能决定拿出什么标准来。”这意味着，当代中国在传统“差序格局”中建设法治国家可能面临社会伦理关系困局。在刑事诉讼中，更是如此，多数人认为刑事被告人、犯罪嫌疑人是追诉的客体，是“坏人”，刑事辩护是为坏人说话的，如此等等。这种传统的差序格局，就是受特权、等级传统思想观念的影响。因此，推行“尊重和保障人权”的观念，阻力重重。所以，在 2012 年《刑事诉讼法》实施中，关于“不能强迫自证其罪”、严禁刑讯逼供的措施、排除非法证据等一系列人权保障措施的推行并不是一帆风顺的。在两种认识、两种思想的博弈中，检察机关作为法律监督机关，首先要解放思想，提高认识，要充分看清尊重和保障人权的难度和阻力，采取有力的解决措施。

（二）要把“人权保障”与“权力制衡”放到同等重要的位置

努力克服重权力制衡轻人权保障的片面认识和做法。公共权力必须受到制约和制衡，这是现代法治国家权力配置和权力运作的重要特征，更是现代法治的重要内容，公权力失去监督必然走向腐败。这些道理是毋庸置疑的。但是，人权保障问题，同样是法治国家的显著特征和重要内容，建设法治国家也是尊重和保障人权不断发展的过程。因此，检察机关要像重视对公权力监督、制约那样，重视尊重和保障人权，要像对侦查、审判、执行所采用的监督措施那样，采取得力措施，把人权保障落实到诉讼的各个环节中。按照刑事诉讼法的二元目的之要求，既要严厉打击与惩罚犯罪又要高度重视人权保障，在刑事诉讼法律监督的范围与对象上作出调整：一是把法律监督功能的单一性调整为多元性，不能只限于对公权力的制约、制衡和监督；二是把法律监督的单向性调整为双向性，以往的法律监督只是单向进行，如诉讼监督只能事后提出建议，修改后刑事诉讼法突破了这种单向监督的格局，即把诉讼救济制度引入监督过程；三是把诉讼中法律监督的对象从对公权力的制衡扩大到对私权的法律保障，尤其对所有诉讼利害关系人的权利保障，都纳入法律监督的视野。

（三）把“尊重和保障人权”作为刑事诉讼的一项重要任务

1996 年《刑事诉讼法》第 2 条关于刑事诉讼的任务规定了三项：一是保障准确及时地惩罚犯罪；二是保障无罪的人不受刑事追究；三是教育公民自觉遵守法律。2012 年《刑事诉讼法》第 2 条又增加了尊重和保障人权。这一新增内容应理解为刑事诉讼任务的一项独立内容，还是理解为包含在原有的三项任务之中，要在理论上加以深入探讨。笔者认为，2012 年对《刑事诉讼法》的修改，不仅是把尊重和保障人权写进第 2 条，而且刑事诉讼的每一个阶段和每一个程序都体现了这一点，从而提升了刑事诉讼的过程民主和程序的公平、正义。另外，鉴于人权保障的时代意义和宪法原则的贯彻实现，应当把刑事诉讼法的任务由三项调整为四项，即把“尊重和保障人权”列为刑事诉讼的一项独立的任务。刑事诉讼任务的调整，意味着法律监督的对象和任务也要调整。如前所述，法律监督不仅是对侦查权、审判权、执行权等公权力的制衡和监督，还包括对私权的保障，亦即对所有利害关系人的权利加以保护。只有这样才能达到刑事诉讼的目的要求，更能体现我国 2004 年《宪法》第 129 条关于人民检察院是国家的法律监督机关的规定。

（四）调整法律监督的手段和措施

关于诉讼中的法律监督的手段，长期以来，无论是理论界还是实务界都普遍认为，法律监督只是个抽象的提法，有人甚至认为其是个“法律白条”，因为立法没有规定具体的监督手段和方法，法律监督的后果也只是建议，没有具体的措施。因此，很多人批评说诉讼法律监督是“软”监督。2012 年对刑事诉讼法的修改，充实了监督的内容，扩宽了监督的范围，完善了监督的方法，增强了监督的刚性，使法律监督从抽象走向具体。特别应当指出的是，笔者认为，修改后的刑事诉讼法已经把诉讼监督的方式和手段上升为司法审查和司法救济，使我们看到了具有中国特色的司法审查和司法救济制度的萌芽。其具体体现为《刑事诉讼法》第 47 条关于公、检、法机关及其工作人员阻碍辩护人、诉讼代理人依法行使诉讼权利的法律监督的规定，第 93 条关于羁押必要性审查的规定，第 115 条关于当事人和辩护人、诉讼代理人、利害关系人对于司法机关及其工作人员侵犯其法定的人身权利、财产权利行为的法律监督的规定。

上述各条款规定的检察机关法律监督的程序，已经显现出具有中国特色的司法审查制度和司法救济制度。司法审查制度是一种国家权力对另一种国家权力的监督制约制度，即法院通过诉讼程序审查并纠正不法行为，以保护公民和组织的合法权益免受公权力侵害。西方的司法审查均由法院通过诉讼程序进行，而我国的权力结构模式与西方国家的三权分立不同，构建具有中国特色的审查模式，不能照抄照搬西方国家的做法。考虑到我国检察机关属于司法机关，享有批准逮捕权，《刑事诉讼法》第93条赋予其羁押必要性的审查权，并规定，对不需要继续羁押的，应当建议予以释放或者变更强制措施，尤其还规定有关机关应当在十日以内将处理情况通知检察院。这些规定不仅有授权，而且有救济措施，更有比较刚性的监督手段，使我们看到我国司法审查制度和司法救济制度有了法律依据，也使法律监督的手段、方式更加规范。第47条关于公、检、法机关阻碍辩护人、诉讼代理人依法行使诉讼权利的申诉、控告的规定，以及第115条关于当事人和辩护人、诉讼代理人、利害关系人对于司法机关及其工作人员侵犯其人身、财产等权利的申诉和控告的规定，详细地规定了检察院对申诉、控告的受理、审查、调查及纠正程序，并特别规定"情况属实的，通知有关机关予以纠正"。这些规定表示，检察机关的法律监督已经被纳入正当法律程序的轨道，初步形成了法律救济体系。它不仅填补了我国刑事诉讼法在人权保障诉讼救济程序方面的空白，更是检察机关法律监督程序的升位和提高，把诉讼救济制度纳入法律监督内容。

（五）落实法律监督的机构和人员

按照2012年《刑事诉讼法》规定，法律监督的范围扩大了，任务加重了，内容增多了，手段、方式、结果更加规范了，尤其是由对公权力的监督和制约扩大到对公权力尊重和保障人权的监督。监督权的延伸和扩大，意味着各级人民检察院原有的履行监督职能的机构、人员以及监督模式可能不再适应刑事诉讼法的要求，需要进行相应的修改和完善。

六、提高理论认识　把握监督重点①

诉讼监督是宪法和法律赋予检察机关法律监督职能的具体体现，加强诉讼监督工作，对构建具有中国特色的社会主义司法制度具有重大意义。笔者认为，应从五个方面对检察机关的诉讼监督加以理解。

---

① 原文发表于《人民检察》2010年第3期。

第一，关于对诉讼监督的认识问题。近年来，司法实务部门对诉讼监督有了新的认识，特别是关于中国特色社会主义检察制度、司法制度的构建，中国特色社会主义司法的核心价值观等问题都进行了较为深入的探讨，取得了很大的进步。监督者敢不敢监督，就涉及理论认识问题，所以要做好对诉讼活动的法律监督工作，就必须提高对诉讼监督的认识。在这方面，我觉得要把握两个重点：一个是对权力的监督和制约；另一个是规范司法权。从这两点来看，诉讼监督问题其实是权力的制约和制衡问题。首先，从权力监督模式上应坚持一元分立理论，这是中国特色，也是宪政基础。其次，权力的制约和制衡理论是检察诉讼监督的理论基础。这是一个基本的精神，也是法治的必然要求。再次，应当坚持存在决定论。从诉讼角度来讲，在我国现阶段，存在的就是合理的，客观国情要求必须加强对诉讼活动的法律监督。最后，要坚持检察职能二元论。提起公诉当然是法律监督，但是参与诉讼的监督和一般的监督还是有区别的，不应把一切检察活动都说成是法律监督。检察机关应该把握好诉讼和法律监督两种职能，既要坚持监督，又要尊重诉讼规律，做好提起公诉、支持公诉工作。

第二，关于诉讼监督的重点问题。当前，我国社会发展的阶段性特征在司法活动中也有所反映，执法不严、司法不公和司法腐败等问题不同程度地存在，检察机关诉讼监督应该把重点放在这类严重违法违纪行为等问题上。具体来讲，首先，是侦查中的刑讯逼供问题。刑讯逼供严重影响司法公信力，也是大家比较关注的社会热点问题，应该加大查处力度。其次，要重视立案监督。在这方面，需要把刑事诉讼法规定的立案监督的范围和视角扩大，以切实加强刑事诉讼立案过程中的检察监督力度，保障立案工作公正合法地进行。最后，需要特别关注诉讼活动中的司法腐败，以及与其相联系的职务犯罪问题。客观现实和广大群众的强烈诉求要求我们必须对这个问题给予足够的重视，要把审判不公、枉法办案背后的司法腐败作为检察诉讼监督的一个重点。

第三，关于诉讼监督的实效问题。长期以来，在司法实践中，有的人认为诉讼监督就是建议建议、通知通知，忽视了诉讼监督的刚性，把诉讼监督看作一种软性监督，这不利于充分发挥诉讼监督的应有功能。目前，应该借助中央司法改革提出加强诉讼监督的有利契机，开展好诉讼监督工作，一方面，进行诉讼监督时要切实维护司法权威；另一方面，要充分彰显立案通知书、监督建议书等监督手段的应有权威。为此，就要建立相应的保障机制，完善诉讼监督手段，促使诉讼监督的效能得到充分发挥。在这方面，深入研究三项诉讼监督的主要权力，包括调查权、调卷权、建议更换办案人权，显得尤为重要。检察机关经过调查，履行相关通知手续后，如何落实，能不能更换办案人等，都需要建立一系列机制来保证诉讼监督取得实效。

第四，关于检察机关如何以身作则的问题。在职务犯罪案件中，对于检察机关的直接立案侦查活动如何加强监督，目前，检察机关在通过多种渠道自觉接受社会舆论监督、人民代表大会及其常委会的监督以及人民监督员的监督等的同时，也在不断加大自我监督力度，取得了很好的效果。但是，从理论上讲，从长远目标看，仍然需要进一步研究、理顺关系，实现突破性进展，并考虑建立中国式的司法审查制度。

七、监督意识：司法民主的要求　程序法治的保障①

诉讼监督是司法民主的要求，也是程序法治的保障。从 2009 年开始，以优化司法职权配置、强化诉讼监督等为主要内容的司法体制改革全面启动。2012 年《刑事诉讼法》的修改，进一步强化了检察机关对刑事诉讼的法律监督，用大量条款将“人民检察院依法对刑事诉讼实行法律监督”这一重要原则具体化了。这对于加强诉讼监督、防止司法腐败以及提高司法公信力具有重要的现实意义。

（一）加强监督制约，防止权力滥用

强化监督意识，首先要提高认识，树立正确的权力制衡与权力监督理念。权力制衡是建立在权力划分基础上的一种权力制约方式，也是对公权力进行制约的一种实现途径。由于“有权力的人容易滥用权力”，必须为权力的范围及其实施制定规矩。在刑事诉讼中，为了保障国家权力不被滥用，确立了公安司法机关的“分工负责、互相配合、互相制约”原则，明确了公安机关、人民检察院和人民法院的职权范围，并通过具体的诉讼制度和程序来保障这些权力的正常运行。

法律监督是权力制衡的一种特殊形式，它是以诉讼为主要手段的权力制衡。一方面，权力监督是以诉讼的方式来进行的。针对实践中公安司法机关“配合有

① 原文发表于《检察日报》2012 年 6 月 21 日，系与张中合作撰写。

余、制约不足”的问题，刑事诉讼法强化了检察机关的诉讼监督职能，规范了人民检察院对立案、侦查、审判和判决执行活动的监督程序，并加强了对死刑案件、再审案件以及特别程序的参与和监督力度。另一方面，权力监督的诉讼性决定了检察机关对侦查权、审判权的监督是受诉讼规则限制的，也就决定了诉讼监督自身的制衡功能。

权力总是与利益密切相关，缺乏制约和监督的权力必然滋生腐败。司法腐败是权力腐败的一种，是最大的非正义。近年来，有的地方出现了一些司法腐败大案，有的人民法院甚至发生多名法官集体腐败的窝案问题，给司法公正和司法权威造成了恶劣影响。司法腐败的原因是综合的、多方面的，而缺乏有效监督机制导致权力失控则是最直接、最根本的。例如，对公安机关侦查活动的监督，仅凭人民检察院事后审查案卷材料，很难发现和阻却违法侦查行为。2012 年《刑事诉讼法》增加了听取犯罪嫌疑人意见的机制，也许能够在一定程度上减少权力被滥用的问题。

（二）强化监督意识，保障公民权利

检察机关代表国家捍卫法律，维护法律的尊严和公正。作为“法律的守护者”，检察官应当树立客观义务理念。在刑事诉讼中，检察官作为公诉人并不是普通的一方当事人，追诉犯罪是为了维护法律和社会正义，但非其唯一目标，作为法律监督者，要恪守客观义务，注重保护“民权”，全面落实刑事诉讼法新确立的“尊重和保障人权”原则。

在刑事诉讼中，犯罪嫌疑人、被告人的诉讼地位决定了他们的权利是最容易受到侵犯的。为此，检察机关要强化监督意识，做到以下几点：一是加强监督，保障犯罪嫌疑人、被告人的各项诉讼权利，如对于犯罪嫌疑人的申诉、控告应当认真审查，并依法处理。二是严防刑讯逼供等非法取证行为，保障犯罪嫌疑人、被告人的人格尊严和人身权利。如果发现侦查人员有刑讯逼供或者以非法方法收集证据的，应当进行调查核实，构成犯罪的，依法追究刑事责任。三是加强对搜查、扣押、冻结等侦查措施的监督，保障犯罪嫌疑人、被告人的财产权利免受不当侵犯。四是加强对技术侦查措施的监督，保障公民的隐私权。2012 年《刑事诉讼法》增加了技术侦查措施的相关条款，包括秘密监控、卧底侦查和控制下交付等，但这些措施的实施对公民隐私权构成潜在的威胁。虽然 2012 年《刑事诉讼法》对其适用范围、条件和程序作了限制，但有些规定不够明确，尤其是对于检察机关采取的技术侦查措施，交“有关机关”执行后，必须及时跟进监督。五是加强羁押的必要性审查，防止错押、超押问题。2012 年《刑事诉讼法》增加规定了犯罪嫌疑人、被告人逮捕后的羁押必要性审查，对于不需要羁押的，应当建议释放或者变更强制措施。对于超期羁押、久拖不决的案件，检察机关要切实履行法律监督职能，坚决予以纠正和处理。

强化监督意识，还要注意保障律师特别是辩护律师的诉讼权利。为提高程序的参与性，刑事诉讼法强化了检察机关听取辩护人、诉讼代理人意见的机制，如审查批捕时，要听取辩护律师的意见；审查起诉时，应当听取辩护人、诉讼代理人的意见。虽然在诉讼结构上检察机关与辩护律师处于对立或者对抗的地位，但目的是为了更好地发现真相，正确适用法律。因此，检察机关要保障辩护律师的会见权、阅卷权、取证权等诉讼权利。此外，检察机关还应当依法保护律师的人身权利以及其他合法利益，对于打击报复律师或者侵犯律师合法权益的行为，应当依法查处，追究相关人员的法律责任。

（三）发扬诉讼民主，养成自觉接受监督意识

现代司法是一种协同司法，作为法律监督者的检察机关和作为被监督者的公安机关、人民法院处于一种相互合作的关系之中，虽然有时候存在对立，但“公正地处理案件”是它们的共同任务。因此，强化监督意识还包含了被监督者自觉接受监督的意识。

自觉接受监督是一种思想境界，也是一种法律素质。培养接受监督的自觉性，要转变观念，树立“监督就是支持、监督就是帮助、监督就是爱护”的理念。对于公安机关来说，自觉接受监督就是要主动把侦查活动置于人民检察院的监督之下，听取人民检察院的纠正违法意见。人民法院也要自觉接受检察机关的监督，强化大局意识、责任意识，依法自觉接受检察机关的法律监督，认真听取检察机关提出的检察建议，及时纠正案件审判过程中存在的问题，确保办案程序合法，裁判实体公正。

任何权力都必须受到有效的监督和制约，自觉接受监督是检察机关依法公正地行使监督权的重要保障。正人先正己，检察机关更要培养自觉接受监督的意识。在实践中，除了自觉接受人大代表、人民监督员、社会舆论等监督外，更重要的是在诉讼当中养成接受监督的习惯，自觉接受公安机关、人民法院、当事人和其他诉讼参与人的监督。例如，在作出不批准逮捕决定或者不起诉决定后，要

认真听取公安机关的复议意见，认真对待公安机关的复核要求；在对未成年犯罪嫌疑人作出附条件不起诉决定前，应当听取被害人的意见；公诉案件双方当事人和解的，应当听取当事人和其他有关人员的意见等。

（四）规范监督行为，提高监督效力

作为法律监督机关，人民检察院应当是依法办案的楷模，要做到依法监督、规范监督。2012 年《刑事诉讼法》的修改，人民检察院对刑事诉讼的监督基本实现了从抽象到具体的转变。例如，按照《刑事诉讼法》第 93 条的规定，对于不需要继续羁押的，人民检察院应当建议予以释放或者变更强制措施。有关机关应当在十日以内将处理情况通知人民检察院。但在立法和实践中，诉讼监督的“白条”问题依然存在，因为有时候检察机关空有监督权，缺乏有效的监督措施。

为提高诉讼监督的效力，应当加强监督行为规范化建设，从过去的“软监督”走向“硬监督”。例如，按照《刑事诉讼法》第 115 条的规定，对有关司法机关违反规定查封、扣押、冻结犯罪嫌疑人财物的申诉，人民检察院应通知相关机关予以纠正，但对于相关机关是否按照人民检察院的要求予以纠正，没有进一步的规定。诸如有案不立、违法侦查、减刑假释不当等监督问题也存在类似情况。对此，可通过司法解释，加强人民检察院的监督强制力，要求被监督机关在规定期限内作出书面答复或者说明理由，无正当理由拒不纠正的，可作出相应的处理，直至追究相关人员的法律责任。

诉讼监督是一种理性监督，要注意用证据说话。一方面，作为法律监督者，人民检察院要保持理性，在理性监督中实现良性互动，特别是在作出具有诉讼性质的决定时，不要意气用事，不能为挽回面子而提出抗诉或者报复律师。另一方面，诉讼监督要做到有理有据，以理服人。有了证据，对于违反刑事诉讼法的行为提出纠正意见就会更有效力，才会更有效果。

（五）健全监督机制，提升司法公信力

健全监督机制，首先要强化程序监督的理念。长期以来，人民检察院对刑事诉讼的监督存在着“重实体、轻程序”的倾向，注重对人民法院错误判决的抗诉，而对于一些重要的程序性错误，如非法取证、超期羁押等，没有给予应有的重视。2012 年《刑事诉讼法》加强了这方面的规定，如完善非法证据排除规则，加强对非法取证行为的监督，包括事前提出纠正意见，事后主动排除非法证据；为了防止错押、超押，增加规定了逮捕后的羁押必要性审查程序。

健全监督机制，要注意解决监督盲区问题。例如，自诉程序、简易程序、死刑复核程序等，1996 年《刑事诉讼法》由于缺乏人民检察院直接参与机制，基本上不存在专门监督。对此，2012 年《刑事诉讼法》作了一些改变，如适用简易程序审理公诉案件，要求人民检察院必须派员出席法庭；人民法院开庭审理的再审案件，同级人民检察院必须派员出席法庭；在复核死刑案件过程中，最高人民检察院可以向最高人民法院提出意见，等等。

为提升司法公信力，保障法律监督的社会效果，应当建立重大案件监督机制。对于社会公众高度关注的敏感案件，人民检察院应当强化监督意识，采取积极措施，与承办案件的公安司法机关沟通，及时了解情况，依法进行监督，保障案件得到公正的处理，进一步树立公众对法律的信心。

监督权与其他权力一样，也存在着异化和被滥用的可能。强化诉讼监督，还要加强检察机关内部监督制约机制，解决“谁来监督监督者”的问题。在具体操作上，除了继续加强检察机关内设机构在自侦案件各诉讼环节之间的相互监督和制约外，还要在实践中不断探索新的机制。例如，现在自侦案件的审查逮捕权已经上提一级，技术侦查措施的批准权也可以参照这一做法，交由上一级人民检察院审查批准。

八、正视矛盾、抓住特征才能化解矛盾①

要正视矛盾，否定社会矛盾、回避矛盾的认识是形而上学的，不是马列主义的世界观和方法论。我们要用对立统一规律，研究社会矛盾，化解社会矛盾。构建社会主义和谐社会，不是否定矛盾，而是要在解决矛盾的过程中求得和谐统一。

检察机关要通过执法办案来化解社会矛盾，建立健全检察环节社会矛盾排查化解机制，以预防为主，积极探索排查社会矛盾，认真抓好涉检信访积案化解工作，积极参与和应对网络虚拟社会的建设和管理，管好队伍、遏制腐败，促进社会矛盾化解。

2009 年 12 月 18 日，全国政法工作会议围绕如何抓好 2010 年的政法工作，

① 原文发表于《检察日报》2010 年 2 月 1 日。

深刻分析了当前我国经济社会发展的新形势，明确提出了必须抓紧抓好的三项重点工作，即社会矛盾化解、社会管理创新和公正廉洁执法。深入推进三项重点工作，这是对历史经验的深刻总结，是对基本国情的清醒认识，既富有深刻的哲理，也解决现实问题，它是对现实政法工作的准确把握，标志着政法工作更加重视解决影响社会和谐稳定的根本性、基础性和源头性问题。广大政法干警，特别是各级领导干部，必须要深刻领会，认真贯彻。为此，笔者拟就社会矛盾的化解问题，谈谈自己的学习体会。

（一）正视矛盾

关于对社会矛盾的认识，人们往往有不同看法，特别是改革开放以来，我国社会经济、政治、思想各个方面都得到了长足发展，人民群众的生活水平不断提高，许多同志用“太平盛世无矛盾”来赞誉当今的中国。形势一片大好无可置疑，但“无矛盾”的说法不能认同。“任何社会都不可能没有矛盾，人类社会总是在矛盾运动中发展进步的。构建社会主义和谐社会是一个不断化解社会矛盾的持续过程。”这是党中央的一个重要论断。这一认识是用马列主义的世界观和方法论对人类社会的发展规律的概括，更是对我国社会主义初级阶段的科学判断。

毛泽东同志说：“矛盾的普遍性或绝对性这个问题有两个方面的含义。其一是说，矛盾存在于一切事物发展过程中；其二是说，每一事物的发展过程中存在着自始至终的矛盾运动。”矛盾存在于一切事物发展的过程中，是事物发展的根本动力。李达在《唯物主义大纲》一书中认为：“人类社会也充满着矛盾。生产力和生产关系的矛盾，经济基础和上层建筑的矛盾，存在于一切社会形态之中，推动着一切社会形态的发展变化。”这些精辟论述，一方面告知我们矛盾存在的普遍性，另一方面告知我们矛盾是在发展运动的，在不同的阶段会有不同的表现形式，正是这一运动才推动社会的发展和进步，矛盾是推动社会进步的动力。因此，我们要正视矛盾，否定社会矛盾、回避矛盾的认识是形而上学的，不是马列主义的世界观和方法论。

矛盾运动的规律之一就是对立统一规律，我们要用对立统一规律研究社会矛盾，化解社会矛盾。构建社会主义和谐社会，不是否定矛盾，而是要在解决矛盾的过程中求得和谐统一。构建社会主义和谐社会，就是要正视矛盾，分析社会矛盾，化解社会矛盾，求同存异，增同减异，维护社会团结和睦。

（二）抓住阶段性特征

矛盾的特殊性问题，也是马列主义、毛泽东思想关于矛盾论的一个重要方面。李达在《唯物主义大纲》一书中认为："矛盾的普遍性原理是观察问题处理问题的向导，违反了它就会陷入错误，但是只强调矛盾的普遍性是不够的。为了正确地观察和处理问题，还必须强调矛盾的特殊性。矛盾的特殊性，就是指各种具体事物、过程或阶段中所包含的矛盾的具体特点。""离开了对于矛盾特殊性的艰苦深入地研究，就等于丢掉了马克思主义的灵魂。"由此可见，我们如何看待社会主义社会，如何看待社会主义初级阶段，如何正确地评估和看待现实的中国社会，已经成为贯彻落实全国政法工作会议精神关于社会矛盾化解问题之关键。一方面，从矛盾的普遍性出发，我们要正视矛盾，不回避矛盾；另一方面，我们必须对矛盾的发展阶段的特殊性进行深入研究，紧紧抓住我国现实社会矛盾的阶段性特征，把握规律，抓住重点，落实对策，予以化解。

关于目前我国现实社会矛盾的阶段性特征，笔者认为，在社会转型期，人民内部矛盾凸显，干群矛盾、劳资矛盾比较突出，利益分配格局在发生着变化，社会聚集了诸多的利益冲突，未能及时协调和化解；由于经济体制和运作机制的变革，人民群众团体和个体劳动者压抑了诸多诉求，未能通畅表达，个别地方群众的情绪有时表现为非理性，当然是出于无奈和不平。

腐败问题，中央虽然下了极大决心，根治工作也有一些成就，但腐败的蔓延仍然是一个不容回避的问题，同腐败分子的斗争，尤其是根治腐败，综合治理的任务，仍是一项长期的、艰苦的和复杂的工作，更是人民群众关心的一个热点问题，特别是司法领域里的腐败，人民群众对执法者犯法表示很难理解，群众反映强烈，要求严格惩处。

现阶段，刑事犯罪处于高发期，犯罪率还在不断地攀升；人民群众的安全感在一些地方仍然得不到保障；官民之间、群体之间、公民之间的社会纠纷形形色色，各种形式的民间纠纷，形成的民事案件、经济纠纷数量不断上升，一些大城市所发生的"诉讼爆炸"之势，使司法机关已不堪重负。

互联网的出现和发展，为人民群众的知情权、参与权和决策权提供了一个积极的平台。一件小小的事情如果处理不当，一个小案件如果处理不公，很快就会成为广大网民关心的热点。一件小事情、一个小案例的敏感性、关联性、复杂性前所未有，政府和司法机关还缺乏恰当的处理方法和应对能力。这方面的问题也严重地影响着社会的稳定。

总之，我国现实社会矛盾的阶段性特征表现在方方面面，而且比较突出。由于经济体制和运作机制改革所引发的种种矛盾仍在继续显现，刑事犯罪、社会纠纷、腐败问题、网络舆论引发的社会矛盾等，需要我们抓住社会矛盾的阶段性特征积极面对，有针对性、逐步地加以化解。

（三）化解矛盾

对于社会矛盾的化解工作，笔者认为这是一项巨大的系统工程，需要全社会动手，全民参与，齐抓共管，才能奏效。作为法律监督机关的人民检察院有以下几个现实问题，急需我们统一认识，共同努力，为化解社会矛盾作出贡献。

第一，正确理解和充分认识检察机关在社会矛盾化解、社会管理创新和公正廉洁执法中的重要地位。我国宪法明确规定，人民检察院是中华人民共和国的法律监督机关。其法律监督的地位和职责决定了检察机关在落实各项工作中的重要地位，作为法律监督者，首先要认识到自己是做好“三项重点工作”的第一责任人，以身作则，主动服务于2010年的第一要务，积极参与社会矛盾化解、社会管理手段创新和公正廉洁执法，提高化解社会矛盾和社会管理手段创新的水平，维护司法公正，理顺群众情绪，促进社会和谐。

第二，充分发挥检察职能，通过执法办案来化解社会矛盾，维护社会和谐稳定。执法办案是履行一切检察职能的本源和归宿，离开执法办案，检察职能便成了空中楼阁，完成“三项任务”便是纸上谈兵。要把化解社会矛盾的工作在审查批捕、审查起诉、职务犯罪侦查、民行监督等各项任务中，充分地得以体现，既要依法严厉打击各类刑事犯罪，又要注意运用宽严相济刑事政策，使由犯罪引起的各种矛盾得以化解和处理。需要特别强调的是，全面履行法律监督职责，统筹抓好查办和预防职务犯罪，是深入推进社会矛盾化解的重要内容。因为，不断加强惩治和预防职务犯罪制度建设，进一步加大办案工作力度，始终保持惩治腐败的高压态势，才能化解深层次的社会矛盾。

第三，结合执法办案，建立健全检察环节社会矛盾排查化解机制。按照诉讼分流的原理，逐步扩大不起诉的范围，建立刑事和解制度和被害人救助制度试点，积极引导双方当事人消除矛盾、化解纠纷、促进稳定。对于未成年人犯罪和老年人犯罪的案件，尽量体现从宽处理的刑事政策，使矛盾化解在诉讼中，力争做到“案结事了”。

第四，认真抓好涉检信访积案化解工作。涉检涉法积案化解工作，是当前我国社会矛盾表现比较突出的一个问题。近年来，高位运行的信访总量，时有发生的群体性纠纷，其原因是复杂的。一方面，它是社会深层次矛盾的暴露和表现，背后都隐藏着职务犯罪或刑事犯罪，或黑社会性质的犯罪等；另一方面，还得从执法办案中寻找，检察机关如何坚持“社会公益”和“客观义务”原则，公正合法批捕起诉，坚持证据裁判原则，做到以事实为依据，以法律为准绳，确保案件质量，不枉不纵、公平合理，从源头上解决信访积案的矛盾化解工作。同时，要积极采取综合治理的各种措施，思想教育、社会救济、检调对接等工作与办案过程同步进行，努力探索社会矛盾化解的新途径和新举措。

第五，积极探索排查社会矛盾，做到以预防为主。社会矛盾的存在是客观的，表现形式是多样的，所涉社会关系是复杂的，但并非无规律可循。我们要以科学发展观为指导，将预防犯罪同各个检察业务部门相结合，组织部分人员深入生活、深入基层、深入经济活动的每一个环节和流程中进行矛盾排查，把各种矛盾化解在萌芽阶段。例如，许多检察机关派出专门人员深入当地的重点工程、重点合同、重点企业去了解情况，预防在先，已经取得了很好的经验。又如，拆迁、搬迁计划，城市整治工程，不稳定人群、案件易发社区，以及“两抢一盗”犯罪案件的多发区，劳改释放和劳教解教人员等，只要检察机关工作人员了解了情况，做了工作，采取了有针对性的措施，就会取得良好的预防犯罪的效果。在一些工作先进地区，检察机关社会排查工作做得深入细致，呈现出零上访、零告状，社会稳定、和谐发展的好局面，就是一个例证。

第六，积极参与和应对网络虚拟社会的建设和管理。在我国经济发展、科技进步、民主与法治进程加快的过程中，网络技术的出现不仅是一个科学技术的问题，更重要的也是一个新的意识形态的平台。对于这个阵地和平台的历史作用，我们绝不可低估，对于它的虚拟性和伪自由性的一面也要充分认识，一些人头脑中的虚拟社会、理想社会同现实社会之间产生矛盾与冲突，缺乏务实的思想准备，而借助网络反复炒作，导致矛盾激化，影响和谐稳定。对此，我们必须保持清醒的头脑，要因势利导，说明真相，不能动则管卡或抓人，使矛盾激化。要清醒地意识到，这对多数人还是一个说服教育的问题，大量的思想政治工作到位不到位的问题。我们要学会处理和应对因网络引发的一些事件和纠纷。

第七，管好队伍，遏制腐败，公正执法，提高检察机关的公信力，是社会矛盾化解的一个重要方面。组建一支坚强、模范、群众信得过的检察队伍，是公正、廉洁、高效、权威司法的根本。当前在司法领域，当然也包括检察机关内部的个别腐败现象日益突出，是检察公信力不高的一个重要原因。针对人民群众反映强烈的这一问题，我们应当着力打造“干净司法”，从源头上控制“腐败污染”，以提高司法公信力。作为法律监督机关，没有一支过硬的检察队伍，“三项重点工作”任务的完成就是一句空话。因此要把队伍管好，才能履行检察职能，完成社会矛盾化解的任务。

九、检察公信力建设[①]

公信力建设主要涉及两个方面的问题，首先是公信力理论研究要解决的六个基本前提性问题：一是检察机关公信力与司法公信力概念的科学界定。司法公信力是社会人本主义对司法过程和司法结果的尊重、认同和服从，是法律内在说服力和外在影响力整合后的作用力，是基于权力和威信双重属性而得到群众自愿服从、认同的力量。一方面以权力运行为基础，另一方面要得到群众心理上的认同。公信力是一个心理状态问题，也是一个社会问题，涉及司法体制、机制，同时还是一个群众法律信仰问题。二是司法公信与司法公正、司法权威三者的关系，这是司法公信力理论的重要课题。三是如何确立司法公信力的价值评估体系问题。司法公信力是国家法治建设的必然要求，是宪政制度的必然要求，是司法民主的应有之义，如何建立正确有效的价值评估体系是司法公信力建设的关键。四是研究当前我国社会司法公信力缺失的原因，包括历史原因、体制原因、干警素质原因、法律信仰缺失原因。五是需要研究公信力的构成要素，包括法律规则的权威性、司法主体的公正执法性、司法过程的开放性、司法裁判的权威性。六是研究如何构建检察公信力，包括培育公民的法律信仰，确立司法独立的法治体系，贯彻司法公正、效率、廉洁相结合原则，实现司法统一，落实检务公开和司法透明、公开，规范司法行为，法治精神人格化，体现忠诚、公正、文明、廉洁的职业道德水平，建设沟通平台，特别是新闻发言人制度、网站等，以适应时代要求，满足群众知情权、参与权的要求。

① 本部分内容由两篇文章整合而成，分别是“把公信力建设作为检察改革的一个重点”（《人民检察》2009年第20期）和“公信力理论研究的六个前提性问题”（《人民检察》2009年第23期）。

其次是如何着手解决提高检察公信力面临的现实问题。全体检察干警要深刻理解、充分认识当前中国社会的阶段性特征，如人民内部矛盾凸显、刑事犯罪率攀升，改革开放以来利益主体多元化、利益格局复杂化、利益冲突扩大化等。这些特征导致相关案件处理的复杂性、关联性、敏感性增强，即使是很小的案件，如果处理不当也会激化矛盾。因此全体检察干警要增强危机意识、增强历史责任感，在这一前提下认识公信力。同时，还需要做好以下几个方面的工作来提升检察机关的公信力：第一，检察机关要有本体意识，要忠于职守，严格执法。第二，要抓住检察制度改革的机遇，解决检察权力的优化配置问题，重点加强对检察权的监督和制约，规范具体的检察行为。第三，要提高检察办案质量，实现实体公正和程序公正，彰显检察机关的公信力。第四，检察机关应加强对自身廉洁性的监督，特别是对自侦案件的监督。第五，加强检察信息化建设。在依法使用手机定位、电话监听等技术侦查手段的同时，要与法治建设、公民隐私权的保护结合起来。

如何提升检察机关的公信力，笔者认为以下四个方面的问题应当引起必要的重视和开展必要的研究：

第一，检察机关的法律和职能定位。这是一个重要的基础问题。关于如何提高检察机关执法公信力，让群众了解检察机关，知道检察机关在干什么，很多检察机关都有一些有成效的实践经验。对此，需要进一步厘清以下问题：一是检察机关不是政府的一个部门；二是检察机关的工作与党和国家中心工作的关系；三是使群众了解检察机关的具体工作内容，其切入点如何确定、程度如何把握。简而言之，检察机关执法公信力涉及两个主题，一是检察的本质属性，二是群众的公信力评价。

这样一来，公信力问题似乎复杂化了。笔者认为，从检察职能的本质属性来看，检察机关执法公信力涉及法律本身的制度和结构问题，更涉及司法体制和机制问题。从评价主体看，还涉及评价主体认知水平和道德问题、社会学问题。

基于以上判断，提升检察机关的执法公信力应该从理论和实践层面研究和解决以下六个问题：一是准确界定检察机关执法公信力的概念与特征；二是执法公信力与司法公正、司法权威之间是什么关系；三是检察机关执法公信力的价值和功能；四是分析当前我国社会公权力、公信力缺失的原因，主要包括深刻的历史原因、体制原因、信仰方面的原因和执法司法从业者素质方面的原因；五是检察机关执法公信力的构成要素；六是检察机关执法公信力的构建，特别是在当前的情况下要采取哪些措施。

第二，检察机关执法公信力的生成。笔者认为其关键在于检察机关本体，只有检察机关本身才是决定其公信力高低的基础，其他外部因素主要起补充、促进作用。对于检察本体机制和体制的科学性、正当性，检察机关自身应当有充分的认识。就当前来说，关键是要把检察机关执法公信力问题与中央关于新一轮司法体制和工作机制改革中的检察体制和检察机制改革问题结合起来，认真研究并解决。易言之，当前要把提升公信力作为检察体制和检察机制改革的一个重点，深入地进行下去。

把公信力建设作为检察改革的一个重点，还要认真把握两个重要问题：一是权力制约和监督，其中涉及检察监督、诉讼监督以及如何正确履行法律监督职能的问题；二是执法司法行为的规范问题，这是提升检察执法公信力的重要方面。

第三，检察执法办案质量问题。说一千，道一万，提升检察机关执法公信力必然要面对的是案件质量问题。例如，当前检察机关批准逮捕的质量、起诉质量、支持公诉的质量等，检察机关都应该进行认真的分析。

最近笔者到几个地方人民检察院调研时，听到某些同志说，录音录像这么多有什么用啊，法庭上又用不上，还要专门安排人员保管。笔者认为，如果从公信力角度认识同步录音录像、律师在场问题，就不会产生录音录像无用的疑问了。一句话，要严格按照刑事诉讼程序办案，以提升检察机关执法办案的质量，这样就能有效提升检察公信力。可以说，办案质量是提升检察执法公信力的一个决定性因素。

第四，检察机关自身监督和廉洁问题。检察机关是国家的法律监督机关，监督者如何被监督是一个不断被追问的问题，检察机关如何进行自身监督关系到其履行法律监督职能的正当性和公信力，必须予以加强。公生明，廉生威。廉洁对于公权力机关来说，其意义怎么强调都不过分。总之，只要检察机关不断强化自身监督，提高廉洁性，就能进一步提升公信力。

第六章　司法改革哲理之思

一、“把握司法规律推进司法改革”系列之辨析“司法”①

在我国古代，“司”的首要意义为“掌管”，它与相关事务名称构成专用词，成为官职名及官府名。“司法”一词在《汉书》中首见，但此时还只是“学理”用词，未见作为职务的“司法”。在隋代大业（公元605—618年）初，“司法”已经成为一个专门职位。唐代时“司法”的法律地位更加明确，成为州县级的部门主管。宋承唐制，“司法”是州县官管理刑事法律的属官，其职权也没有什么变化。元代不设“司法”一职。《明史》未见“司法”一词。清承明制，“司法”依然沉寂。古代司法一职有三个重要特点：一是司法一职只在州县中存在，在中央官职序列中未见，是低级别的法律专职官员。二是司法之“法”只是指刑法，司法官是州县衙门中主管刑事法律的官员，参与刑事法律的侦查、逮捕与审判。三是司法属于行政序列，不在审判序列。这表明，中国古代尚没有与立法、行政相对应的“司法”概念，“司法”只是为“皇事”服务的低级行政官员。

我国现代意义上的“司法”概念源于苏联和民国时期的双重传统。早在1931年，中国共产党的文件中就使用过“司法机关”一词。从1954年《宪法》开始，1975年《宪法》和1978年《宪法》均无“司法”一词，1982年《宪法》中“司法”一词再次出现，但都是指称行政职权之一的“司法行政”。

由于“司法”这一概念的复杂性，目前学界对于“司法”的性质和范围尚

① 原文发表于《人民法治》2016年第5期。

未达成一致意见，具体有三种代表性观点：第一将“司法”视为“审判”。这一观点更接近于新法律传统（清末变法移植西方法律过程）时期、清末复活后的“司法”概念，因此具有一定的历史沿袭性。有学者认为，“司法是指法院的审判活动，司法权就是法院的审判权，享有司法权的主体只有法院和法官”。

在国外，“司法”也主要是从“审判”的意义上来界定的，其主要根据是三权分立学说。在这些国家，法律词典等权威解释也将“司法”看作为“审判”的应有之义，如解释司法为“法院或者法庭将法律规则适用于具体案件或争议”。将“司法”当作适用法律的诉讼活动。例如，著名法理学家张文显教授认为：“司法是指国家司法机关依照法定职权和法定程序，具体应用法律处理案件的专门活动。”沈宗灵教授也认为：“法的适用，通常是指国家机关根据法定职权和法定程序，具体应用法律处理案件的专门活动。由于这种活动以国家名义来行使司法权，故一般简称‘司法’。”这些观点均将司法限定于国家机关运用法律处理案件的活动，即“诉讼”活动。将司法界定为广义的解决纠纷的活动。例如，有学者认为：“从严格的传统意义上来讲，司法仅指与立法和行政相对应的法院审判活动；而在现代意义上，司法是指包括基本功能与法院相同的仲裁、调解、行政裁判、司法审查、国际审判等解决纠纷机制在内，以法院为核心并以当事人的合意为基础和国家强制力为最后保障的、以解决纠纷为基本功能的一种法律活动。”法理学家李龙教授指出：“司法是指一定的国家机关依据法定职权和程序，应用法律处理具体案件的专门活动，与此相应有两种含义：一是司法机关和行政机关依照法定职权和程序，运用法律处理具体问题的专门活动；二是国家权力机关、行政机关、司法机关及国家授权的其他国家机关和组织依照法定职权和程序，将法律适用于具体的人和事的活动。”这些观点都是对“司法”所作出的最广义的解释。

笔者认为，“审判说”过于狭义，不符合现代社会的司法特点，广义的“解决纠纷说”又过于宽泛，也不利于解决司法实践中的具体问题，不具有便利性和可操作性。因此，建议将“司法”界定为国家解决纠纷、明辨是非的诉讼活动更为妥当，这既有理论上的根据，也有利于快捷、高效地开展各项诉讼活动，同时也顺应当今世界法治国家对“司法”概念的界定和实践认同。

二、“把握司法规律推进司法改革”系列之何为司法规律①

规律的概念是人对于世界过程的统一和联系、相互依赖和整体性的认识的一个阶段。它是客观世界普遍联系和永恒发展相统一的基本形式，即由一系列环节所构成的普遍趋势和线索。从定义上界定，规律是指事物与事物之间内在的本质联系和发展的必然趋势，揭示的是事物运动发展中的固有的、本质的、必然的、稳定的和客观的联系。换言之，规律是就事物的发展过程而言的，是指同一类现象之间的本质关系和稳定联系，是对千变万化的现象世界进行提炼、概括和抽象出来的具有一般性的、客观存在的、无间断的重复性、可预见的联系。这个概念有以下四层含义：第一，规律是本质的联系。规律同本质是同等程度的范畴，体现了事物及其过程所固有的内在的根本联系。第二，规律是必然的联系。规律性与必然性也是同等程度的范畴，事物发展的规律性也就是事物发展的必然性，代表着事物必定如此、确定不移的趋势。第三，规律是稳定的联系。规律是变动不居的现象中相对稳定的、巩固的联系。规律的稳定性也就是它的重复性。只要具备一定的条件，某种合乎规律的现象就会重复出现。规律性联系的稳定性、重复性表明了它的决定论的普遍性。第四，规律是客观的联系。规律的客观性是指规律的存在不依赖于人的意识，相反，人的意识活动本身要受规律的支配。不管人们认识它还是不认识它，喜欢它还是不喜欢它，它都存在着，都在起作用。人们不可能任意创造或者消灭规律。人们在自己的实践活动中，一定要遵循客观规律，按照客观规律办事。如果违反了客观规律，不按客观规律办事，那么，必将一事无成，并且必然要受到客观规律的惩罚。

综上所述，司法规律是指司法诉讼过程中客观存在的、不以人的意志为转移的、能在根本上决定司法诉讼未来发展方向的、内在的、本质的、必然的规定性，是审判权、检察权和其他相关权力有机结合的基本法则，是司法权本质特征和价值取向的高度概括。它具有如下特点：第一，客观实在性。司法规律是一种客观存在，不以人的主观意志为转移，不因外在条件的变化而变化、不受情感情绪和喜好所影响。第二，稳定性和必然性。司法规律是能在相当长的一段时期内

① 原文发表于《人民法治》2016 年第 6 期。

发挥作用的，人们能够通过对司法规律的认识、发现和利用，预见未来的司法走向和趋势。第三，普遍性。司法规律是人类司法活动中普遍具有的规律，具有广泛的适用性和生命力，而不是某一国家或某一阶段的司法所特有的属性。

在司法规律的外延上，有学者认为，司法规律既可以用来说明司法活动的运行规律，也可以理解为司法职权的配置规律、司法制度的演变规律，甚至可以理解为司法人员的管理规律、司法保障规律等。还有学者认为，司法规律可解构为司法自身规律、司法规律与经济社会规律的联系两部分。司法自身规律包括司法权力配置规律、运行规律、监督规律及司法权的性质、特征等，司法规律与经济社会规律的联系包括相互关系着的司法与政治、经济、文化等社会系统之间的内在联系和相互影响。也有学者认为，司法规律可以从两个层面上理解：一是将司法规律作司法工作规律或办案规律的理解；二是将司法规律作司法制度的发展规律的理解。由于司法活动本质上体现为一种诉讼活动的表现形式，所以，司法规律的外延应该包括司法诉讼的主体制度、参与人制度、诉讼权利制度、司法组织制度、司法职权配置制度、证据制度、司法运行制度以及包括司法文化在内的多方面规律。其中，司法文化为内在核心驱动，司法运行制度为外显变量，其他要素为司法规律的平台条件。在司法实践中，司法规律往往通过司法运行活动得以彰显和外露，因此司法规律中的司法诉讼运行规律也可以视作司法规律的狭义理解。

三、“把握司法规律推进司法改革”系列之司法规律与有关概念之辨析①

在理论上，与“司法规律”相近的概念还有“司法理念”“司法原则”和“司法特征”，准确区分这三个概念有利于我们更好地把握司法规律的外延，科学合理界定司法规律的真实内涵。

从语义上来说，司法理念是指导司法制度设计和司法实际运作的理论基础和基本观念，也是对司法的功能、性质和运作方式的系统思考，司法原则是司法制度设计和司法活动所遵循的基本准则，一般为一国的宪法和法律明文规定，具体包括司法法治原则、司法平等原则、司法独立原则、司法责任原则等。司法特

① 原文发表于《人民法治》2016 年第 7 期。

征，即司法权特有的本质特征，具体体现在司法机关行使司法权，进行司法活动的过程中，与行政权和立法权有显著区别，狭义上的司法（审判）特征主要表现为被动性、中立性、合法性、程序性、专属性、职业化、终局性与稳定性。

司法规律和司法原则、司法理念、司法特征既有联系，也有区别。

区别是：第一，司法理念具有主观性，而司法规律具有客观性；司法原则虽然在一定情况下反映了司法规律，具有一定的客观性，但是在更多的情况下它是由法律明文规定的，是人们主观观念的反映；司法特征是司法活动的行为表现，主要表现为一种客观性。第二，司法规律和司法特征具有稳定性、普遍性，而司法理念和司法原则具有时代性、变动性，甚至具有地区差异，不同国家的司法理念可能也有区别。

联系是：司法理念的内涵是司法原则的结晶，司法特征往往体现为司法活动的基本原则，也是司法客观规律的集中反映。客观决定主观，司法规律对司法理念、司法特征和司法原则具有决定作用，同时也是司法原则、司法理念和司法特征的本质表现和抽象概括；反过来，司法理念、司法特征和司法原则都是司法规律的外在表现，对司法规律也具有形塑作用，当一种先进的司法理念为人们普遍接受，并成为法律明文规定的司法原则为各国所普遍遵循时，这时也可以说，由于这种理念已经成为人们普遍的行为准则，已经体现出一种科学、文明的司法特征时，这些都有可能转变成司法规律。

司法规律的内容与司法理念、司法原则和司法特征之间既有联系，又有区别。在归纳和梳理普适性司法规律时，我们需要合理限定“司法”这一概念的范围，既不能过大，将其界定为解决纠纷的一切活动；也不宜过小，仅将其界定为“审判”。因此，对于有观点所主张的诸如司法“公开性、独立性、中立性、程序性、终局性”等规律，笔者认为其狭义地限定了司法的范围，不具有科学性，应该属于狭义司法（审判）特征的范畴，不在司法规律之列。以司法实践为例，作为司法机关的检察机关在自侦案件中以打击犯罪、保护国家和公共利益为使命，在追究犯罪等活动中具有高度的主动性而非“中立性”。再如，尽管现代法治国家都在不同程度上强调检察官应当负有站在客观立场上努力发现并尊重案件事实真相的客观义务，但在司法程序中，其实际上是作为代表国家或社会公共利益的一方当事人出现的。因此，“被动性”和“中立性”基本上也并不符合检察机关和侦查机关的职权特征。同样，绝大多数准司法机构的纠纷解决都不能完全排除法院的司法审查，即不具有最高的权威性和终局性。因此，在研究每一个具体的司法机关及其权限、程序及活动时，仍需加以区分，分别揭示其特殊规律及特征。这段论述，恰恰也证明了科学界定“司法”及“司法规律”含义的重要性。

我们还需要清楚和自觉地认识到，司法规律具有长久性和客观性。换言之，不带有价值判断性，这是司法规律的生命力所在，也是区分司法理念、司法原则和司法特征的重要分水岭。我们需要牢牢把握和坚持这一标准，科学合理地剥离出那些完全属于司法理念、司法原则和司法特征而不属于司法规律的相关要素和范畴。因此，司法公正、司法独立、程序正义、人权保障等指标应当更属于司法理念或司法原则的范畴，不宜被列入司法规律之内。

四、“把握司法规律推进司法改革”系列之司法规律的发展进路[①]

（一）从压制型司法向回应型司法转变

20 世纪 70 年代末，美国诺内特和塞尔兹尼克教授提出了回应型法理论。回应型法理论将现代法律分为三种类型或发展阶段：压制型法、自治型法和回应型法，每种类型的法律各自具备不同的特征，但又存在某种继承关系。压制型司法是政治取向型司法，自治型法是规则取向型司法，而回应型司法则是社会取向型司法。

压制型法主要表现为法律机构容易直接受到政治权力的影响，法律被认同于国家，并服从于以国家利益为名的理由，法律官员首先关注的问题是维护权威；警察等专门的控制力量成为独立的权力中心；刑法典反映居支配地位的道德态度；法律道德主义盛行。这种压制型法的属性会导致对掌权者或特权者的特别保护，维护了统治阶级的阶级正义，同时也使其具有不稳性和缺乏合法性，法成为统治者的工具，可以恣意损害被统治者的利益和愿望，使人们对法没有认同感和归属感。自治型法的主要特征则体现为法律与政治分离，司法取得独立地位，立法职能与司法职能之间被划出严格的界限；程序是法律的中心，法律秩序的首要

① 本部分内容由两篇文章整合而成，分别是“‘把握司法规律推进司法改革’系列之司法规律的发展进路：从压制走向回应，从对抗走向合意”（《人民法治》2016 年第 8 期）和“‘把握司法规律推进司法改革’系列之司法规律的发展进路：从野蛮走向文明，从行政性走向诉讼性”（《人民法治》2016 年第 9 期）。

目的和主要效能是规则性和公平，而非实质正义等。自治型法在一定意义上说其实就是一种“法治”思想，体现了“权利本位”和正当程序的观念与思维。回应型法的实质是要使法律不拘泥于形式主义和仪式性，通过理论和实践的结合进一步探究法律、政策中所蕴含的社会公认价值和准则。它是在扬弃压制型法和自治型法的基础之上，赋予国家制度以自我修正的精神，既是一种社会变革的法律模式，又是一种法治变革的政策模式。回应型法的突出特征表现在法律的开放性和能动性。回应型法以一种积极主动的开放姿态来回应社会的需求和人们的期待，能动地去修正法律本身的缺陷，以期满足公共政策和社会利益的基本诉求。回应型法以更大的勇气和包容度去接受人们对法律的批评和辩论，不断适用和回应社会需求，不同的利益主体在进行沟通和辩论中达成共识，诉求逐渐获得满足，法治精神逐步得到理解，社会的实质正义得到进一步体现，纠纷的化解能力和共识的可接受性也进一步被认同。回应型法还具有深深的人本主义精神和人文情怀，以一种司法的社会担当来指引社会发展，促进社会的司法文明。

（二）从对抗性司法向合意性司法转变

合意通常是私法上的范畴，是指两个或两个以上的主体就某一事项做出一致的意思表示，其中必然包括两个要素，即意思表示一致和具有法律的约束力。合意是完全建立在自愿基础上的，是当事人在民事私法领域以自己的意志处分实体权利，履行实体义务的行为。诉讼双方达成合意，合意解决纠纷机制的主要内容是法院调解和当事人自行和解，其中法院调解处于主导地位。然而，随着公法和私法相互交融渗透，合意制度已跨过民事私法的界域进入公法，如刑事司法和行政诉讼法的领域。在行政诉讼法领域，国家的行政裁量权和公民参与意志的两种结合构成了合意的基础。行政主体与行政相对人之间的意见交换与信息沟通、告知与反馈、陈述与听取是使双方意志得以充分表达，并在全面交涉的基础上做出合意性处理结论的重要途径。刑事司法领域更是如此，近年来司法实践总结并上升为法典的刑事和解制度，更是控辩双方达成合意的结果，过去那种公诉机关与被诉方激烈对抗的局面正在被慢慢消解，过去那种追求客观真实、企图彻底实现实体正义的理想正在被妥协的协商性的正义取代。可见，无论是在平等民事主体之间，还是在国家与公民的利益争夺和纠纷争斗之中，原来那种激烈的对抗关系、矛盾关系正在走向可能的缓和和温柔，一种合意上的纠纷解决方案正在得到诉讼双方的欢迎和拥护，这种渗透合意性的司法理念和方式也显示出新的生命力，在司法实践中继续磨砺和成长。

（三）从野蛮性司法向文明性司法转变

司法文明是社会的物质文明、精神文明、政治文明在司法领域中的表现方式，是司法活动发展进步的一种状态，是人类社会在长期的司法活动中所积累、创造的精神成果、物质成果和政治成果的总合。在内容上，司法文明包括三个基本要素，即恪守“以人为本”的司法理念、追求“正义与效益”的司法制度、遵循“正当法律程序”的司法行为。在核心要求上，即体现为“尊重人格、合乎人性、体现人道、体恤人情、保障人权”。

中外的司法历史告诉我们，所有的司法活动都在遵循从野蛮到文明、从残忍到人道、从控权到赋权的转变过程。以刑事执行方式为例，我国古代历史上的刑种大体可归结为五类，如奴隶制时期的墨、劓、刖、宫、大辟等，封建制时期的笞、杖、徒、流、死等。而古埃及于公元前8世纪就颁布了八部法律，刑种有鞭笞刑、残害肢体刑、死刑以及罚金、没收财产等。随着社会防卫论思想成为西方国家主流刑罚理论，世界各国的刑罚宽缓化发展日益显著，犯罪非刑罚化和刑罚非监禁化是当今犯罪与刑罚制度发展的世界性趋势。在诉讼程序发展史上，世界各国犯罪嫌疑人、被告人的主体地位得到进一步强化，被追诉人诉讼权利的各项保障措施得到充分落实，普通审判程序与救济程序各司其职，证据规则得到进一步完善，司法的文明性和科学性无疑得到进一步彰显。

我国2012年《刑事诉讼法》第2条明确增加了“尊重和保障人权”的原则性表述，党的十八届三中全会《中共中央关于全面深化改革若干重大问题的决定》明确提出“完善人权司法保障制度，国家尊重和保障人权”。党的十八届四中全会再次强调，要加强人权司法保障，强化诉讼过程中当事人和其他诉讼参与人的知情权、陈述权、辩护辩论权、申请权、申诉权的制度保障。最高人民法院颁布的《关于全面深化人民法院改革的意见》中明确提出，禁止让刑事在押被告人或上诉人穿着识别服、马甲、囚服等具有监管机构标识的服装出庭受审。这些细节上的举措，无疑是对司法文明最好的解释和注脚。

（四）从行政性司法向诉讼性司法转变

在传统的纠问式诉讼中，控诉职能与审判职能不分开，集于法官一身。刑事诉讼的开始和推进不取决于被害人的告诉，即使没有被害人的告诉，国家司法工作人员也可以主动发现和追究犯罪。在诉讼中，原告人和被告人都没有诉讼主体地位，被告人更是只承担诉讼义务的被追究的客体。法官不只限于扮演公正仲裁者的角色，而是诉讼活动的积极参加者，他可以决定诉讼活动的范围和性质。因此，这种诉讼模式下司法的诉讼性非常弱，基本上就是一个行政式的治罪活动。随着职权主义诉讼模式和当事人主义诉讼模式的出现，控审分离、控辩平等、审判中立的理想诉讼结构逐渐构建，审前程序阶段司法审查原则的建立增强了对强制性侦查措施合法性的审查，庭审阶段交叉询问、当庭认证和质证的证据规则逐步确立，所有措施都使得诉讼的每一阶段尽可能存在控诉、辩护和司法裁判三方的相互制衡和相互制约结构，诉讼双方的对抗性明显增强，司法裁判的权威性和决定性地位日益突出，整个司法过程一直在实现从行政性司法向诉讼性司法的转变。

党的十八届四中全会明确提出推进以审判为中心诉讼制度的改革，反映了我们党对司法工作规律认识的进一步深化，为完善我国诉讼制度指明了方向。2015年2月4日最高人民法院颁布实施的《关于全面深化人民法院改革的意见》中提出，建立以审判为中心的诉讼制度。建立中国特色社会主义审判权力运行体系，必须尊重司法规律，确保庭审在保护诉权、认定证据、查明事实、公正裁判中发挥决定性作用，实现诉讼证据质证在法庭、案件事实查明在法庭、诉辩意见发表在法庭、裁判理由形成在法庭。到2016年年底，推动建立以审判为中心的诉讼制度，促使侦查、审查起诉活动始终围绕审判程序进行。这些措施都是突出司法程序的诉讼性特征，始终构造出诉讼结构的正三角形态，充分体现司法公正、保证当事人诉权的实现。

五、“把握司法规律推进司法改革”系列之司法要追求司法公正与司法效率的统一①

实现公正是司法活动的首要目标，也是一切司法活动追求的第一要务，这一点不容置疑。完整意义上的司法公正，既包括实体公正，更包括程序公正。刑事案件对公正的追求更体现为一种程序公正，一种过程公正。然而，在市场经济活动日益频繁、司法资源日益紧张、社会竞争和生活节奏日益加剧的现代社会，单纯追求司法公正、盲目追求司法正义似乎已是心有余而力不足，如何在确保司法

① 原文发表于《人民法治》2016年第10期。

公正的前提下，更快提高司法效率、提升司法效益更是今天世界各国司法程序所关注的焦点，也是其正当性和立足点所在。

以德国等大陆法系为代表的处罚令程序、以美国等英美法系辩诉交易为代表的被告人认罪程序，以及日本、意大利的庭审简化程序为我国刑事案件速裁程序的建立提供了有益的借鉴。在美国联邦法院系统，辩诉交易程序可以适用于任何种类的案件，无论是性质轻微的犯罪还是性质非常严重的犯罪，联邦法院都可以适用该程序，以至于联邦法院系统以辩诉交易结案的案件数量达到了95%。除了辩诉交易外，美国还有单独的被告人认罪案件速裁程序。如果被告人作有罪答辩，且法官认为该答辩出于自愿，被告人也知道后果和意义，那么一般情况下不再开庭展开法庭调查，而是直接进入量刑听证程序。

我国民事、刑事司法领域也在积极开展司法公正与司法效率兼顾双赢的新尝试。2011年3月17日，最高人民法院下发《关于部分基层人民法院开展小额速裁试点工作指导意见》，安排部署在全国90个基层人民法院开展小额速裁试点工作。2012年8月31日，第十一届全国人民代表大会常务委员会第二十八次会议修正通过的《民事诉讼法》第162条吸收了司法实践中的成功经验，明确规定："基层人民法院和它派出的法庭审理符合本法第一百五十七条第一款规定的简单的民事案件，标的额为各省、自治区、直辖市上年度就业人员年平均工资百分之三十以下的，实行一审终审。"此即民事诉讼法上的"小额速裁程序"的法律依据，也为我国2014年开展的刑事案件速裁程序试点工作提供了很好的借鉴意义。2014年6月27日，全国人民代表大会常务委员会第十二届全国人民代表大会常务委员会第九次会议通过《关于授权最高人民法院、最高人民检察院在部分地区开展刑事案件速裁程序试点工作的决定》，授权最高人民法院、最高人民检察院在北京等18个城市开展刑事案件速裁程序试点工作。2015年2月4日发布的《最高人民法院关于全面深化人民法院改革的意见——人民法院第四个五年改革纲要（2014—2018）》也明确指出："健全轻微刑事案件快速办理机制。在立法机关的授权和监督下，有序推进刑事案件速裁程序改革。"这一决定首开我国司法领域"试验性立法"之先河，对于有效配置司法资源，提高诉讼效率，节约诉讼成本，及时惩治犯罪，促进社会和谐稳定，充分发挥司法为民的功能具有重要意义。

六、“把握司法规律推进司法改革”系列之实现司法规律的普适性与独特性①

在考察一个国家的司法规律时，不能仅停留在简单的价值考核层面，采用一些世界范围内的普适价值标准和原则来盲目判断、套用和评价，规律不可违抗、方法可以自己选择。我们应该在全面了解世界各国司法理念和司法原则的背后，更深刻地了解我国政治经济体制、历史传统、文化和社会环境等因素，分析这些因素对司法规律的形成可能产生的原因和影响，从而更好更准确地把握和提炼出具有中国特色的司法规律。

当前，党中央高度重视法治建设，党的十八届三中、四中全会确定了推进法治中国建设、深化司法体制改革的主要任务，首次对全面推进依法治国作出重大部署。2015 年 2 月，《最高人民法院关于全面深化人民法院改革的意见——人民法院第四个五年改革纲要（2014—2018）》和《最高人民检察院关于深化检察改革的意见（2013—2017 年工作规划）（2015 年修订版）》相继颁布实施，为新一轮司法改革铺设了蓝图。近年来，中央政法机关积极面对社会群众关心的司法热点难点问题，颁布了一系列重要司法解释，以薄熙来等重要案件的司法公开为形式，以呼格案等冤假错案的直面纠正为契机，司法权威和司法公信力得到进一步提升，社会群众法治观念明显增强。这些有益做法和成功经验，都为我国积累司法规律，提炼司法规律，检验司法规律，更好更快地推进司法改革提供了丰富素材，创造了良好条件。

与此同时，我们也应该清醒地看到，当前司法改革过程中的深层次矛盾尚未得到有效解决，某些领域的司法实践还很不成熟，司法规律的发挥作用极为有限，甚至说尚无司法规律可言。突出表现在司法产品的有效供给与人民群众的广泛需求之间还存在一些距离，司法体制和工作机制还存在许多不相适应的地方。司法不规范、不严格、不透明、不文明现象仍然存在，人民群众反映强烈的立案难、诉讼难、执行难等问题仍然没有得到根本解决，司法不公和腐败问题仍时有发生。这些矛盾与问题的解决，必须依靠司法理论和司法规律的深入研究来深化认识，从而切实遵循司法规律，严格按照司法规律开展各项司法活动。

---

① 原文发表于《人民法治》2016 年第 12 期。

2015 年 3 月 24 日，中共中央政治局就深化司法体制改革、保证司法公正进行第二十一次集体学习。习近平总书记在主持学习时指出，司法体制改革必须同我国根本政治制度、基本政治制度和经济社会发展水平相适应，保持我们自己的特色和优势。我们要借鉴国外法治有益成果，但不能照搬照抄国外司法制度。完善司法制度、深化司法体制改革，要遵循司法活动的客观规律，体现权责统一、权力制约、公开公正、尊重程序的要求。司法体制改革事关全局，要加强顶层设计，自上而下有序推进。要坚持从实际出发，结合不同地区、不同层级司法机关的实际情况进行积极实践，推动制度创新。

在诸项司法规律中，司法效益是司法过程中引导和体现司法公正与效率达到最优化理想配置的一个综合指标，是现代社会司法运行制度的一个理想模式。正所谓“迟来的正义非正义”，实现司法公正与效率的双赢，以最小的司法资源投入，产出尽可能多的司法公正增量，实现司法效益的最大化，这也正是当前司法改革所要追求的重要目标。

2012 年《刑事诉讼法》实施以来，当前各级司法机关案多人少，各地区之间、同一司法部门工作人员之间忙闲不一、能力不均的现象普遍存在。如何集中优势司法资源，将优秀的司法资源集中在司法第一线和关键部门，将最合适的人才放在最合适的岗位上，把好司法每一关，这些配置司法资源的措施对于促进司法公正，提高司法效率都至关重要。最高人民法院《关于全面深化人民法院改革的意见》中指出，要建立法官员额制度。根据人民法院辖区经济社会发展状况、人口数量（含暂住人口）、案件数量、案件类型等基础数据，结合人民法院审级职能、法官工作量、审判辅助人员配置、办案保障条件等因素，科学确定四级人民法院的法官员额。根据案件数量、人员结构的变化情况，完善法官员额的动态调节机制。以刑事案件速裁程序、民事案件“小额速裁程序”为标志的尝试和试点，势必在司法效益方面开辟新的天地。

第七章　《刑事诉讼法学》教材哲理之思[①]

我国《刑事诉讼法学》教材的编写工作，从党的十一届三中全会以来，历经四代。第一代教材称为《刑事诉讼法教程》，以注释法律条文的方法进行编著，分总论、证据论和程序论三部分；第二代教材改称为《刑事诉讼法学》，在原“三论”的基础上，增加了一些学理解释；第三代教材《刑事诉讼法学》，在第二代的基础上增加了哲理范畴，即用专章论述刑事诉讼的目的、职能、价值、模式、阶段、法律关系等，在讲清刑事诉讼基本概念、基本理论、基本程序的基础上，对刑事诉讼法学中的一些基本范畴用专章予以论述；第四代教材《刑事诉讼法学》，“按照刑事诉讼的客观规律和部门法学理性化、哲理化的要求，在内容上尽量从注释法学走向理性法学，按照诉讼的主体、客体、行为这一哲理化思路，进行设计和编排”[②]。在编辑说明中，笔者称这一变化是对以往教材的提升或曰“升级”。笔者认为，《刑事诉讼法学》教材的这一变化和走向，不仅是考虑到刑事诉讼法学科结构的科学性、逻辑性、严密性，更重要的是突出应用法学的特点，通过教材的变革，使学生在世界观和方法论上学到真知，教给学生一种哲理思维，以提高执行刑事诉讼法的能力。例如，在教材的第四章，即“刑事诉讼基本范畴”一章中，笔者撰写了刑事诉讼中的认识一节，对刑事诉讼的认识主体、认识对象、辩证唯物主义与刑事诉讼等问题一一论述，使学生掌握诉讼认识的特征和防范，经过这几年的运用，广大师生普遍感到：“学刑诉就是要学习方

① 本章内容主要参考樊崇义教授编著的《刑事诉讼法哲理思维》（中国人民公安大学出版社 2010 年版）第一章和《刑事诉讼法学》（法律出版社 2016 年第 4 版）第三章、第六章内容。部分内容有删改。

② 樊崇义：《刑事诉讼法学》，法律出版社 2004 年版，出版说明。

法，就是要端正世界观和方法论。”

新一代《刑事诉讼法学》教材，突出了诉讼哲理研究的内容，打破了注释法学的藩篱。作者不仅提升了诉讼哲理的框架，在教科书中按照诉讼的原理、原则和进行诉讼的主体、客体、行为进行编排，而且在章节内容上增加了刑事诉讼基本理论范畴和刑事诉讼行为。刑事诉讼基本理论范畴部分主要包括刑事诉讼的目的、价值、本质、诉讼认识、诉讼结构、职能、法律关系和诉讼阶段等，这些基本范畴中的许多提法本身就是哲学问题在刑事诉讼法学中的具体运用。尤其是把价值论、认识论、法律关系论引入刑事诉讼之中，对诉讼功能和诉讼能力的提升起到了很大的推动作用。

教材中关于“刑事诉讼行为”一章的增设，完全是按照诉讼哲理的要求，因整个教材有了诉讼主体和客体，从哲学范畴上讲，必然要有诉讼行为。这一章的增加是原来几代教材所没有的，通过教材的使用和检验，现在已经证明这一哲理思维是正确的。长期以来，我国的行为法学研究处于薄弱环节，党的十七大报告在对今后司法改革的论述中，除了对司法权的制约制衡、优化配置外，强调的一个重点就是规范司法行为。诉讼行为的规范问题，已成为当前我国司法改革的一个重点。在刑事诉讼中什么是有效行为，什么是无效行为，以及无效行为的分类与处置，即法律后果和救济制裁等，已经成为我国刑事诉讼立法和修改的重点问题。因此，按照刑事诉讼法学的哲理走向，加强教材中的诉讼行为研究是由刑事诉讼法学哲理的应然性决定的，也是完全符合时代呼唤的。

然而，关于诉讼行为的研究，包括在刑事诉讼法学中引入诉讼主体、客体的问题，学界有不同的看法。有人认为引入这些内容，只是“在形式上显得逻辑严密，并具有一定的法理思辨意味，但对于刑事诉讼理论创新却没有实质性帮助”①。也有人认为，“研究诉讼行为的分类、成立条件、生效要件，其核心理念与民事法律行为理论是一脉相承的，也就是过于注重行为主体的意思表示问题”②。笔者认为，这种看法有失偏颇，根据行为法学和哲学理论，不能认为关于主客体和行为的研究仅为民法理论所有，主体、客体、行为理应带有普遍性，刑事诉讼也不例外；同时，加强刑事诉讼行为研究，对于诉讼当事人、参与人和

---

① 陈瑞华：“刑事诉讼法学研究的回顾与反思”，载《法学家杂志》2009年第5期，第68页。

② 陈瑞华：“刑事诉讼法学研究的回顾与反思”，载《法学家杂志》2009年第5期，第68页。

公、检、法机关的法律行为走向规范、走向法治更有特殊意义，这是刑事诉讼走向科学、走向民主的必然要求。因此，党的十七大报告中指出："深化司法体制改革，优化司法职权配置，规范司法行为，建设公正高效权威的社会主义司法制度，保证审判机关、检察机关依法独立公正地行使审判权、检察权。"① 这一论述，把规范司法行为问题，包括侦查行为、公诉行为和裁判行为，作为建设公正、高效、权威的社会主义司法制度的重要条件。对于当事人和其他诉讼参与人的诉讼行为的构成要件成立和生效与否的问题，对于司法行为所产生的影响和法律后果有着重要的意义。诉讼当事人和其他诉讼参与人，以及公安司法机关的行为规范问题，已经成为我国司法制度建设的核心问题，它直接关系着全社会公平正义的实现，更关系着公正、高效、权威的司法制度的构建。因此，不能认为刑事诉讼法引入诉讼行为的哲理思辨既无意义又没创新。

下面将重点介绍笔者编写的《刑事诉讼法学》教材中能够集中反映哲理思维的"刑事诉讼基本理论范畴"和"刑事诉讼行为"部分内容，其中"刑事诉讼基本理论范畴"主要包括刑事诉讼的目的、价值、认识、结构、职能、法律关系和阶段；"刑事诉讼行为"主要包括刑事诉讼行为的概念、要素、程式等。

一、刑事诉讼的目的

刑事诉讼的目的是指国家进行刑事诉讼活动所要预期达到的理想目标。刑事诉讼是控、辩、审三方共同活动的过程，各方在诉讼中有不同的利益追求，国家根据占社会主导地位的价值观念对诉讼各方的直接利益及其所反映的潜在利益的权衡，使各方在诉讼中的活动受到统一的目的制约，任何一方都不得毫无限制地追求本方的利益，为自己的诉讼需要而不择手段。因此，刑事诉讼的目的与控、辩、审中某一方参加刑事诉讼的目的是不同的。

刑事诉讼目的是整个刑事程序的灵魂，目的不同，表明在刑事诉讼中保护的利益侧重点不同，体现出国家与个人之间法律上的相互关系不同。早期的刑事诉讼以被害人的意志决定是否提起，诉讼结果宣布对犯罪的处罚几乎以补偿被害人为唯一目的，反映了当时人们对于犯罪的危害性的认识仍停留在原始阶段，认为

① 胡锦涛：《高举中国特色社会主义伟大旗帜　为夺取全面建设小康社会新胜利而奋斗》，人民出版社 2007 年版，第 31 页。

犯罪主要是对被害人个人利益的侵犯，补偿被害人的诉讼目的反映了对于被害人利益的重点保护。在封建专制制度下，以君主为核心的国家利益占据绝对优势地位，其他所有社会成员在与国家的关系上都是君主的臣民和奴仆，任何触犯封建君主利益的行为必然要受到严惩。处于这种价值观念支配之下的纠问式刑事诉讼自然以惩罚犯罪为唯一目的，诉讼中被告人只是被追究、被拷问的对象，谈不上拥有什么权利。资产阶级革命胜利后，以三权分立和国民主权原则为基础，建立了分权制衡的民主宪政体制，国家与个人之间的关系发生了质的变化。从国家方面来看，既有依据宪法和法律管理社会、处罚犯罪的权力，又有尊重法治和个人基本人权的义务；从个人方面来看，既是国家管理的对象，有遵守国家法律的义务，又是相对于国家而存在的社会生活的主体，依法享有不受国家权力侵犯的各项权利和自由。这种基于政治国家与市民社会的分离而产生的国家与个人之间的必经程序，同时也是保障个人基本人权的重要程序，刑事诉讼的目的由纠问式刑事程序惩罚犯罪的单一目的，转变为惩罚犯罪与保障人权并行的双重目的。这种双重性要求国家司法机关在公正地惩罚犯罪的同时，还应当注意遵守正当、合法的程序，防止公民的权利和自由受到非法或不当的侵害。因此，追求惩罚犯罪与保障人权的统一成为现代各国刑事诉讼的共同目的。

（一）关于惩罚犯罪及其实现

犯罪，即刑事侵害或冲突，是统治阶级根据自己的利益和意志拟定的概念，它是一种存在于阶级社会中、对统治秩序和社会关系有着直接侵害和威胁的、最为严重的权益冲突。犯罪是阶级社会的一种特有现象，自从有了私有制、阶级和国家，也就有了犯罪概念和犯罪现象。这正如马克思所说：“犯罪——孤立的个人反对统治关系的斗争，和法一样，也不是随心所欲地产生的。相反，犯罪和现行的统治都产生于相同的条件。”① 因此，当统治阶级意识到犯罪不仅是冲突主体之间的权利义务纠纷，还直接与统治秩序和社会生活密切相关时，对冲突进行有效控制就成为关系统治者根本利益的重大问题。无论是马克思主义的阶级专政工具论，还是社会契约论，均认为犯罪是对社会公共秩序的严重破坏，而不主要是对被害人个人利益的侵犯；国家既然是社会公共利益的代表者，就有责任保护社会成员不受犯罪行为侵害，在犯罪行为发生时，国家有义务采取法律允许的手

① 《马克思恩格斯选集》（第3卷），人民出版社1960年版，第379页。

段及时查获犯罪人，并使之受到应得的惩罚，以恢复法律程序，预防社会再次受到犯罪的侵害，同时满足被害人和社会公众的泄愤心理。在这个意义上，可以说，惩罚犯罪作为刑事诉讼的目的是国家实现阶级统治职能与公共管理职能的需要。国家通过行使刑罚权实现惩罚犯罪。刑罚权作为一种公权，现代国家严格禁止私人自行动用，刑事诉讼则是国家司法机关为实现这一权力而进行的专门活动。除刑事诉讼活动以外，其他任何国家活动都不能直接使用刑罚，都没有运用刑罚手段的权力。

在刑事诉讼中，司法机关根据法律规定的职权办理刑事案件，分别行使侦查、起诉、审判等权力，对犯罪进行追究，其根本目的是确定被告人的行为是否构成犯罪，应否判处刑罚及判处何种刑罚。为了实现国家惩罚犯罪和刑事案件的解决符合统治阶级利益的需要，国家总是根据形势的变化制定出符合自身利益的诉讼程序，用法律加以规范，作为法定规则指导和制约诉讼活动的进行。

（二）关于保障人权及其实现

保障人权作为刑事诉讼的目的，是近代以来人权理论和国民主权的政治原则发展的结果。在古代社会，由于在观念上肯定国家权力本位，认为国家权力与个人权利相比，国家权力是根本也是目的，因而主张国家权力至上，个人权利必须服从国家权力。在这种国家权力本位主义观念的关照下，国家权力存在的唯一目的就是维护公共或集体的利益。为了有效维护公共、集体的利益，国家权力的行使几乎不受任何限制，可以任意限制或剥夺个人权利；反之，个人权利则毫无尊严和保障可言，只能永远匍匐于国家权力之下，当个人权利与公共、集体利益发生冲突时，个人权利只能无条件地服从公共、集体利益的需要。

近代以来，经过资产阶级启蒙思想的洗礼，人们才幡然醒悟到：国家权力与个人权利相比，国家权力本身并不能成为目的，个人权利才是基础和本源，国家权力只是保障个人权利得以实现的工具或手段，国家权力存在的唯一合法性就在于为个人权利提供保护，因此，国家权力的行使应当以保障个人权利为宗旨，而不能反过来任意侵犯个人权利。同时，在政治国家与市民社会相分离的现代社会结构中，个人作为平等的社会主体，在私法自治领域拥有不受公权侵犯的基本权利和自由，即使出于保护社会公共利益的需要也不得侵犯个人应有的基本人权；相反，以国家名义出现的政府必须在代表市民意志的法律授权范围内并在合理的限度内依照法律事先规定的程序行使权力，为实现刑罚权而采取的任何措施必须受到法律的严格限制，政府在推进刑事诉讼的每个环节都必须有法律上的根据和理由。不仅如此，现代民主宪政除要求政府权力以及以此权力为后盾的强制手段受到节制并承诺不侵犯个人权利外，还要求政府积极创造条件，采取有效措施，为个人基本人权的实现提供切实的保障。正如德国法学家黑塞所言："在现代社会，人权已经不能仅仅理解为个人不受国家干预的自由的范围，人权的实现在很大程度上以国家的保障为前提……国家对于国民人权的实现负有积极采取各种措施加以保障的义务。"① 在宪法上具有独立地位的司法机关更要在刑事诉讼中担当个人权利的维护者，对政府为追究犯罪、惩罚犯罪而采取的各项强制措施的合法性和合理性进行司法审查，使刑罚权的实现过程及刑罚权本身都符合法律规定的全部公正性要求。在这个意义上，也可以说，刑事诉讼法是保障个人基本人权不受政府非法或者无理侵犯的程序。

从程序上看，刑事诉讼中所谓的保障人权主要有三层含义：一是保障任何公民不因政府非法强制而沦为犯罪嫌疑人或被告人，即保障个人免受无根据的或者非法的刑事追究；二是保障犯罪嫌疑人和被告人在整个刑事诉讼过程中受到公正的待遇，既要保证无罪的人尽早脱离追究程序，又要使有罪的人的合法权益得到适当的维护；三是保障被依法认定有罪的被告人受到公正的、人道的刑罚处罚，禁止酷刑和其他不人道的刑罚或非刑罚制裁。

需要强调的是，刑事诉讼中保障人权的核心是保障犯罪嫌疑人、被告人的权利和自由，但绝不仅仅是保障犯罪嫌疑人、被告人的权利和自由，而是通过保障犯罪嫌疑人、被告人的权利和自由来捍卫和保障全体公民的个人权利。刑事诉讼以保障人权为目的来捍卫和保障全体公民的个人权利。刑事诉讼以保障人权为目的的根本意义在于，面对以保护公共利益的名义提出刑事指控的强大政府，任何受到指控的个人都有充分的条件对抗非法迫害和专横武断的追诉，使政府在宪法和法律授权的范围内采取可能损害个人权益的追诉行动。政府与个人在反映国民意志的民主宪法和法律面前是平等的，个人有权维护自己的合法权益是被告人权利和自由的逻辑起点。

从内容上看，刑事诉讼中所保障的人权涉及实体性权利和程序性权利。其中，实体性权利包括生命权、人身自由权、人格权、平等权、私生活秘密权、住

① ［日］芦部信喜：《司法形态与人权》，东京大学出版社 1983 年版，第 135 页。

宅权、财产权、言论自由权等；程序权利即宪法和法律赋予个人用以保护实体性权利、对抗政府非法或无理侵权的基本诉讼手段。程序性权利是实现实体性权利在刑事诉讼程序中的延伸，具有相对独立性，其目的是维护实体性权利；而实体性权利在刑事诉讼程序中的实现，有赖于程序性权利的行使。在刑事诉讼中只有保障实体性权利和程序性权利完整地行使，并使两者相适应、相协调，才能实现刑事诉讼保障人权的目的。

(三) 惩罚犯罪与保障人权的辩证关系

在刑事诉讼中，惩罚犯罪与保障人权的关系是对立统一的。在以民主主义为基础的现代法治社会，由于政府权力本身就是以保障个人权益为存在依据的，惩罚犯罪与保障人权作为刑事诉讼的双重目的从根本上说是一致的。政府依法追究犯罪，虽然是直接出于维护法律秩序、保护社会公共利益的需要，但同时也是每一个社会成员谋求生存和幸福的安全保障，即使是确定无疑的罪犯，也不可能放弃国家的司法保护而容忍他人侵害其合法权益；同样，保障人权虽然核心是保障犯罪嫌疑人、被告人的合法权益不受政府的非法侵犯，但同时也是民主政府赖以存在的合理根据，只要是承认人民主权原则的法治国家，就不可能在惩罚犯罪的过程中完全忽视个人的基本人权。因此，采取民主宪政体制的现代各国，不论其实现民主的具体形式以及民主程度如何，无不在刑事诉讼中追求惩罚犯罪与保障人权的尽可能统一。

从理论上看，惩罚犯罪与保障人权应当并重，任何一方都没有优越于另一方的理性根据。片面强调惩罚犯罪，轻视或者忽视人权保障，必然导致政府权力的恶性膨胀、任意拘捕、无理追诉和不公正的审判，甚至不经任何程序非法剥夺个人的自由、财产乃至生命。反之，片面强调保障人权，轻视惩罚犯罪，过分限制政府的权力，势必导致犯罪活动猖獗，社会不稳定，个人的权利最终还是得不到保障。只有把惩罚犯罪与保障人权紧密结合起来，对二者同等看待，才能在政府权力与个人权利之间达到平衡，使刑事诉讼的过程和结果既符合政府所代表的公共利益需要，又能满足个人作为社会生活的主体所应该享受的宪法和法律保护的基本权利需求，使立足于个人自由、平等地追求幸福权利的民主法治社会能够持久地存在和发展下去。

但在现实的刑事诉讼中，惩罚犯罪与保障人权却总是表现出明显的对立。产生对立的原因主要在于特定时空条件下政府与个人在刑事诉讼中所追求的利益的冲突。从惩罚犯罪方面来看，政府能够用于证实、惩罚犯罪的人力、物力的有限性，代表国家执行职务的侦查、起诉和审判人员的素质及相应的技术手段的有限性，以及犯罪的复杂性和新型化，加之有关惩罚犯罪的立法和刑事政策并不总能够反映多数社会成员的正当要求，使得政府在实现惩罚犯罪的目的过程中，不可避免地会出现一些违章越轨甚至侵犯人权的行为，或者通过修改刑事政策，采取某些限制个人权利的措施，从而导致个人在刑事诉讼中地位低下、待遇恶化，使司法工作质量降低，错案相对增加。

从保障人权方面来看，受经济发达程度、政治民主化程度、法治化程度、社会多元化程度等各种因素的影响，立法上所承认的个人权利（法定权利）在范围上总是少于个人相对于政府的正当权益（应有权利），而且法定权利在实际落实过程中又会被打一定的“折扣”。法定权利与应有权利、应有权利与实有权利之间客观存在的差距，使得个人在刑事诉讼中的行为不可避免地会超越法定的界限，甚至利用法定权利为自己开脱罪责。同时，国家也不可能完全杜绝侦查、起诉和审判人员在刑事诉讼中侵犯个人的权利，而这些行为和法律上的不足又反过来刺激个人采取更极端的手段来破坏现有的法治秩序或诉讼规则，增加惩罚犯罪的压力或阻碍惩罚犯罪目的的实现。为了充分尊重个人的基本人权，维护政府的民主根基，立法和司法机关往往不得不默认个人的某些阻碍或逃避追究的行为，放弃对部分犯罪的惩罚，或者对政府公职人员侵犯个人权利的行为采取极为严厉的制裁措施，导致已经受到追究的犯罪分子“合法”地被宣告无罪或从轻处理。这样就自然影响了惩罚犯罪目的的完全实现。

惩罚犯罪与保障人权双重目的的对立，要求立法机关和司法机关本着利益权衡的原则进行极为慎重的政策选择，虽然任何选择的结果都不可避免地要付出一定代价，但这是现实社会的必然要求。至于如何选择，各国学者意见不一，有主张惩罚犯罪优先者，认为在刑事诉讼过程中，可以为了最大限度地实现惩罚犯罪的目的而限制个人权利，甚至非法损害个人的基本人权，只要惩罚犯罪的利益确实需要，在诉讼范围内也可默认；也有提倡保障人权优先者，认为个人的基本人权是政府惩罚犯罪时不可逾越的最后一道防线，为了保障个人的基本人权，即使放纵了少部分犯罪也在所不惜。然而，从法律实证主义的角度来考察，除极权主义国家以及法西斯统治的短暂时期外，现代社会没有哪个国家在刑事诉讼目的的选择上采取极端的态度；相反，近代以来的刑事诉讼发展史表明，各国对于惩罚犯罪与保障人权关系的处理，大体上都采取了一种“折中”的立场，即在充分肯定和锐意追求一方面目的的同时，对于另一方面的目的也给予不同程度的关注。不同国家对于政府与个人之间利益冲突的政策选择既受到政治、经济、文化条件的制约，又受到历史传统尤其是社会主流价值观念的影响；即使在同一国家，由于不同时期的政治、经济、文化条件和社会治安状况以及社会价值观念的变化，立法和司法机关对于刑事诉讼双重目的的追求也处于不断变化的过程之中。可以说，刑事诉讼中惩罚犯罪与保障人权的双重目的在本质上的静态统一，总是通过立法和司法机关在特定条件下的不同选择所反映出的动态对立而实现的。

当然，立法机关关于诉讼目的的政策选择以及司法机关对于该目的实现过程中遇到的具体问题所作的裁量决定，并不是没有基准的“钟摆式”摇动，虽然特定的国家可能针对特定犯罪或者特定时期的犯罪状况采取一定的偏向于惩罚犯罪的措施，如法国、英国关于打击恐怖犯罪的特别程序规定，美国对于保释制度的修改和重罪被告人羁押条件的放宽等。但就世界范围内刑事诉讼制度发展的整体趋势来看，在惩罚犯罪过程中进一步尊重个人的正当权利，不断扩大和切实保障犯罪嫌疑人和被告人的法定权利，仍是中外学者公认的国际性趋势，以最小限度地侵害人权的代价，收到最大限度地惩罚犯罪的效果，是各国刑事诉讼制度发展过程中孜孜以求的理想。

二、刑事诉讼的价值

刑事诉讼价值是指人们据以评价和判断一项刑事诉讼程序是否正当、合理的伦理标准，也是刑事诉讼程序在其具体运作过程中所要实现的伦理目标。[①] 我国关于刑事诉讼的价值，在理论上一直存在目的价值观和过程价值观两种迥然对立的观念。

（一）目的价值观

首先，应当承认，早期的诉讼价值理论渊源于一般法律价值理论，并力图与法律学界关于法律价值的已有研究成果保持一致。站在法哲学的角度，法的价值

① 樊崇义：《刑事诉讼法学》，中国政法大学出版社1996年版，第30页。

一般被认为是法律作为客体对于主体——人的意义，是法律作为客体对于人的需要的满足。在这一视角下，一些诉讼法学者按照法理学界的通识将诉讼的价值定义为，“诉讼活动通过满足社会及其成员的需要而对国家和社会所具有的效用和意义”。显然，这一定义是一般意义上的价值概念在诉讼领域的直接套用。

根据不同学者的归纳，秩序、安全、正义、自由和效益等价值纷纷被以不同的标准加以排列、组合，作为诉讼价值进入诉讼法学研究领域。正如有学者认为，刑事诉讼对国家、社会及其一般成员的功能、效用和意义以及后者对前者的需求都是多层次、多方面的。与此相适应，国家、社会及其一般成员通过诉讼形成了多层次、多方面的价值关系。概括而言，刑事诉讼的法律价值大体包括秩序、公正（或公平、正义等）、效益等内容。该观点认为，尽管秩序、公正、效益等内容也是其他法律的价值，但刑事诉讼满足国家、社会及其一般成员对秩序、公正、效益的需要，是通过处理刑事案件来实现的，这一点与其他法律价值是不同的。

也有学者将公正、效率与效益并列为刑事诉讼的三大价值目标，认为公正、效率与效益是当代统治阶级进行刑事诉讼所要满足的需要，是刑事诉讼目的中惩罚犯罪与保障人权的具体体现。

还有学者认为，自由与安全才是在刑事程序设计与操作中冲突着的两项基本诉讼价值。正是对这两种价值的追求构成了整个现代刑事诉讼实践的基本内容。根据这种观点，公正、效率虽是刑事诉讼的价值目标，但是却是居于自由、安全之下的次级价值目标，公正是自由价值的内涵之一，而效率则是安全价值的必然要求。

在民事诉讼领域，有学者认为，公正、效率、效益是诉讼程序的三大价值目标，这三大价值目标具有各自特定的含义和要求，同时三者之间又具有密不可分的联系，三者互相包容。公正应当是讲究效率、追求效益的公正，效率应当是在公正的基础上并符合效益原则的效率，效益应当是既有效率又符合公正的效益。也有学者认为，行政诉讼的价值构成包括效益、秩序、公正和自由。

上述观点的共同之处在于，都将诉讼所追求的社会理想和实体目的——不管是自由和安全，还是秩序、公正和效益——视为是诉讼的价值，由于这一观点主要是从诉讼制度欲实现目的的角度来认识诉讼的价值，因此，称为目的价值观。目的价值观的理论优势是，将自由、秩序、效益等作为诉讼的价值目标，揭示了诉讼制度的实体日的和社会理想，从而也揭示了诉讼制度存在的正当性和合法性根基，这是因为，从根本上讲，自由、秩序等是人类社会存续、发展的最基本需要，国家设立诉讼制度的最原始动机就是解决社会生活中的各种纠纷，维护社会的秩序与安全，进而确保公民的个人自由。因此，将自由、秩序等作为诉讼的价值目标充分体现了诉讼制度对人的基本需要的满足，揭示了诉讼制度存在的正当基础和终极目的就是保障自由、维护秩序；同时，自由、秩序等价值作为诉讼制度的理想，也为诉讼制度自身的发展提供了目标和导向，成为推动诉讼制度朝着这一终极目标发展、完善的不竭动力。

但是，人作为一种复杂的社会主体，其需求具有多样性，这就决定了诉讼的价值不可能表现为单一的目的价值，而是一个内涵丰富的多元价值系统，本身包括了不同层级的子系统，仅仅将诉讼的价值归纳为目的价值这一层面，对诉讼价值的认识显然是过于狭窄了。从主体需求的角度而言，人们对诉讼的期望（或者需要）不仅是获得最终的胜诉，更希望获得满意的判决，因此，诉讼的价值不仅体现在通过查明案件真相、发现实体真实，即满足人们对自由和秩序的需要，更重要的是从心理或行动上解决纠纷，这就要求纠纷解决的过程必须保持一定程度的形式合理性，如刑事程序本身的组织结构必须具有中立性、平等性、公开性等。诉讼除了目的意义上的自由、秩序价值外，还必须具备一种形式价值，即诉讼程序本身必须具备形式理性，保持中立、平等、公开和参与性，这些形式价值实际上也是对人的需要的满足，因此也应当是构成诉讼价值系统的重要组成部分，诉讼的价值体系应当是一个由目的价值系统和形式价值系统共同构成的多元价值体系。而对此，目的价值观的理论阐释是无能为力的。

（二）过程价值观

从理论谱系上看，过程价值观是在反思目的价值观的理论缺陷的基础上产生的，并逐渐成为我国诉讼理论界目前的通说。针对目的价值观的不足，我国有学者提出，从目的价值的角度界定诉讼的价值，容易导致程序对实体的从属和附庸，“那种将程序看作刑事实体的附庸的观点，没有看到程序是以实效性的权威决定着刑事实体的现实形态。程序不是刑事实体的影子，而是可以使刑事实体美化或丑化的独立的力量。从实效性的角度看，程序比刑事实体能更直接触动社会的神经，能更直接地体现刑事诉讼活动是公正、正义的，还是偏私、罪恶的。只有对程序达到具有独立人格的理解，对程序问题的讨论才能有自信，刑事程序的理论才能在刑事实体理论面前抬起头来，寻求有历史感的独立意义”。这是我国学者关于诉讼目的价值理论的最早反思，它提出了关注诉讼程序价值或过程价值的理论先声。

有学者在此基础上进一步挖掘了目的价值观的哲学认识论根源，认为将诉讼价值定位为自由和秩序等是因为没有对诉讼中的价值问题做出具体的和有针对性的探讨，而这是由于我国长期以来片面重视哲学认识论、忽视哲学伦理学的结果，这种将价值定位于认识论上的主体与客体之间关系的观念，只能推导出“价值就是有用性”的结论。而有用性又可以称为实用性、工具性或者功利性，以此为基础来分析法律价值问题，所得出的结论将永远不会摆脱功利主义、实用主义甚至工具主义的束缚。为此，该观点主张摆脱认识论束缚，从哲学伦理学即道德评价的角度来认识刑事诉讼的价值。

具体而言，从哲学伦理学的角度看来，价值也就是所谓的“善”，是人们值得追求和向往的“善”。在伦理学上，“善”是一个最普通的褒义形容词，意为一种高尚的、至少是令人满意的品质的存在，它们或者本身是值得羡慕的，或者对于某种目的来说是有用的。显然，伦理学意义上的价值可以被区分为工具价值与固有价值两个方面，也就是“作为方法的善”和“作为目的的善”。

据此，人们对诉讼程序的评价，也就是与一般意义上的价值评价一样，可以有两项独立的价值标准：一是外在价值或者工具价值，也就是诉讼程序对于实现某一外在目标而言是否有用或者富有意义；二是内在价值或者固有价值，也就是该项程序本身是否具有独立的内在优秀品质。诉讼的价值应当是一种过程价值。作为一种过程价值，诉讼价值不是指什么抽象的安全、自由、秩序和正义价值，而包含着诉讼的内在价值（或公正价值）与功利价值（或工具价值）两个方面。为实现其内在价值，诉讼程序在设计上必须符合特定的伦理价值标准，具有特定的内在优秀品质。而为实现其功利价值或工具价值，诉讼程序在设计上还必须考虑如何对实体法的正确实施具有积极的效用和保障意义。

上述观点的共同之处在于，强调程序除了具有促成结果公正的工具性价值之外，程序过程本身也具有某种独立的内在优秀品质，因此，称之为过程价值观。过程价值观的提出具有重要的理论意义，它突破了传统的目的价值观的窠臼，揭示了诉讼法作为一种程序性法律在价值追求上与实体性法律的区别与独特性。由于过程价值本质上属于一种形式价值，因此，过程价值观实际上是主张诉讼法作为一种程序法除了目的性价值的追求之外，本身的结构和组织也体现着一种形式性价值。这就为我们全面认识诉讼的价值体系提供了全新的视角。

诉讼的目的价值与形式价值，即实体公正与程序公正之间，在解决纠纷这一前提下，具有功能一致性，两者都服务于解决纠纷这一目的，只是各自的着眼点不同（实体公正着眼于在行动层面上解决纠纷，而程序公正立足于从心理层面解决纠纷），因此，追求实体公正与遵循程序公正并不矛盾，且追求实体公正往往要以遵循程序公正为前提。但是，这并不意味着我们就是在主张一种“兼顾论”或“平衡论”，对于目的价值和形式价值不作任何区分对待。实际上，由于目的价值与形式价值，也就是实体公正与程序公正之间内在规定性的不同以及资源的有限性，在两种价值的实现过程中，难免产生冲突，出现难以兼顾的情况，那么在这种情况下，就面临着如何进行价值选择的问题。

我们认为，基于目的价值与形式价值、实体公正与程序公正两种价值各自的内在属性，在两者发生冲突的情况下，应当坚持程序优先的价值选择方案，即在无法兼顾实体公正与程序公正的前提下，程序公正的实现具有优先性，有限的资源配置应当首先致力于实现程序公正。这是因为案件事实的复杂性、可塑性以及法律适用的不确定性都决定了实体公正内涵的不确定性，而程序本身的自治性、形式性、刚性和安定性能够最大限度地保证程序公正内涵的确定性。在通过程序公正能够实现实体公正，也就是两者不矛盾、不冲突的情况下，实体公正的不确定性会因程序公正的确定性而得以缩减、吸收，所以一般不致面临正当性质疑，但是，在两者发生分离、产生直接冲突的情况下，实体公正内涵不确定性的弊端就充分暴露出来了，内涵不确定的实体公正对于司法或诉讼这一功能有限的社会纠纷解决机制来讲，就显得有些虚无缥缈、无法追寻；与之形成鲜明对比的是，内涵确定的程序公正却是真实的、触手可及的。在这种情况下，如果放弃现实的程序公正的目标，而致力于虚无缥缈的实体公正的实现，不但是资源的浪费，而且会导致司法裁判的结果面临来自当事人以及社会公众的正当性质疑，这显然不符合诉讼机制解决纠纷这一根本目的。因此，在实体公正与程序公正发生冲突而难以兼顾的情形下，坚持程序优先是唯一现实、可行的价值选择方案。

三、刑事诉讼的认识

（一）刑事诉讼认识主体

诉讼是国家司法机关在当事人和其他诉讼参与人的参加下，根据法律规定的程序处理案件的活动，是一种多方参与的活动。由于诉讼各方与案件的利害关系的不同，决定了其认识的出发点不同，因而，不同的诉讼主体就会形成多个不同的诉讼认识，然而诉讼认识的目的是调适与消除冲突，因此在众多的不同认识中，只有中立的裁判者对案件事实的认识才具有决定性的意义；尽管其他诉讼主体对案件事实的认识也构成诉讼认识的某些方面，但他们的认识必须通过对裁判者的作用，才能对案件的最终裁决产生现实的影响，在此意义上可以说，诉讼认识就是指裁判者在诉讼认识活动中对案件事实的认识活动。

（二）刑事诉讼认识对象

任何一种认识都有自己的对象，否则就会失去自身存在的合理性。刑事诉讼认识也是如此，从一定意义上讲，刑事诉讼是为了解决纠纷和冲突而存在的，只有在解决冲突和纠纷的过程中正确认识和合理处分纠纷事实，刑事诉讼才有其存在的价值。

在刑事诉讼过程中，诉讼认识的对象是犯罪事实。犯罪事实是指通过侦查、起诉、审判等活动所要解决的问题，它是刑事诉讼认识作用的对象。犯罪事实是刑事诉讼产生的前提；如果没有犯罪事实，就无所谓刑事诉讼，也就无所谓诉讼认识；在已经开始的刑事诉讼活动中，如果被告人的行为不构成犯罪，刑事诉讼便应当终结，作出撤销案件、不起诉等处理。因此，某一冲突事实是否属于刑事侵害、是否构成犯罪，是刑事诉讼认识活动必须解决的首要问题。

（三）辩证唯物主义认识论与刑事诉讼

辩证唯物主义认识论认为，世界是物质的，意识是对物质的反映，物质第一性，意识第二性，物质决定意识，人具有主观能动性，人的认识可以正确反映客观世界。可以看出辩证唯物主义认识论由三个部分构成：一是决定论，即物质第一性，意识第二性，物质决定意识；二是反映论，即意识是对物质的反映；三是可知论，即人的认识可以正确反映客观世界。

探讨刑事诉讼过程中的诉讼认识就是考察辩证唯物主义认识论对刑事诉讼的

影响。辩证唯物主义认为，世界是可知的，人的思维是至上的，能够认识客观世界的一切事物和现象。这种可知论在刑事诉讼中主要体现为认为任何案件事实在理论上都是可以认识和查明的。

我国现行刑事诉讼法中的许多规定都体现了辩证唯物主义认识论中的可知论的思想。例如，法律规定司法行政人员办案必须忠于事实真相，证据必须查证属实，定罪依据必须是案件事实清楚和证据确实、充分等。这些实际上将案件事实看作是一种客观存在，认为刑事诉讼主体应该并能够揭示案件真实。但需要说明的是，辩证唯物主义的可知论是相对的。在《反杜林论》一书中，针对杜林关于最后的终结的真理、思维的至上性、认识的绝对可靠性等论述，恩格斯精辟地指出："思维的至上性是在一系列非常不至上的思维着的人们中实现的；拥有无条件的真理权的那种认识是在一系列相对谬误中实现的；二者都只有通过人类生活的无限延续才能完全实现。"另外，恩格斯还指出："一方面，人的思维的性质必然被看作是绝对的；另一方面，人的思维又是在完全有限地思维着的个人中实现的。这个矛盾只有在无限的前进过程中，在至少对我们来说实际上是无止境的人类世代更迭中才能得到解决。从这个意义来说，人的思维是至上的，同样又是不至上的，它的认识能力是无限的，同样又是有限的。按它的本性、使命、可能和历史的终极目的来说，是至上的和无限当然的；按它的个别实现和每次的实现来说，又是不至上的和有限的。"① 也就是说，从终结意义上、从人类整体上讲，人具有无限的认识能力，人的认识可以达到绝对真实，但从人们对具体事物的认识和认识的每一个阶段来看，绝对真实是不可能的，在这个意义上，真实是相对的，如团藤重光教授认为，"真正绝对的真实，只有在神的世界才可能存在，在人的世界中，真实毕竟不过是相对的。诉讼领域中的真实当然也不例外"②。这些反映了人类认识能力的无限性和有限性、绝对真理和相对真理的对立统一的关系。同时，也决定了刑事诉讼过程中诉讼主体对案件事实认识的相对性，可以从以下方面加以分析：

1. 刑事诉讼认识是一种历史认识，诉讼认识的目的是为了确定案件事实。但是，作为事后事实，案件事实已经成为过去，对它，裁判者不能通过感知的方

① 《马克思恩格斯选集》（第3卷），人民出版社1972年版，第126页。

② ［日］团藤重光："刑事诉讼中的主体性理论"，载《法学家》1988年第4期。

式从经验上加以直接把握。因此，在本质上，诉讼认识属于对历史事实的认识。时间的不能逆转性决定了法律上的案件事实不可能确切或完全重现过去。任何一个法官对既存的案件事实不可能有机会再看到或亲历，这就是诉讼认识这一概念产生的原因。正如雷丁所说，确定事实是法律遇到的、永久的、不可解决的问题之一，因为“事件是独一无二的，想象的或模拟的重建都不可能确切地重现过去”。当案件被提交到司法机关那里时，能作为案件事实的犯罪过程早已成为过去。在绝大多数情况下，这些事实既不能重演，也无法通过实验去验证。侦查和审理只能是在事后的回忆、描述、收集证据的基础上进行联想、推论。认识的方式方法虽然经过人类无数次的经验已被证明是正确的，但仍然不能保证认识到的都是真实的。

2. 刑事诉讼认识是一种具体的认识，具有阶段性的特点。司法机构设置的目的在于使公民能行使司法救济权，任何一个法律上的争议出现以后，一旦诉诸法律，便要求法官或法院必须在法定的时限内作出一个公正、及时的判决。这与自然世界中对未知课题的探索有原则性的区别。科学家对自然课题的研究，为得出正确的结论可以毕其一生，而法官却不能无限期地研究案件，审理和判决地越及时，就越能使犯罪嫌疑人和被告人尽早结束为不确定的命运过长等待而带来的痛苦。因而，各国的刑事诉讼法都有诉讼中各种程序的期间方面的规定。所以，在一个有限的时间段里，根本不要指望每一次认识都是正确的，也不要指望每次都能认识一切，如果为了追求对案件事实所谓绝对真实的认识而使刑事诉讼旷日持久，不受法定期间限制，不仅严重侵犯了被告人和嫌疑人的人权，就连刑事诉讼本身也没有存在的必要了。因为“拖延不决就是拒绝判决”，这是更大的司法不公。在及时裁判和终结性原则的约束下，诉讼认识必须在一定时间内对案件争议的历史事实作出确定性结论。然而，人类的生命是有限的，决定了人对无限的客观世界的认识也是有限的。人类在个体有限的生命时空中对无限的客观世界的探索必然是有限的、相对的。因此，这项要求明显超出了人类的实际能力。一方面，在裁判当时，裁判者对证据是否已经穷尽无法知晓，在现在看来已经确证无疑的结论可能会因新证据的出现而变更甚至被彻底推翻；另一方面，基于人类认识能力的局限，即使这种建立在不完全证据基础上的认识，仍然可能出现半信半疑的认识状态。面对客观存在的认识局限，现代证明制度在“求真”的大前提下，不得不作出了一系列无奈的妥协性选择。例如，默认法庭在不存在合理怀疑状态下作出裁判的正当性，并附以必要的纠错制度；在诉讼认识只能达到半信半疑状态时，借助证明责任制度强行在当事人之间进行风险分配；借助推定等法律手段进行法律上的拟制，人为的确立特定事实间的因果关系；在民事诉讼中，策略性地放弃对纠纷事实原貌的探寻，“除证据之外”，尚得以全辩论意旨作为认定事实之基础。① 因此，法律上的证据在大多数案件中被用作了盖然性裁决的根据。这种法律上的优势证据本身不可能强调其绝对真实、完全正确。

3. 刑事诉讼认识只要求查明案件事实的特定内容，具有特定目的和范围的案件审理的目的就是确认犯罪嫌疑人和被告是否犯罪，犯了什么罪，应当给予相应的什么刑罚。任何一个犯罪过程都可以用诸多事实情境、细节来描绘和表明，但并非每一个事实特征都是犯罪构成要件的事实。凡是与解决犯罪或非犯罪有关的事实都是刑事诉讼的认识对象，至于其他一些事实则是无关紧要的。同时，证据的合法性要求使得任何证据和事实均需经过法定程序予以发现并符合法定形式，才能产生法律后果，作为判决的依据。因此，诉讼中再现的只是具有法律意义上的事实、法律加以规范的事实，而非原始状态的事实。因此，这些因素决定了刑事诉讼认识只要求查明案件事实的特定内容，受特定的目的和范围的制约。同时，在一定程度上，也决定了刑事诉讼过程中诉讼主体对案件事实认识的相对性，即“法律真实”的证明标准产生的哲理基础。

四、刑事诉讼的结构

刑事诉讼的结构是指控诉、辩护和审判三方在刑事诉讼过程中的法律地位及其相互关系。它是刑事诉讼中的基本格局，反映了刑事诉讼中控、辩、审三方的不同地位以及国家权力与个人权利之间的关系，对于刑事诉讼的进程和结局起着决定性的影响和作用。

刑事诉讼结构又称刑事诉讼构造、刑事诉讼形式或刑事诉讼模式。刑事诉讼结构有横向结构和纵向结构之分。前者是指控诉、辩护和审判三方在侦查、起诉、审判等主要诉讼阶段中的组合方式和相互关系；后者是指控诉、辩护和审判三方在整个刑事诉讼过程中的地位和相互关系。

---

① 黄东熊：《刑事诉讼法》，台北三民书局 1999 年增订 2 版，第 363 页。

刑事诉讼的结构受到刑事诉讼目的的制约和影响。立法者总是基于一定的刑事诉讼目的的需要，设计适合该目的实现的诉讼结构。刑事诉讼结构是实现刑事诉讼目的的手段和方式。但刑事诉讼目的不是决定刑事诉讼结构的唯一因素，目的观基本相同的不同国家的刑事诉讼在结构上可能会有较大的差别。由于国家利益的需要和文化传统的不同，资本主义国家的刑事诉讼基本结构也存在差异，有英美法系当事人主义模式、大陆法系职权主义模式和日本式当事人主义模式之分。比较这些模式的特点、内容和成因，探讨它们的发展趋势，对于开阔刑事审判理论研究视野和借鉴有益经验、完善我国刑事审判模式都有重要意义。

1. 英美法系当事人主义刑事诉讼，也称为辩论主义诉讼。其主要内容是：检察官和被告人作为当事人参加诉讼，双方处于对等的诉讼地位；原告行使控诉权，被告行使辩护权，原、被告双方当事人各为自己的诉讼主张陈述理由，并为此自由立证和辩论；法官的职责是居中聆听，一般不直接诘问，不直接调查证据，在形式上起公断作用；法官听取原、被告双方当事人的陈述和辩论后，就双方提供的事实和理由在自由心证的原则下确定案件真实，作出案件判决。

2. 大陆法系职权主义刑事诉讼，也称为审问主义诉讼，实行于法国、德国等国家。其主要内容是：大多数或全部刑事案件由检察机关代表国家提起公诉，检察机关一致依职权主动追究犯罪，法院为了查清案件事实也要主动调查收集证据和讯问被告人；注重发挥侦查机关、检察机关、法院在刑事诉讼中的职权作用，特别是法官在审判中的主动指挥作用，而不强调当事人在诉讼中的积极性；在庭审中，双方当事人虽然也采取平等对抗原则进行活动，但都缺乏主动性，都要服从和听命于法官的指挥。

3. 日本式当事人主义刑事诉讼。日本是一个实行君主立宪制的资本主义国家，在明治维新前，日本的刑事诉讼制度受中国唐朝封建司法制度的影响较深。明治维新后，日本仿效德国法律制度制定了《狱庭规则》《法庭断狱则例》《治罪法》等刑事诉讼法律，形成了具有大陆法系职权主义特点的刑事诉讼模式。第二次世界大战后，为适应政治、经济发展的需要，日本又在很大程度上借鉴、吸收了英美法系当事人主义刑事诉讼的内容，对自己的刑事诉讼模式进行了改良，形成了集两大法系诉讼制度特色于一身的日本式当事人主义刑事诉讼。这种模式的主要内容是：侦查活动由警察机关负责进行，侦查机关拥有广泛、强大的侦查力量和手段；侦查中注意对被告人合法权利的程序保护；审判由法官主持和指挥，法官可依职权主动调查证据；注重发挥双方当事人的积极性，审判活动通过双方当事人平等的辩论而展开。

五、刑事诉讼的职能

刑事诉讼的职能是指刑事诉讼主体为了实现特定的目的，在刑事诉讼过程中所具有的功能和作用。根据诉讼主体的不同，在我国刑事诉讼中，刑事诉讼职能可以分为以下几类：公安机关的侦查职能；人民检察院的起诉职能和法律监督职能；人民法院的审判职能；犯罪嫌疑人、被告人及其辩护人的辩护职能；被害人的控告职能；自诉人的起诉职能；其他诉讼参与人的协助诉讼职能；执行机关的执行职能等。

在现代刑事诉讼中，由于控诉与审判的分离，被告人获得为自己辩护的权利，形成了控、辩、审三方组合的“三角结构”，所以在上述诉讼职能中，控诉职能、辩护职能和审判职能构成三种基本诉讼职能共存的格局，离开这三项职能，诉讼活动就无法进行，其他职能则是非基本诉讼职能，是为基本职能服务的。刑事诉讼基本诉讼职能包括：

1. 控诉职能。控诉职能是指向法院揭露、证实犯罪并要求法院对被告人确定刑罚权的职能。控诉职能的存在主要是基于国家惩罚犯罪的客观要求。因为无论是依据国家本质的社会契约说还是阶级斗争的工具说，犯罪都是对于现存社会关系的最强烈的蔑视和背叛，是对国家所保护的社会秩序和公共利益的侵犯，而不仅仅是对个人利益的侵犯，因而国家有义务在发生犯罪时通过侦查、起诉等官方职权活动进行追究。控诉职能与审判职能的分离则主要是为了革除控、审不分的纠问式刑事程序的弊端，保证审判程序的公正，保障个人相对于政府的基本权利和自由，防止司法专断。

2. 辩护职能。辩护职能是指针对犯罪嫌疑或指控进行反驳，说明犯罪嫌疑或指控不存在、不成立，要求宣布犯罪嫌疑人或被告人无罪、罪轻或者从轻、减轻、免除刑罚处罚的职能。辩护职能的产生和发展是多重价值理念相结合、相互补充、相互作用的结果，人权和民主思想的传播、程序公正观念的进化以及宪政制度的建立是产生辩护职能的决定性因素，无罪推定原则和诉讼主体论、律师制度的不断发展以及现代诉讼结构科学性的要求，则对辩护职能的日益强化发挥了直接的促进作用。

与控诉职能不同的是，辩护职能是主体通过行使辩护权的方式实现的。辩护权是主体的一种基本诉讼权利，而非义务，被告人可以通过任何合法的方式行使，也可以自由放弃，并不因此而产生相应的法律责任。所以，辩护职能的实现与否及实现程度主要取决于被告人基于诉讼构造和实际需要所能作出的个人决定，但国家刑事程序的民主化程度以及免费法律援助制度的完善程度对于被告人辩护权的保障也有相当重要的影响。

辩护职能的直接受益者是被告人（包括犯罪嫌疑人），因此其执行主体首先是被告人。但考虑到被告人的个人情况以及诉讼制度民主化的要求，现代国家普遍赋予被告人接受辩护人帮助的权利，在法律规定的特定案件中，甚至要求必须有辩护人参加诉讼。因此，辩护人虽然不是刑事诉讼主体，但他对于辩护职能的执行具有非常重要的作用，是协助被告人执行辩护职能的重要主体。辩护制度的发达程度是一个国家刑事诉讼制度乃至整个法律制度民主程度的重要标志之一。

3. 审判职能。审判职能是指通过审理确定被告人是否犯有被指控的罪行和应否处以刑罚以及处以何种刑罚的职能。审判职能存在的理论依据有二：其一，基于公正处理刑事案件的需要。从某种意义上说，刑事诉讼是代表政治国家的强大政府与代表市民社会的个体之间的最强烈的一种社会冲突，为了公正地解决这一冲突，现代国家一致规定由独立性、中立性和公正性受到宪法和法律严格保障的法院从第三者的立场出发，以普遍适用的法律规则来解决这一冲突，以使其结果为争讼双方所和平地接受。其二，基于权力运行的科学要求。现代各国政治体制设计的通行观念在于，权力必须得到有效的控制，以保障民主及个人的基本人权，为此要求权力分开行使、相互制衡，以免权力被滥用。在这种思想指导下，审判权从行政权中分离，并受到各种制度化的保障。这种分离不仅可以防止权力运行过程中可能出现的异化，对司法公正的实现也大有裨益。一般说来，审判职能由法院承担，法院是世界各国公认的行使审判权的唯一主体。审判职能是通过法院的审理行为和裁判行为实现的。

六、刑事诉讼的法律关系

刑事诉讼是国家实现其刑罚权的活动。统治阶级为了维护阶级利益和统治秩序，将侵害其阶级利益和统治秩序最为严重的行为规定为犯罪，并通过刑事诉讼活动将其揭露、证实和惩罚，以实现其阶级意志。刑事诉讼活动具有极其鲜明的阶级性和强制性，历来都由统治阶级用法律对其主体、职权、原则、程序、制度等加以确认或规范。国家司法机关、当事人和其他诉讼参与人在进行刑事诉讼活动时都必须严格遵守的法律规范就是刑事诉讼法。法律的操作和运行必然会产生与之相适应的法律关系。“法律关系是由法律规定和调整的社会关系”“某种社会关系之所以能成为法律关系，必须有规定和调整这种社会关系的法律存在。”① 因此，自刑事诉讼法产生之日起，刑事诉讼法律关系便客观存在了。刑事诉讼法律关系，就是指刑事诉讼法规范和调整的司法机关与诉讼参与人之间的权利义务关系。

任何法律关系的构成都离不开主体、内容和客体三要素，刑事诉讼法律关系也不例外。但由于法律关系所依据的法律规范不同，决定了每一法律关系的三要素都有不同的内容。刑事诉讼法律关系是以刑事诉讼法为存在前提的，因而其主体、内容和客体也有其自身特点。

（一）主体

刑事诉讼法律关系的主体是刑事诉讼权利义务的承担者。凡在刑事诉讼中享有诉讼权利和承担诉讼义务的机关和个人都属于刑事诉讼法律关系主体范畴。从刑事诉讼过程看，诉讼活动和诉讼法律关系都发生于司法机关之间、司法机关与诉讼参与人之间，以及诉讼参与人之间，因此，司法机关和诉讼参与人都是刑事诉讼法律关系的主体。

能够在刑事诉讼中引起刑事诉讼法律关系产生、变更或终结的主体有：

1. 司法机关

任何刑事诉讼活动，都是在司法机关主持和指导下进行的，司法机关在刑事诉讼中占有主导地位，当事人和其他诉讼参与人的诉讼活动只有得到司法机关的许可和认同才能产生相应的法律后果。因此，司法机关是当然的诉讼法律关系主体。揭露犯罪、证实犯罪和惩罚犯罪是国家赋予司法机关的职责。只要有犯罪事实发生，需要追究刑事责任，司法机关就有权力和责任发动刑事诉讼程序，实现国家刑罚权，惩罚犯罪，保护国家和公民的合法权益不受侵犯。刑事诉讼程序的

① 孙国华：《法学基础理论》，法律出版社 1982 年版，第 295 页。

开始，意味着司法机关之间、司法机关与诉讼参与人之间诉讼法律关系的实际存在。在我国，司法机关指公安机关、人民检察院和人民法院。根据我国刑事诉讼法的规定，公安机关负责刑事案件的侦查和预审，人民检察院负责批准逮捕、检察（包括侦查）和提起公诉，人民法院负责审判，三个机关在刑事诉讼中承担着重要的诉讼职能，它们的诉讼活动在不同阶段和程度上决定着诉讼的产生、发展、运行方向和结局，因此，都是刑事诉讼法律关系的主体。

在实行“三权分立”的西方国家，司法机关主要指法院。承担侦查任务的警察机关和负责起诉的检察官都被排除在司法机关的范畴之外，侦查和起诉都被视为审判的前期准备工作，目的在于查明案件事实，抓获犯罪嫌疑人，对犯罪嫌疑人形成控诉，提请法院审判。刑事诉讼活动是在法院接受起诉后开始的，因此，法院的审判活动才是真正的刑事诉讼活动；法院在刑事诉讼法律关系中居主导地位。起诉者，如检察官、陪审团，虽然在刑事诉讼活动中要承担权利义务，也是诉讼法律关系的主体，但他们是不能与法院相提并论的。

2. 当事人

当事人，是指与案件事实和诉讼结果有切身利害关系，在诉讼中处于原告和被告地位的诉讼参与人。在刑事诉讼中，当事人地位的确定意味着在司法机关和当事人之间诉讼法律关系的发生。处于原告和被告地位的任何一方当事人，在诉讼中所进行的起诉、举证、答辩、辩护等活动，都要遵守刑事诉讼法的规定，接受刑事诉讼法调整。当事人由于与案件事实和诉讼结果有最直接的利害关系，决定了其在刑事诉讼法律关系中不同于其他诉讼参与人的特殊地位。处于对峙状态的当事人双方，所面临的直接的实际需要，是获得诉讼过程中的一系列相应手段，能动地、积极地在诉讼过程中反映自己的要求，从而获得有利于自己的诉讼结果。

传统刑事诉讼理论认为，控诉、辩护和审判是刑事诉讼的三大基本职能。独立承担诉讼职能的机关和个人，表明其在刑事诉讼中诉讼地位的重要性。当事人是在刑事诉讼中承担控诉（自诉案件被害人）和辩护职能的主体，享有广泛的诉讼权利。当事人的诉讼行为在某些情况下可以决定刑事诉讼的发生、发展、运行方向和终结。这是其他诉讼参与人所不具有的诉讼权利和地位。

在国外，通常意义上的当事人主要是指检察官、自诉人和被告人。但在我国，根据《刑事诉讼法》第108条的规定，“当事人”是指被害人、自诉人、犯罪嫌疑人、被告人、附带民事诉讼的原告人和被告人。他们都是案件结果的承担者，为了维护自己的合法权益，他们都要借助于司法机关和其他诉讼参与人之间的诉讼法律关系，运用各种必需的诉讼手段，能动地进行诉讼。当然，随着2012年《刑事诉讼法》的修正，增设了四种特别程序，相应地，我国刑事诉讼法上的“当事人”概念的外延有所变化，至少，犯罪嫌疑人、被告人逃匿、死亡案件违法所得的没收程序中的“其他利害关系人”，以及依法不负刑事责任的精神病人的强制医疗程序中的“依法不负刑事责任的精神病人”，因为与案件结果存在利害关系且都在一定程度上行使了辩护权和辩护职能，都应当被列入“当事人”的范畴。

3. 其他诉讼参与人

其他诉讼参与人，指除当事人以外的诉讼参与人，根据我国《刑事诉讼法》第108条的规定，其他诉讼参与人是指辩护人、代理人、证人、鉴定人和翻译人员等。他们在刑事诉讼中不是独立执行诉讼职能的诉讼主体，但他们在刑事诉讼中同样依法享有保障其参加诉讼活动所必需的诉讼权利，同样承担相应的诉讼义务。当然，随着2012年《刑事诉讼法》的修正，又有一些新的诉讼角色进入刑事诉讼法，成为诉讼参与人，例如，《刑事诉讼法》第197条规定：“公诉人、当事人和辩护人、诉讼代理人可以申请法庭通知有专门知识的人出庭，就鉴定人作出的鉴定意见提出意见。”该条规定确立了专家辅助人制度，相应地，专家辅助人也应成为其他诉讼参与人之一。此外，未成年人刑事案件诉讼程序中依法参与程序的“合适成年人”，也是其他诉讼参与人之一。

在刑事诉讼中，其他诉讼参与人之间一般不存在诉讼法律关系。他们都是具有相对独立性的诉讼参与人，彼此之间没有权利义务关系。其他诉讼参与人之所以是刑事诉讼法律关系主体，主要是因为他们分别与司法机关或当事人发生权利义务关系。其他诉讼参与人都不是诉讼职能的独立承担者，他们参加诉讼的目的是为了协助司法机关或当事人查明案件事实，维护合法权益，使案件得以正确处理。

最后，应当指出的是，诉讼法律关系主体与诉讼主体是有区别的。司法机关、当事人和其他诉讼参与人都是刑事诉讼法律关系主体，但并不都是刑事诉讼主体。刑事诉讼主体必须在刑事诉讼中承担控诉、辩护、审判或监督职能，主要指司法机关和自诉人、被告人。

（二）内容

刑事诉讼法律关系的内容，是指刑事诉讼法律关系主体之间形成的权利义务关系。在一个具体的诉讼过程中，存在许多的诉讼法律关系，它们的内容因诉讼法律关系主体的不同而不同。

1. 司法机关之间的诉讼权利义务关系

司法机关是刑事诉讼中侦查、控诉和审判职能的承担者。司法机关的任务，就在于追究犯罪、惩罚犯罪、维护社会秩序的健康发展。刑事司法任务的完成，是以司法机关享有相应职权，具有必要诉讼手段为条件的。在刑事诉讼中，司法机关进行侦查、提起公诉、开展审判等，都是其依法行使职权的表现，一个机关依法行使自己的职权，具有绝对的法律效力，另一个机关不能干涉或无视其法律效果。刑事诉讼活动，就是在司法机关分别依法行使其职权的过程中发生和发展直至终结的。因此，司法机关之间的诉讼权利义务关系，是以司法职权为基础的，具有浓烈的权力色彩。在诉讼权利与司法职权的关系上，当事人和其他诉讼参与人的诉讼权利是司法机关职权配置和运作的目的和界限；国家司法机关职权的行使，只有为了保障诉讼主体权利的实现，协调权利之间的冲突，制止权利之间的相互侵犯，维护权利的平衡，才是合法的和正当的。因此，司法职权与诉讼权利之间存在不可分割的联系，在刑事诉讼中，司法机关是通过相互间结成的权利义务关系来实现其司法职能和价值目的的。

2. 司法机关同诉讼参与人之间的诉讼权利义务关系

司法机关依照法定程序揭露犯罪、证实犯罪和惩罚犯罪的活动，是在诉讼参与人的参加下进行的，如果没有诉讼参与人，刑事诉讼活动便无从展开。在刑事诉讼中，为了保障诉讼活动的顺利进行，以法律为手段在司法机关与诉讼参与人之间设定有明确、具体的权利义务关系。司法机关和诉讼参与人都不能超越权利、滥用或者放弃义务、推卸责任。

当事人是在刑事诉讼中处于原告人或者被告人的地位关系并同案件结局有直接利害关系的人。司法机关同当事人之间的权利义务关系是刑事诉讼中最基本的法律关系，在刑事诉讼法律体系中占主导地位，其他主体之间的诉讼法律关系都依这一关系而产生，并为之服务。可以说，如果没有诉讼当事人，就不可能有刑事诉讼；尤其是被告人，刑事诉讼活动正是围绕被告人犯罪行为的有无、轻重以及如何负担刑事责任而进行的。当事人在刑事诉讼中的重要地位，决定了他们与司法机关之间权利义务关系的特殊性：司法机关每一项诉讼权利的行使，都使当事人必须承担相应的义务；每一诉讼义务的履行，都是为了保障当事人某项诉讼权利的行使。

在刑事诉讼中，其他诉讼参与人起着协助司法机关查明案件事实的作用。要准确、及时地查明案情，客观公正地处理案件，离不开其他诉讼参与人所进行的辩护、代理、证明、鉴定和翻译等活动。其他诉讼参与人在刑事诉讼中的活动内容和范围，体现于法律所界定的司法机关与其他诉讼参与人权利义务关系之中。例如，在我国刑事诉讼中，其他诉讼参与人作为诉讼法律关系的主体，在各个诉讼阶段中分别与公、检、法机关发生诉讼上的权利义务关系。他们的刑事诉讼权利受到司法机关的尊重和保护，履行诉讼义务，受到司法机关的监督。他们有权用本民族语言文字进行诉讼；有权对司法人员侵犯其诉讼权利和人身侮辱的行为提出控告。特定的诉讼参与人还有特定的诉讼权利，如被害人如果不服检察机关不起诉的决定可以申诉；有权提起附带民事诉讼；法定代理人享有当事人的部分诉讼权利；等等。同时，他们在诉讼中都必须接受司法机关合法的传唤，对司法机关的讯问应如实陈述；不得伪造、隐匿或毁灭证据；不得违反刑事诉讼程序和法庭秩序；等等。

3. 诉讼参与人之间的诉讼权利义务关系

在刑事诉讼中，诉讼参与人之间存在诉讼权利义务关系，虽然是个别现象，但也是不容忽视的。例如，当事人在庭审中向证人、鉴定人发问，发问是当事人的权利，回答提问则是证人、鉴定人的义务。又如，被告人委托辩护人为其辩护，辩护人接受委托进入诉讼，便产生了被告人同辩护人在诉讼上的权利义务关系。在审判过程中，辩护人有义务为被告人进行辩护并负责到底，除非遇到特殊情况，不能拒绝辩护；而被告人则有权拒绝辩护人继续为其辩护，也有权另行委托辩护人。代理人在委托范围内进行的诉讼行为与自诉人亲自进行的诉讼行为具有同等的法律效力，但代理人超越代理权限的行为，自诉人有权予以否认，司法机关则要认定为无效。自诉人也可以撤销委托而另行委托其他人代理诉讼。诉讼参与人之间在诉讼中的权利义务关系，同其他诉讼法律主体间的权利义务关系一样，都受到司法机关的依法保障。

（三）客体

刑事诉讼活动，实质上是刑事诉讼主体通过享有权利和承担义务能动地认识刑事诉讼法律关系客体并最终对之作出处理的过程。客体，是任何法律关系的要素之一。刑事诉讼法律关系的客体就是刑事诉讼法律关系主体权利义务所指向的对象和作用的目标，即案件事实和被告人的刑事责任。

查清案件事实，确定被告人的刑事责任，是刑事诉讼活动所要解决的根本问题。刑事诉讼法律关系产生后，一切主体所进行的诉讼行为，无一不是围绕案件事实和被告人的刑事责任问题而展开的。司法机关决定立案，开始刑事诉讼，表明有犯罪事实发生，且需要追究刑事责任；收集证据，听取被告人的供述和辩解，询问证人，勘验、检查、搜查、扣押和鉴定，是为了查明案件事实的各种情节，为确定被告人行为的性质和刑事责任奠定基础；开展审判、审查、核对证据，听取控、辩双方的意见，是为了最终达成案件事实的认定和处理，确定被告人刑事责任的有无和大小。上述诉讼过程作为一个整体，是在刑事诉讼法律关系主体行使诉讼权利和履行诉讼义务的前提下完成的。诉讼法律关系各个主体行使权利、履行义务的共同指向和一致目标，都在于求得案件事实清楚、证据确实充分以及在此基础上确定被告人的刑事责任，实现案件处理的准确无误。在刑事诉讼法律关系体系中，各主体的诉讼权利义务关系只有内容上的差异，没有指向上的不同。因此，刑事诉讼法律关系的客体是案件事实和被告人的刑事责任。

在刑事司法实践中，可能出现刑事诉讼法律关系的主体违反法律规定、超越诉讼权利、滥用诉讼手段、推卸诉讼义务等情况，从而导致诉讼行为的错误。例如，司法机关因主客观原因出现的认识错误、判断失误、结论偏差；证人隐匿、伪造证据、逃避作证义务；被告人隐瞒事实真相、虚构事实情节；鉴定意见失真；被告人陈述真假参半；等等。这些都使诉讼权利义务关系处于不正常状态。但是，应当看到，这些错误的诉讼行为，归根结底都是围绕案件事实和被告人刑事责任而进行的；诉讼法律关系主体滥用诉讼权利或推卸诉讼义务，所指向的仍然是案件事实和被告人刑事责任，即客体。

（四）刑事诉讼法律关系的意义

诉讼活动导致刑事诉讼法律关系的产生和终结，刑事诉讼法律关系反过来又制约着诉讼活动，任何诉讼活动都必须以刑事诉讼法律关系的内容为依据。因此，刑事诉讼法律关系对于刑事司法理论和实践均具有重要的指导意义。具体来说，其意义主要表现在：

1. 对诉讼主体的意义

诉讼主体权利义务的实现，是以刑事诉讼法律为保障的。在刑事诉讼中，司法机关和诉讼参与人都是权利义务关系的主体，在依法行使权利和履行义务时，都必须严格遵守法律。刑事诉讼法律关系内容的实现，有利于促使司法机关严格依法办事，保护诉讼参与人尤其是被告人的合法权益。刑事诉讼法律关系中的诉讼参与人被视为在诉讼权利义务关系上与司法机关平等的主体，从而进一步明确了诉讼参与人在刑事诉讼中的法律地位。正确处理司法机关与诉讼参与人的关系，是顺利进行刑事诉讼活动的前提。被告人不是刑事诉讼客体，而是诉讼主体，享有广泛的诉讼权利。因此，实现刑事诉讼法律关系的内容，可以促使司法机关在刑事诉讼中切实保障诉讼参与人依法行使诉讼权利，防止和避免对被告人辩护权的侵害，维护其合法权益。

2. 对诉讼制度的意义

刑事诉讼法律关系的有效运作，可以促使司法机关和诉讼参与人的权利义务明确、具体，有利于实现诉讼民主化和法制化。诉讼法律关系清晰地表明了主体在刑事诉讼活动中的行为自由限度和义务承担，要求各主体必须在刑事诉讼法律规范范围内进行诉讼活动，依照法定程序行使自己的诉讼权利，履行自己的诉讼义务。现代刑事诉讼，不仅要求保护受到犯罪行为侵害的实体权益，维护社会秩序，而且要求诉讼活动本身也是有章可循、有法可依的权利保障机制，不允许侵害当事人和其他诉讼参与人依法享有的诉讼权利。回避制度、公开审判制度、无罪推定原则、两审终审制度、被告人有权获得辩护等，是诉讼民主的要求和体现，其目的在于保证诉讼活动自身的权利义务机制能够得以正常运转。正确认识刑事诉讼法律关系内容，切实维护其效力，无疑有利于促使刑事诉讼活动各项原则、制度的贯彻实施，使刑事诉讼活动走上民主化、法制化道路。

3. 对诉讼过程的意义

刑事诉讼法律关系制约着整个刑事诉讼过程，使刑事诉讼活动有秩序、有组织地进行；刑事诉讼的产生、发展及运行方向，同刑事诉讼法律关系具有密切联系："刑事诉讼活动的内部形式就是刑事诉讼法律关系，在这些关系范围内，并借助于这些关系进行刑事诉讼活动，不论案件进行到哪个阶段，对任何案件进行的活动都一定具有刑事诉讼法律关系的形式。"① 由于诉讼活动受诉讼法律关系的制约，从而使每一项诉讼活动按照法律的规定相互衔接，形成完整的诉讼过程。现代刑事诉讼活动是在分工、合作、制衡的基础上建立起来的，具有阶段性和连续性的特点。各诉讼阶段能否有机的联结，关系到整个刑事诉讼活动的目标能否顺利实现。实现各诉讼行为、诉讼阶段的相互协调和统一，是提高刑事司法效率的重要环节。实践证明，这正是刑事诉讼法律关系的固有功能。

七、刑事诉讼的阶段

刑事诉讼阶段是指在刑事诉讼过程中，按照法定的顺序、步骤进行的相对独立而又互相联系的各个部分。在刑事诉讼中，司法机关追究犯罪、惩罚犯罪的活动不是由一个机关的一次活动所能完成的，必须经过若干机构一系列的持续活动，这是现代社会诉讼民主性和科学性的要求，这一过程的具体表现形式在不同类型的国家虽有差异，但总体上都呈现出阶段性和程序性。刑事诉讼从开始到终结，是一个有秩序、分阶段而又前后连贯、逐渐发展的法律适用过程，具有严格的法律性质，必须依照法定程序和步骤有秩序地进行。

（一）刑事诉讼阶段的历史演变

在奴隶制时期，刑事诉讼普遍实行“不告不理”的原则，国家不设立专门的起诉机构，一切案件都由被害人或者代理人作为原告向法院直接提出控诉，只有当原告起诉后，法院才受理并进行审判；如果没有原告，法院便不主动追究犯罪。因此，诉讼始于被害人或者代理人的告诉，诉讼的进行是建立在告诉人的积极行为之上。例如，公元5世纪至8世纪，欧洲法兰克王国的刑事诉讼完全采取自诉原则，控告犯罪、通知被告人到庭受审等都是被害人及其亲属的事情，取决于原告人的意愿和诉讼行为。在刑事审判中，案件的审理者一般只起仲裁作用。法官既不积极地收集、审查和判断证据，也不分析案情的客观实际，而是由当事人自己收集和提供证据，法官在当事人双方的陈述、举证和辩论后，利用宗教、迷信手段和当事人双方的身体力量，作为评判案件是非曲直的标准。因此，在这一历史时期，诉讼阶段的划分并不十分明确。

① ［苏］切里佐夫：《苏维埃刑事诉讼》，法律出版社1984年版。

到了纠问式刑事诉讼盛行的封建社会前期，法官开始集侦查、起诉、审判等诉讼职能于一身，没有专门的侦查和起诉机关，起诉权和审判权是合二为一的，法官具有揭发和惩罚犯罪的权力，只要发现犯罪，不论是否有受害人控告，法官都可以根据职权主动发起诉讼，开展审判。在这种情况下，侦查、起诉、审判等诉讼阶段均不能独立存在。自 14 世纪开始，欧洲法兰克王国设立了检察官，侦查权、起诉权从审判权中分离，由检察官行使，形成了公诉制的雏形。后经十八、十九世纪的宪政和司法改革，欧洲大陆各国相继确立了国家追诉的原则，这样刑事诉讼程序就明显被划分为侦查和审判两大阶段。

在现代刑事诉讼活动中，根据参加诉讼的机关和人员、实行诉讼行为的方式、诉讼过程的特定阶段的直接任务、诉讼法律关系的特性以及诉讼的总结性文件等因素，刑事诉讼程序基本上可以划分为侦查、起诉、审判、执行等主要的诉讼阶段。刑事诉讼一般要经过侦查、起诉、一审、二审、再审、执行等诉讼阶段，每一阶段都有一系列具体程序，司法机关和诉讼参与人都不得违反、超越或颠倒。可以看出，在刑事诉讼中，惩罚犯罪必须严格按照法定的阶段进行。

（二）刑事诉讼阶段与刑事诉讼目的的关系

刑事诉讼阶段的合理划分是刑事诉讼目的得以顺利实现的保障。经过合理划分所确定的诉讼阶段是国家专门机关必经且须依次、有序进行的环节。前一阶段成功地进行标志着诉讼的阶段性目标得以实现，从而为后一阶段的开始创造了前提条件。如果国家专门机关不合理地跳跃某一必经的特定诉讼阶段，将导致以下各个诉讼阶段的任务难以实现，以至于对刑事诉讼目的的实现带来消极的影响。①

（三）审判中心说与诉讼阶段论

刑事诉讼各个阶段既相对独立，又联系紧密。不同诉讼阶段的直接任务集中反映了立法者对该诉讼阶段作用与功能的期待。侦查阶段的直接任务主要是收集证据、抓获犯罪嫌疑人。起诉阶段的主要任务是对侦查终结移送起诉的案件进行审查，确定是否将犯罪嫌疑人交付审判的问题。审判阶段是整个刑事诉讼的中心阶段。在此阶段中，将集中并最终确定对被告人的定罪量刑问题。

在刑事诉讼中各阶段的关系上，理论上一直存在“审判中心主义”和“诉讼阶段论”两种观点。审判中心主义是指整个刑事诉讼过程都应该以审判为中

① 樊崇义：《刑事诉讼法学》，中国政法大学出版社 1996 年版，第 42 页。

心，为审判服务。审判中心主义本质就是树立司法审判的权威，保持控辩双方地位和权利平等。审判中心主义是近现代国家刑事诉讼中普遍认同的一项基本原则，它是司法最终解决原则在刑事诉讼中的具体表现。具体来说，审判中心主义有两层含义：一是在整个刑事程序中，审判程序是中心，只有在审判阶段才能最终决定特定被告人的刑事责任问题，侦查、起诉、预审等程序中主管机关对于犯罪嫌疑人罪责的认定仅具有程序内的意义，对外不产生有罪的法律效果。二是在全部审判程序中，第一审法庭审判是中心，其他审判程序都是以第一审程序为基础和前提的，既不能代替第一审程序，也不能完全重复第一审的工作。诉讼阶段论则是针对侦查、起诉以及法律监督等职能在我国刑事诉讼制度中重要性的认识，认为我国刑事诉讼结构不同于西方的审判中心论，因为侦查、起诉与审判是处于平行地位的“三道工序”。它们对于刑事诉讼目的的实现起到同等重要的作用，它们在刑事诉讼过程中的地位并无位阶之分。

当前，我国正在着手建立以审判为中心的诉讼制度，该制度的建立有利于使我国的刑事司法符合人类司法的共同规律。以审判为中心，是指整个诉讼制度和诉讼活动围绕审判而构建和展开，审判对案件事实认定、证据采信、法律适用、作出裁决起决定性和最终性作用。构建以审判为中心的诉讼制度，就是要打破刑事诉讼的“阶段论”“流水线”等传统观念和习惯做法，以及由此带来的“侦查中（重）心”问题。建立以审判为中心的诉讼制度，不仅是对公、检、法机关之间司法职权配置的改革，也是对法院内部优化司法职能的要求。科学界定各种权力和职能的地位作用，即促进法院职能的分化与转变，确立法院内部权力运行的审判中心化，积极推进法院内部审判权力运行的去行政化。首先，法院应以发挥审判职能，行使司法审判权为中心，审判是法院的基本职能，是第一要务，其他职能包括内部行政事务管理职能只能是辅助性、服务性职能，应围绕审判来开展。外部社会化职能更不能影响和妨碍审判职能的正常发挥。司法必须遵循司法规律，应当主要在司法审判职能内能动，而非超越职能的“盲动”“乱动”。其次，司法审判权力的运行应去除行政化。以审判为中心，意味着以司法审判权运行为中心，意味着以行使审判权的法官为主体，突出其主体地位和独立性，实行“谁办案谁负责”“让审理者裁判，由裁判者负责”。院长、庭长要回归审判职能，法官要回归本职工作，只有参与审判组织、参与审理活动，法官才享有审判权，才能作出司法裁判。最后，实现法院内部各种权力和职能的分化与分离。一是审判管理权、审判监督权与审判权相分离，给审判管理权、监督权列出权力清单，将其装进制度的笼子。二是全面推动司法人员分类管理，构建以法官序列为核心，司法辅助人员为辅助、为服务的管理体系，突出法官的核心地位和作用。三是将行政事务管理权与司法审判活动分离，行政事务和人员单独序列管理，其职能只能是服务审判，而不能限制，甚至影响审判。审判职能与司法辅助职能要主次分清，而不能主次不分或主次颠倒，本末倒置。

八、刑事诉讼行为

（一）刑事诉讼行为的概念与分类

刑事诉讼行为的概念一直存在争议。从现有资料来看，大致有三种观点：第一种观点认为，只要是能引起诉讼法律效果的行为就是诉讼行为。日本学者谷口安平认为："能够在诉讼法上引起一定效果的行为就是诉讼行为。"① 第二种观点将诉讼行为限定为合法行为，即要求除了能产生诉讼法上的效果外，还必须符合诉讼法规定的构成要件才是诉讼行为。我国台湾地区学者陈朴生将诉讼行为界定为："构成诉讼程序所实施合乎诉讼法上定型之行为，并足以发生诉讼法上之效果者。"② 第三种观点对诉讼行为能够引起的诉讼效果进行了限制，认为诉讼行为必须是能够发生"预期的"诉讼效果的行为，但不要求是合法行为。德国学者罗科信将诉讼行为界定为："在诉讼程序中能够按照意愿达到所期望之法律效果，并促使诉讼程序继续进行之意思表示。"③

在上述三种观点中，笔者认为第一种观点比较妥当。理由是，虽然从法律的角度来说，参与诉讼的各主体应当严格依法行事，但由于法律素养以及利益和立场等因素的差异，诉讼主体实施的行为既可能是合法的，也可能是非法的，而为了维护程序的有序运作，一旦这些行为具备基本的法律形式，有权机关就不得对这些行为置之不理，而必须采取符合法律规定的方式加以处理，或认可其有效，或宣布其无效。也即从维护程序有序运作的角度出发，无论是合法行为，还是非法行为，只要其已具备一些最基本的法律形式，有权机关就必须加以处理。而

① ［日］谷口安平：《程序的正义与诉讼》，王亚新、刘荣军译，中国政法大学出版社1996年版，第135页。

② 陈朴生：《刑事诉讼法实务》，海天印刷厂有限公司1981年增订版，第114页。

③ ［德］克劳斯·罗科信：《德国刑事诉讼法》，吴丽琪译，台北三民书局1998年版，第437页。

且，诉讼行为作为以整个诉讼程序为研究对象的诉讼行为理论体系中的基本概念，当然应当将所有可能引起一定的诉讼后果的行为，无论是合法的还是非法的都纳入自己的研究视野。

刑事诉讼行为的范围既包括法院和控辩双方的诉讼行为，也包括其他诉讼参与人的诉讼行为，而且除法院、控辩双方及其他诉讼参与人的行为外，起诉前的侦查行为和审判后的执行行为也属于刑事诉讼行为。它们都是刑事诉讼程序必要的组成部分。刑事诉讼行为规范化的问题也是研究刑事诉讼行为的重要内容之一，我国刑事诉讼中出现了侦查、起诉以及审判等行为的不规范问题，尤其是刑讯逼供禁而不止、诉讼过程中违法问题等都应当引起足够的重视，应当按照党的十八届四中全会提出的“推进严格司法”的要求，使刑事诉讼行为走向规范化。十八届四中全会以来，我国公、检、法机关在推动严格司法方面，进行了规范司法行为的专项行动，出台了一批规范司法行为的司法解释，如最高人民检察院2015年8月4日发布的《职务犯罪侦查工作八项禁令》，2015年12月28日发布的《人民检察院对指定居所监视居住实行监督的规定》等，都是对司法行为的规范化措施。

刑事诉讼行为依据不同的标准可分为以下几种：根据主体的不同，诉讼行为可以分为法院的行为、控辩双方的行为以及第三人的行为。根据意思表示与行为效果之间关系的不同，诉讼行为可以分为法律行为与事实行为。法律行为是指以产生某种诉讼法律效果的意思表示为要素，且行为后果的发生与主体的意思表示直接相关的诉讼行为。事实行为是指不以行为人的意思表示为要素，且行为后果的发生与当事人的意思表示无关的诉讼行为。根据作用和功能的不同，诉讼行为可分为决定性行为、条件性行为和执行性行为。决定性行为是指那些旨在产生法律效力的行为人的意愿性行为。条件性行为是指那些在特定条件下才能实施或者某种决定性行为效力的产生取决于某种条件性行为的完成的行为。执行性行为是指赋予某种具有法律效力的行为以实质的物质性表现的行为。根据作用机理的不同，诉讼行为可以分为实质性行为和声明性行为。实质性行为是指通过事实状况的变更而产生诉讼效果的行为，声明性行为则是指通过行为人的意识活动才能产生诉讼效果的行为。此外，诉讼行为还可划分为起始行为、展开行为和结束行为；侦查行为、预审行为、审判行为、上诉行为和执行行为；可重复性行为和不可重复性行为；决定性行为和非决定性行为；等等。

（二）刑事诉讼行为的构成要件

刑事诉讼行为的构成要件是指刑事诉讼行为必须符合法律规定的条件才能成立和发生预期的法律效果。由于不同国家的诉讼目的观不同，对刑事诉讼行为的构成要件的界定和划分也有所不同。综合各方面相关研究，笔者认为，刑事诉讼行为的成立包括以下要件：

1．主体合格

主体是诉讼行为的实施者，主体资格的瑕疵将直接影响行为的表意功能及实施效果，直接导致诉讼行为不成立或不生效。

主体合格通常包括以下内容：

（1）主体行为适格。许多诉讼行为只有特定的主体才有资格实施，该类主体可以实施或应当实施特定行为的资格即为主体行为适格，如刑事自诉必须由被害人及其代理人或近亲属提起，审判笔录只有书记员才有权制作，等等。否则，诉讼行为的成立或生效就会受到影响。

（2）诉讼能力符合法律的规定。诉讼能力是指诉讼主体使其行为发生诉讼法律效果其自身所应当具备的能力。诉讼能力又分为当事人能力与第三人能力两种情况。当事人能力是指主体在诉讼中可成为当事人的能力。对于不同的当事人，法律所要求的当事人能力程度是不一样的。不过，诉讼能力的欠缺通常只是影响诉讼行为的效力，而不影响诉讼行为的成立。并且，诉讼能力的欠缺通常只影响程序形成行为的效力，而不影响实体形成行为的效力。因为实体形成行为重在发现真实，行为效果的发生重在与事实是否相符，而与当事人的意思表示无关。①

（3）诉讼主体组成合法。主要是指侦查、起诉及审判主体组成方式合法。这一要求包括两个方面：一是构成这些主体的自然人具有法定能力。德国法学家绍尔认为，司法人员的能力应与当事人的能力相同，狭义的法院以外的司法人员，如检察官等也应当具有当事人能力。二是组织性主体在构成方式上符合法律规定，如合议庭组成不合法、应回避人员没有回避者会导致诉讼行为无效。并且，司法主体组织上的瑕疵与一般诉讼主体能力上的瑕疵不同，不仅其程序形成

---

① 曹鸿兰："刑事诉讼行为之基础理论（2）——判决以外之诉讼行为的效力"，载《法商学报》1972年第8期，第123页。

行为无效，其实体形成行为也应归于无效。

2. 意思表示合格

意思表示合格对诉讼行为的影响有两种情形。一是影响诉讼行为的成立。因为诉讼行为必须是意思活动的结果，无意识的行为不成为诉讼行为。二是影响诉讼行为的效力。这主要是指意思表示的欠缺或瑕疵。通常情况下，意思表示的欠缺或瑕疵只影响诉讼行为的效力而不影响诉讼行为的成立，且通常只影响程序形成行为而不及于实体形成行为。学说认为，实体形成行为受实体真实主义及职权主义所支配，重在行为内容与客观真实是否一致，而不在于与主体的真实意思是否有出入，即使行为意思有瑕疵或欠缺，只要其与客观真实一致也是有效的，而与客观真实是否一致应由法官自由判断，而不能根据行为与行为人本意是否一致来衡量。程序形成行为重在保护诉讼参与人的权利，如果无视主体意思的欠缺或瑕疵而认定其有效，必然会损害当事人的合法利益。对于法官及其他公职人员的行为，如果忽视其意思表示的欠缺或瑕疵，不仅不利于保护诉讼参与人，特别是犯罪嫌疑人、被告人的合法权益，而且不利于实现司法的公平和正义。以上是处理意思表示欠缺或瑕疵与诉讼行为是否成立及是否生效关系的一般原则。

具体而言，意思表示欠缺或瑕疵对诉讼行为的影响又可以分为三种情形：

（1）对行为要素认识的错误。战前日本多数学者认为，对行为要素认识的错误不得成为认定诉讼行为无效的原因。战后主流学说认为，对诉讼行为要素认识的错误，原则上应成为诉讼行为无效的原因，但有一项例外，即因错误而撤回公诉时，如果认定其撤回无效，势必会使被告地位陷于不稳定状态，并侵害法的安全性，因而不宜认定为无效。

（2）基于欺诈、胁迫、心中保留或虚伪表示等原因导致的意思表示错误。主流观点认为应分别处理。对于欺诈，应在因欺诈而使相对方发生错误的范围内认定诉讼行为无效。对于胁迫，应当视为欠缺诉讼能力的一种情形予以处理。对于心中保留及虚伪表示，应在从外表上即可发现其意思欠缺的范围内认定为无效。

（3）违法的意思表示。主流观点认为，违法意思不足以作为法律效果的基础，因而基于违法意思而实施的诉讼行为应认定为无效。例如，检察官收受被告贿赂而撤回公诉即属无效。

3. 行为形式合格

法律对诉讼行为的实施通常都设置了严格的形式要件，以规范和限制国家权力的行使，保护诉讼参与人特别是犯罪嫌疑人、被告人的合法权利。但如果过分强调诉讼行为的形式，又有可能影响诉讼程序对案件事实的发现能力，影响诉讼效率的提高，因而立法和司法者又经常通过对安全与自由、公正与效率等价值进行权衡来决定特定诉讼形式的违反是否应作为影响诉讼行为成立或生效的因素。

形式的错误对诉讼行为的影响表现在以下几个方面：一是对少数基本形式的违反会导致诉讼行为不成立，如向公安机关或检察机关提起自诉，属于根本性的对象错误会导致诉讼行为不成立。① 二是对多数形式规则的违反会导致诉讼行为不生效。例如，因超越法定的诉讼期限、地域、管辖、对象、语言、方式、程序、条件的错误导致诉讼行为无效等。对有些非根本性错误，法律通常允许行为人补正而不认定其无效。例如，诉讼文书应采用法院所属国许可的文字写成而未采用，起诉书仅仅是时间记载的错误，而不是没有记载犯罪嫌疑人、被告人姓名，等等。

4. 行为内容合法

即行为内容符合法律规定，主要包括以下方面：一是行为内容明确、合理。对内容模糊、不合情理，甚至是相互矛盾的行为应认定为无效，以保护相对方的利益、程序的安定性和可预测性。二是不得附条件或附期限。诉讼行为具有很强的关联性，行为之间相互依存，构成一个完整的程序锁链。如果允许诉讼行为附条件或附期限，那么在该条件或期限成就之前，所有后续行为在效力上都将处于不稳定状态，特别是当该条件未成就而导致该行为不能生效时，那么所有后续行为都有可能随之无效，而引起程序的震荡和反复。三是符合法律作出的其他规定。一方面，所有实体形成行为及绝大多数程序形成行为的实施都必须符合法定的条件和理由；另一方面，所有诉讼文书，特别是官方制作的诉讼文书必须包含法定的内容。

（三）刑事诉讼行为的无效

刑事诉讼行为的无效是指某一刑事诉讼行为不符合法律规定的构成要件，不能产生预期的法律效果。例如，非法搜查、起诉不合法、合议庭组成不合法等都

① 骆永家："当事人诉讼行为之评价"，载《法学丛刊》第184期，第33页。

会导致刑事诉讼行为无效。依据不同国家的不同分类标准，刑事诉讼行为无效主要有三种：一是法定无效和实质无效。法定无效是指法律明文规定如不遵守某项程序将“以无效论处”的无效。实质无效是指法定无效之外的，被认为侵犯了刑事诉讼法的“实质性条款”而将“以无效论处”的无效。二是绝对无效和相对无效。绝对的无效又称不可补正的无效，是指违法程度严重，可在诉讼的任何阶段和审级中提出的无效。相对无效又称可补救的无效，是指违法程度较轻，当事人可在法定期限内提出抗辩的无效。三是原始无效和后发性无效。原始无效是指诉讼行为自实施时即无效。后发性无效也可分为不需要进行审判的当然无效和需要进行审判的非当然无效两种情况。[①] 诉讼行为一旦被认定为无效，将无法产生预期的法律效果，即不能产生该诉讼行为的构成要件本来的法律效力。

诉讼行为无效范围的界定应具体情况具体分析。原则上，只能在无效原因所涉及的范围内认定诉讼行为无效；无效原因及于其他行为的，应认定瑕疵行为及受其影响的所有诉讼行为无效；无效原因只及于诉讼行为的一部分的，就只应认定受无效原因影响的诉讼行为的部分无效，而不得扩及其他诉讼行为。诉讼行为一旦被认定为无效，有关机关或诉讼参与人就必须重新实施该行为。但为了防止程序的反复过于频繁以致影响程序的安定和诉讼效率的提高，大陆法系各国一方面限制可被宣布无效的行为的范围，另一方面又规定，即使是那些可被宣告无效的行为，也可基于一定的事实而取得法律效力，即治愈行为的无效。从世界主要国家和地区的立法及理论来看，诉讼行为无效的救济有以下几种方式：

其一，补正和追认。即通过后续行为弥补先行行为的缺陷，从而使先行行为取得预期的法律效力。其中，补正是指先行行为在构成要件上存在瑕疵时，后续行为通过弥补先行行为在构成要件上的瑕疵，从而使先行行为取得预期的法律效力。所谓追认，是指后续行为以先行行为为条件，未实行先行行为导致后续行为无效时，可通过补正先行行为而使后续行为产生预期的法律效力。

其二，放弃异议。即无效诉讼行为的利害关系人放弃提出异议而使有瑕疵的行为产生法律效力。放弃异议权在理论和立法上又被许多国家认为是广义的补正。放弃异议权可分为以下几种不同情形：一是明确放弃对该行为的无效提出异议；二是关系人明确表示接受可撤销的行为的法律效力；三是有关权利确已实

---

① ［日］田口守一：《刑事诉讼法》，刘迪等译，法律出版社 2000 年版，第 131～132 页。

现，即当一定的法律规则是为实现某一特定的诉讼权利而设置时，如果该行为规则的瑕疵并未影响当事人对其法定权利的行使，那么该无效行为也可获得补正；四是法定期限内未提出异议即视为放弃异议。

其三，诉讼状态的变更。即特定法律事实的发生使原本无效的行为取得法律效力。例如，西方许多国家的证据法规定，庭前取得的证言笔录是不具有证据效力的，但是如果该证人在审判过程中死亡、患疾病或发生了其他某种情况导致证人无法出庭时，则该证言笔录即获得了证据能力。

从总体而言，我国刑事诉讼法并没有将诉讼行为无效制度作为一项基本制度加以规定，但 1996 年后立法和司法解释中有些规定体现了诉讼行为无效制度的基本要求。如我国《刑事诉讼法》第 238 条规定了第二审人民法院撤销原判，发回原审人民法院重新审判的情形，《民事诉讼法》第 153 条、《行政诉讼法》第 89 条也作了类似规定。与其他国家和地区的规定相比，我国的诉讼行为无效制度在可被宣告无效的诉讼行为范围、宣告诉讼行为无效的程序和主体等方面的规定都不甚明确，已有的规定在实践中难以得到贯彻执行。从严格限制公安司法机关的诉讼行为，充分保障当事人及其他诉讼参与人的诉讼权利，规范诉讼活动的高效、有序进行出发，我国应当逐步完善诉讼行为无效制度，包括扩大可被宣告无效的诉讼行为的范围、规范宣告诉讼行为无效的具体程序、明确认定诉讼行为无效的证明责任和证明标准等方面。

(四) 刑事诉讼行为的程式

刑事诉讼行为的程式是指刑事诉讼行为作为一种具有法律意义和效果的行为，它必须以法律明确规定的特定方式表现出来。其意义在于，通过刑事诉讼行为的程式使刑事诉讼行为明确化，排除司法机关的恣意妄为，有助于保障当事人及其他诉讼参与人的权利，同时也有利于诉讼活动的稳定性。刑事诉讼行为的程式是通过诉讼中特定的语言文字、文书、期限等要素具体表现的，分述如下。

1. 诉讼行为之语言文字

为体现国家主权，各国均要求在本国进行的刑事诉讼使用本国通用的语言文字。对于外国人、少数民族人、盲聋哑人等特殊情况下语言文字的使用，立法也作出明确规定。依据有关规定，在我国，国家机关进行刑事诉讼活动如审判、讯问、询问、笔录制作等原则上要使用汉语进行，依据《刑事诉讼法》第 9 条规定，在少数民族聚居或者多民族杂居的地区，应当用当地通用的语言进行审讯，用当地通用的文字发布判决书、布告和其他文件。

2. 诉讼行为之时间

刑事诉讼行为的开始在原则上不受时间的限制，但其继续进行，有时却受时间的限制。对于刑事诉讼行为进行的时间，刑事诉讼法规定了期间和期日，以促使法院和其他诉讼主体在一定时间内，实施相关刑事诉讼行为。期间，在一般意义上说，指从某一特定时间起至另一特定时间止的时间期限。我国刑事诉讼中的期间是指法律规定的人民法院、人民检察院和公安机关，以及当事人和其他诉讼参与人进行某种诉讼活动所必须遵守的时间期限。法律规定的期间有两类：一类是公安司法机关应当遵守的期间；另一类是当事人以及其他诉讼参与人应当遵守的期间。与期间密切相关的概念是期日。期日是指公安司法机关指定的和诉讼参与人共同进行刑事诉讼活动的特定时间。

刑事诉讼法对期间的规定，并非是单纯的技术规范和时间制度，而是诉讼活动严肃性和强制性的具体体现，是衡量一个国家刑事诉讼制度是否科学、严密的重要标志之一，具有重要的意义。

第一，有利于增加公安司法机关及其工作人员的责任感和负责精神，督促其提高工作效率，加快办案进度，防止诉讼拖延，保证诉讼活动顺利进行。既可以及时揭露、证实和惩罚犯罪，又可以克服和纠正以拘代侦、以捕代罚、久押不决、超期羁押的违法现象和保护公民的合法权益，还可以使诉讼参与人免遭讼累。

第二，有利于当事人和其他诉讼参与人进行诉讼活动，及时行使诉讼权利，履行诉讼义务，以配合公安司法机关准确、及时地查明案件事实，正确处理案件。

第三，有利于维护诉讼活动的严肃性，保证执法的统一。诉讼期间的规定绝不是可遵守或可不遵守的，而是公安司法机关和诉讼参与人都应当严格遵守的规范，违反了法定期间的诉讼行为也是一种违法行为，将直接产生相应的法律后果。例如，人民法院、人民检察院、公安机关对犯罪嫌疑人、被告人采取强制措施超过法定期限的，犯罪嫌疑人、被告人及其法定代理人、近亲属或者犯罪嫌疑人、被告人委托的律师及其他辩护人有权要求解除或变更强制措施；人民法院、人民检察院、公安机关对于被采取强制措施超过法定期限的犯罪嫌疑人、被告人应当予以释放、解除取保候审、监视居住或者变更强制措施。又如，除被害人以外的当事人及其法定代理人在法定期间内不提出上诉，若无正当理由即失去上诉权。

第四，诉讼期间的明确、具体规定有利于保证公安司法机关执法的统一，防止各行其是，变相规避法律行为的发生，保障法律统一正确的实施。

（五）诉讼行为之文书

诉讼文书是指在诉讼中由公安司法机关和诉讼参与人所制作的具有法律意义的书面文件或者材料的总称。

诉讼文书与诉讼文件是相互联系而又不尽相同的两个概念。诉讼文件一般是指公安司法机关依其职权范围，按照法定程序制作的，具有相应的法律效力和一定强制性的书面文件，是诉讼文书最重要的一部分，是公安司法机关在刑事诉讼中全部办案活动的文字反映。诉讼文件的格式和内容一般由法律法规或者公安司法机关的内部规定加以明确。而诉讼参与人所制作、应用的各种文书，如刑事自诉状、上诉状、申诉状、辩护词、代理词等也是诉讼文书，但不能称之为诉讼文件，其原因是它并不是行使刑事司法职权活动的反映，不具有强制性和必然的法律效力，在内容与格式上也不像诉讼文件那样严格，只要能表达制作者的意思和要求即可。

诉讼文书作为诉讼行为的载体具有重要的法律意义，它不仅可以反映案件情况，还可以反映诉讼过程和结果。有的反映专门机关对案件事实和诉讼行为的法律评价，有的反映诉讼参与人的意见和要求。因此，无论是对公安司法机关还是诉讼参与人来说，依法认真制作诉讼文书，对保证诉讼的顺利进行，提高诉讼质量都是十分重要的。

诉讼文书制作的一般要求是形式完整，格式正确，内容真实，法律依据充分，文字简洁明了，制作程序合法。刑事诉讼过程中的诉讼文书，依据不同标准可分为三类：

其一，依据诉讼文书制作者身份不同，诉讼文书可分为公务员制作的文书和非公务员制作的文书。公务员制作的文书是公务员以国家机关的名义制作的文书，具有公信力，有些还具有执行力，可作为刑事执行之依据。非公务员制作的文书是指自诉人、被告人、被害人、辩护人、代理人或鉴定人制作的文书，因其不是公务员所制作，所以其效力通常不及于公务员所制作的诉讼文书。

其二，依据法律有无规定程式，诉讼文书分为法定程式文书与意定程式文书。文书有法律规定其程式者，亦有未经法律规定其程式者。前者称为法定程式文书，如裁判书；后者称为意定程式文书，如自白书。

其三，依据同一内容的诉讼文书之间的相互关系，诉讼文书分为原本、正本、缮本与节本。原来或最初制成的诉讼文书，称为原本。为代替原本而被赋予与原本同样法律效力的诉讼文书，称为正本。为证明原本的存在及其内容的真实性，而照录原本全部内容的诉讼文书，称为缮本。仅节录原本一部分内容的诉讼文书，称为节本。